王俊傑 著

王恩洋儒佛思想研究

唯識學與儒學的雙重變奏

崧燁文化

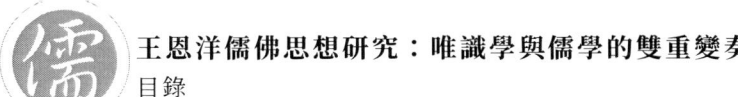
王恩洋儒佛思想研究：唯識學與儒學的雙重變奏
目錄

目錄

前言

第一章 王恩洋與近現代儒佛思潮

第一節 王恩洋儒佛思想的形成與發展 ... 21
一、少習儒術（1897—1921） ... 21
二、由儒入佛（1921—1928） ... 24
三、儒佛並宏（1928—1964） ... 29

第二節 王恩洋與近代唯識學、新儒學 ... 31
一、王恩洋與近代唯識學 ... 31
二、王恩洋與現代新儒家 ... 35

第二章 法相唯識論

第一節 法相唯識宗的判釋 ... 39
一、法相與唯識之分宗與融攝 ... 39
二、以法相唯識學為核心的教乘判別 ... 46
三、以法相唯識學為核心的文化批判 ... 50

第二節 法相唯識學的現代詮釋 ... 56
一、法相學：唯法無我，唯相無法 ... 56
二、唯識義：三界唯心，萬法唯識 ... 69

第三節 中道論：非有非空，空有無諍 ... 74
一、近代的中道之爭 ... 74
二、非空非有，中道了義 ... 78

第三章 緣生法性論

第一節 緣生論才是佛教 ... 83
一、一切佛法建立於緣生 ... 83
二、緣生論的發現之路 ... 85

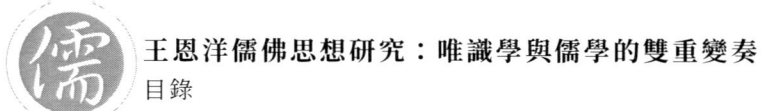

第二節 緣生論的結構解析 89
　一、緣生的種類 89
　二、因和緣的解析 98
　三、緣生法的本質與相狀 105
第三節 正智緣如論 107
　一、正智與真如的定義 108
　二、所緣緣與疏所緣緣的要件 116
　三、正智慧否緣如 120

第四章 儒佛辨異論

第一節 近代儒佛之辨的基本歷程 125
　一、分期的標誌 125
　二、主要論爭 126
第二節 王恩洋對唐君毅的批評 130
　一、論辯過程 130
　二、宋明理學與禪學、法相唯識學之辨 134
　三、王恩洋對宋明理學家和唐君毅的破斥 139
第三節 支那內學院對熊十力的批評 146
　一、支那內學院批判《新唯識論》的基本歷程 146
　二、呂澂與熊十力函稿論辯 153
　三、王恩洋對熊十力的批評 170
第四節 王恩洋對馮友蘭的批評 176
　一、評馮友蘭理氣二元論 177
　二、評馮友蘭心性二元論 180
　三、評馮友蘭儒家聖人 181

第五章 儒佛會通論

第一節 歐陽竟無的「孔佛一如」論 186
　一、純粹佛學與拒斥現代性 187

二、菩薩精神的儒家與拒斥宋明理學 ······················· 189
　　三、「孔佛一如」的文化模式 ····························· 190
　　四、以佛攝儒的淑世情懷 ································· 193
　第二節 儒佛心性論與種性論之會通 ························· 195
　　一、儒家心性論的內在糾葛 ······························· 196
　　二、孟子性善論存在的問題 ······························· 199
　　三、宋明理學心性論的內在矛盾 ··························· 200
　　四、種性論：論性的「善惡」與「一多」 ··················· 201
　第三節 儒佛天道論與緣起論之會通 ························· 211
　　一、解構儒家天道本體論 ································· 211
　　二、重構儒家天命論 ····································· 213

結語
　　一、唯識學化的新儒學 ··································· 218
　　二、儒佛之辨的新開展 ··································· 224

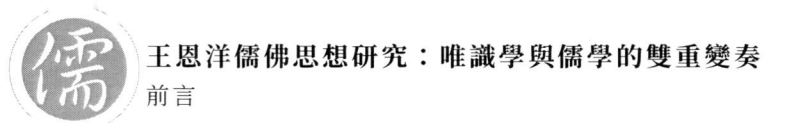

前言

儒佛道三教互相融合，是中國傳統思想的基本形式，其中儒佛的比較，尤其重要。傳統的儒佛比較主要是以天臺宗、華嚴宗尤其是禪宗為主體的中國化佛學和宋明儒學乃至通俗儒學的比較。在近代，儒佛的比較與融合呈現了新的面貌，它的內容轉變為以法相唯識學為核心的佛學義學與以宋明理學乃至孔孟儒學為核心的儒學之比較。這在古代是絕無僅有的。這種轉變，是以新文化運動對儒學的批判和檢討以及西方哲學思想的挑激為背景的。佛學藉此重新整理了古代未被深刻領會的法相唯識學典籍與學理，儒學也不同程度上被唯識學所重構。因此，傳統思想在近代的延續，是唯識學與儒學的雙重變奏。

一

佛教有諸多層面，既有修身養性的信仰層面，也有精深艱澀的哲理層面。學習研究佛教當然以後者為主。在中國，佛教又有其特殊性。中國佛教是印度佛教的創造性發展還是一種格義式的歪曲，恐怕是永遠需要爭論的問題。按照曾經留學印度的唐代著名僧人義淨的描述，印度大乘佛教主要是般若中觀和瑜伽唯識兩種。我覺得這是比較可靠的記載。近代支那內學院繼承了這一佛學思路，可以稱之為「經論佛學」，他們主要是從法相唯識宗和般若系經典入手來詮解佛學，是以經論為基礎的純粹佛學。這就繞開了「什麼是佛教」這一似為根本卻較為無謂的問題。這種截斷眾流的氣魄，讓人敬佩。

儒家方面，近代思想中特別值得注意的是現代新儒家。現代新儒家用法相唯識學和西方哲學等不同的角度對儒學進行了新的詮釋與重構，然而無論如何他們的重構仍然不脫功夫與本體為核心的體用論與心性論。對此我始而深信不疑，終於不能心安，對於他們所謂心性，不能深心體認，而認為放之於社會道德則偽善的可能極大，對於他們所謂由道德提升到形而上的境界感到極大的繁難。也許，新儒家對於儒家的建構，脫離了原始儒學雄渾精神和質樸的生活情趣，趨向了某種形而上學的幻夢與心性論、直覺論的迷思。其反求本心等直覺主義的方法，讓人難以捉摸，孤守靈明和愚蠢的自恃也無從

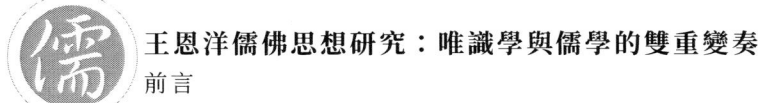

判斷，不免成了冷暖自知的純粹內在價值論。不過，雖然心理上對其表示抗拒，我也沒有從學理上了斷新儒家的能力。如熊十力《新唯識論》對佛理說得信誓旦旦，自認切己自反所得，然而卻為所有近代佛學的大師如歐陽竟無、王恩洋、太虛、印順、霍韜晦等所批評。這一公案，在理不能因時間過去就放過，於情在學問即生命方向的情感上更須做一番抉擇。這也非我輩不瞭法相者所能為。

就現代新儒家來說，他們的思想淵源雖然多，但主要還是承宋明理學、法相唯識學和西方哲學中的康德、黑格爾一系。我以為，透過支那內學院歐陽竟無和王恩洋的「正宗」的法相唯識學及其「孔佛一如」思想的梳理，更能夠看清楚現代新儒家儒佛融合中的短處，也更能夠推動奠基於傳統儒佛基礎之上的當代中國哲學的開展。所以，本書選取支那內學院專攻法相唯識學的王恩洋來作為研究對象，集中探討他的儒佛思想。王恩洋是近代唯識學重鎮支那內學院的骨幹，他的法相唯識學研究為學界公認，他對儒學有著深入的研究，做了儒佛會通的嘗試。同時，他與現代新儒家的代表人物梁漱溟、熊十力、唐君毅、馮友蘭等都有學術討論。

唯識學的名相浩繁，導致唯識宗的短命，也常使研究者望而卻步，連帶著使唯識學家難逃被思想界遺忘的命運。唐代的唯識宗派──慈恩宗雖然一度興盛，然不過幾十年已經湮沒無聞。此後大約一千年的時間裡，唯識宗的經典被束之高閣。到清代末年，楊文會求一佛典而不可得，乃發願刻經，促成了唯識學的復興。民國時期，唯識學一度成為學界顯學，大師輩出，然而也僅是曇花一現，幾十年後又歸中斷。大約一個世紀之後，我們再來檢視這段唯識學輝煌的歷史，令人不勝唏噓。那時的唯識學翹首，而今或不存其名；爾時的旁治佛學者，反而追隨者眾。明顯的例證是，我們對歐陽竟無、呂澂、王恩洋、太虛、唐大圓等唯識學大師，重視不足，研究有限；對魏源、龔自珍、康有為、梁啟超、譚嗣同、梁漱溟、熊十力等稍涉法相、旁通佛理的學者的佛學，欣賞有加，研究成果層出不窮。這不能不說是種弔詭。如果我們想想梁啟超晚年以五十多歲高齡到歐陽竟無處聽他講《成唯識論》，想想梁漱溟在書本和課堂上直言「要學習佛學不必以我的為準，當今佛學以歐陽先生為第一」，再想想熊十力等均為支那內學院的學生，而他也不過學了三年而已，

那麼就應該放下畏難的心理,探索一下有著廣泛社會影響的思想家所推許的佛學學問家的真正的佛學。梁啟超、梁漱溟諸公如果看到今日學界從他們這裡學習佛學而繞過了支那內學院,或許又要發出學界之怪現狀的大論來。

因此,現代思想尤其是儒佛的研究要接上近代的思想脈絡,才有可能開創中國哲學的新的發展契機。總的來看,近代歐陽竟無、呂澂、王恩洋、方東美、唐君毅等一代大師,是我們研究儒家和佛教不可能繞開的。作為顯學,現代新儒家的學者都已經被重複研究得太多了。或許,到了重新重視支那內學院的時候了吧。

二

王恩洋是近代著名的唯識學家,也是儒佛融合的典型代表。他的學術貢獻主要集中在三個方面,一是法相唯識學的現代詮釋;二是儒學的現代詮釋;三是儒佛之辨的現代開展。法相唯識學的研究和現代詮釋,始終是王恩洋思想的焦點。儒學研究,則是屬於唯識學的應用領域,即儒學是佛學的現世應用環節。儒佛之辨,是儒佛融合中必然會遇到的問題,王恩洋對傳統的儒佛之辨做了批判和超越。

王恩洋將唯識學視為真理性的邏輯體系。他的唯識學研究從佛學理論的劃分看,分為法相學、緣起論、唯識學、中道論、真理論、心性論幾個方面。法相學追問存在,緣起論研究存在的樣式,唯識學探討人怎樣先驗地構成世界,中道論討論有、無和非有非無、非空非有的關係,真理論探討人如何提升自己來認識真如,心性論探討人的精神超越的途徑和道德、宗教踐行。在王恩洋看來,緣起論、唯識論、中道論、心性論,任何一條路,都可以單獨地走向解脫。

儒學的核心是內聖外王之道,王恩洋以為宋明理學對儒學性與天道的詮釋存在邏輯和心性方面的偏差,而主張回歸孔孟原始儒學的本源。然而,孔孟儒學在邏輯解析等方面仍然存在不足,需要透過阿賴耶識緣起論予以解構和重建。

王恩洋儒佛思想研究：唯識學與儒學的雙重變奏
前言

就以上所述王恩洋思想的內容，來看當代的學術研究現狀，我們不無遺憾地發現，他的思想並沒有引起學界的重視，還有待進一步研討。因此，我們僅從王恩洋儒佛思想和近代儒佛之辨的研究兩個方面做研究現狀的介紹。

王恩洋的學術活動，主要活躍於1920年代到60年代。他的學術活動，機緣巧合地與唯識學的復興和現代新儒家的興起結合在一起，同時又相對獨立地闡釋著個人對儒家和佛教的現代詮釋。20年代前，他先後受學於北京大學梁漱溟先生和支那內學院歐陽竟無大師。此後在支那內學院從學任教共七年，寫作了大量闡釋唯識學理論的建設性著作。他的著作《大乘起信論料簡》對傳統經典《大乘起信論》從學理上進行了證偽，引發了學界、教界的大討論，稱為《大乘起信論》論辯。在學理的討論中，他和武昌佛學院太虛法師、唐大圓等保持著密切的學術來往。同時，也和後來成為現代新儒家的熊十力、唐君毅建立了學術聯繫。40年代，王恩洋在巴蜀先後建立龜山書院和東方文教院，並任支那內學院蜀院理事，著述了大量佛學和儒學的闡釋性著作和注疏。所以，他的思想，一則是唯識學復興中的中堅力量，一則是現代新儒家興起的見證者和批判者，開闢了儒佛之辨和儒佛融合的新境界。對此，學界大多只注意到他的第一個貢獻，且不夠充分。

直到1990年代末，王恩洋的思想才重新進入學界的視野。1998年開始，黃夏年連續發表多篇論文對王恩洋的生平與著述，做了比較全面的介紹，使學界對其人其學有了初步認識。其中《王恩洋先生著述目錄》對王恩洋的學術著作做了比較詳盡的考證，對全面瞭解王恩洋的學術成果有重要的意義。

黃夏年與此有關的文章還有《王恩洋先生1924年著作考述》、《王恩洋先生1924年著作考述下》、《王恩洋先生著述小考1925—1926》。他在《百年的唯識學研究》中甚至重新歸納了法相學四大家，說「東有范古農，南有歐陽竟無，西有王恩洋，北有韓清淨」，可見其對王恩洋的推崇。在他的推動下，1999年《王恩洋先生論著集》與2003年王恩洋著《中國佛教與唯識學》陸續問世，這給學界進一步研究王恩洋思想提供了重要的一手論著。然而其中錯誤時出的斷句和甚至連標題都出錯的編排，不難看出這門近代的顯學和當代的隔膜。

臺灣與香港，1976 年，張曼濤主編《現代佛教學術叢刊》選用王恩洋《成立唯識義》等 11 篇論文。這在某種程度上說，也是一種評定。

思想研究方面，關注到王恩洋儒佛思想的比較少見。2008 年，喬清舉的《論王恩洋對馮友蘭新理學的批判及其對現代中國哲學發展的意義》一文，就王恩洋關於馮友蘭新理學的批評做了比較全面的探討。

他認為二人的分歧是儒學的哲學走向和聖學走向的不同，兩種走向在未來中國哲學的建構中都有意義。但該文於王恩洋的思想不無誤解之處，如說「識和儒家的良知具有共同性，王恩洋正是把良知和唯識學結合在一起」，這樣的論斷不符合王恩洋思想的實際，沒有依據。2009 年，袁宏禹的《王恩洋唯識學思想的特色及其時代意義》一文認為王恩洋為玄奘系唯識學的維繫者，並用唯識學融攝一切佛法，回應時代挑戰。有必要指出，該文將王恩洋定位為「玄奘系唯識學的維繫者」，不夠準確。王恩洋是透過玄奘一派的譯籍研究唯識，但並非玄奘系。2010 年，王公山的《略論王恩洋孟子學的佛理闡釋》一文，就王恩洋的《孟子》注疏進行了分析，然失之淺略。

該文在摘要中評論王恩洋「借用佛學種性說對孟子人性本善的解釋尤其令人矚目」，透過一番論證之後，末尾卻得出了「王氏之論，的確不能為孟子人性本善學說提供足夠的理論依據，與孟子詮釋史上的歷代論證相比，實在乏善可陳」的結論。大概，作者混淆了「令人矚目」和「令人側目」之間的區別！2011 年，陳玉強的《佛學家眼中的王國維——王恩洋＜王國維先生之思想＞的意義和版本》，認同王恩洋對王國維之死的分析，認為其藝術與人生的評論有補於王國維之處。該文透過考證訂正了黃夏年先生《王恩洋先生著述目錄》中《王國維先生之思想》一書出版版本年代的疏漏。2011 年，拙文《宋明理學與佛學之比較與會通——以王恩洋與唐君毅的詮釋為線索》，嘗試梳理了王恩洋的儒佛思想及其儒釋之辨的思想。2014 年，拙文《王恩洋與近現代儒佛之辨》，就王恩洋的儒佛之辨思想做了進一步系統的梳理。學界關注的重心主要在王恩洋《大乘起信論料簡》所引發的《大乘起信論》之爭，關於此從 1920 年代以來多有探討，幾乎凡討論《大乘起信論》之爭的文章都涉及王恩洋。當然，也有繼續討論「何謂真如」的學者，喃喃著王恩

洋批判過的《大乘起信論》話語，重複著只有《大乘起信論》才有的論據。代表性的有吳可為《辨真如義——略論大乘起信論的核心思想》、《破諍論——答真如四難》等。如果不能跳出《大乘起信論》之外來另外尋求真如的梵文義和經論互釋的證據，侷限於《大乘起信論》內部學理的梳理來為《大乘起信論》正名，基本上是絕無可能之事。

幾部梳理中國近現代佛教思想史的著作，基本未對王恩洋做介紹。1994年，鄧子美著《傳統佛教與中國近代化——百年文化衝撞與交流》只提及其名。2000年，陳兵、鄧子美著《二十世紀中國佛教》對王恩洋做了百字左右的簡短介紹。麻天祥著《二十世紀中國佛學問題》（2000年）、《晚清佛學與近代社會思潮》（2005年）隻字未提王恩洋、呂澂等的佛學貢獻。反而是臺灣學界較為公道全面，釋東初的《中國近現代佛教史》、于凌波的《中國近現代人物誌》都對王恩洋進行了深入淺出的介紹，並極力推崇他的唯識學成就。在我看來，釋東初著的《中國近現代佛教史》是最全面梳理近現代佛教的系統性著作，于凌波著《中國近現代人物誌》則是《明儒學案》式的佛教學案體著述，精彩紛呈。這兩部著作對王恩洋學術的評定具有代表性。

在中國近現代佛教思想史的梳理中，魏源、龔自珍、譚嗣同、章太炎、梁啟超、梁漱溟、熊十力等「門外談佛者」都能上榜，而王恩洋、呂澂、唐大圓等專家學者反而缺席，至少說明了史家的偏視，其「聚焦點」需要調適。學界投向王恩洋的些許注目，多是「斜視」，或是作為《大乘起信論》論爭中的一環，或是沾了王國維、馮友蘭、熊十力等名人的光，才得以露面。

從當前的研究現狀來看，王恩洋思想的研究存在嚴重的不足，具體而言，有以下幾點：

其一，對王恩洋的儒佛思想作系統性研究的論文與論著付諸厥如。

其二，對王恩洋的個案研究偏重於《大乘起信論料簡》，而不及其餘。甚至對《大乘起信論料簡》的研究角度也過於偏狹。《大乘起信論料簡》是對《大乘起信論》義理的證偽，但更重要的，它是對中國佛教心性論的清理，甚至是對隋唐以後整個中國哲學心性論、本體論批判的一個環節。

其三，對王恩洋乃至歐陽竟無所代表的支那內學院的唯識化儒學，缺乏關注。必須注意，支那內學院（後簡稱「內院」）批判熊十力的新儒學、新唯識學的目的不在反對儒學和儒佛合釋，而是在批判宋明理學的基礎上，依次歸納根源性的原始儒學，和法相唯識學為核心的佛學的儒佛一如。

三

王恩洋儒佛思想的研究已如此不足，和他相關的儒佛之辨論題的研究更屬少見。本來，儒佛之辨，是傳統思想研究的老題目。但是，就近代儒佛之辨作深入探析的相關研究並不多見。近代儒佛之辨和傳統儒佛之辨有重大區別，最大的區別一言以蔽之，即近代儒佛之辨是唯識學視域下的儒佛之辨。

近代唯識學視域下的儒佛之辨，是指近代法相唯識學復興以來，精於法相唯識學的思想家對儒家、佛教思想辨同別異、辨析義理、融攝互釋之研究。梁啟超曾說「晚清所謂新學家者，殆無一不與佛學有關係」。確實，法相唯識學是近代學人的「哲學導論」，甚至儒家學者也無不窮究此道。作為近代儒釋之辨的成果，現代新儒家由佛入儒，建構了道德形而上學的新儒學體系，逐漸成為當代中國哲學之主流，法相唯識學則湮沒不彰。然而，事實不等於是非，法相唯識學對於儒釋之間最終歸趣的辨別，對於宋明理學性與天道的追問，對於新儒家方興之際的批判，仍然足以成為當代中國哲學之借鑑。

目前對此問題的研究狀況可分為通論性研究、人物專題研究、儒佛論爭研究三種。

第一，通論性研究是指對佛教和儒家義理的相互影響辯證關係的理論分析。方立天先生對儒佛心性論的互動互補進行了比較詳盡系統性的闡釋，洪修平先生對儒釋道三教關係的互補性進行了廣泛而深入的探討。

第二，人物專題研究主要是以近代某一傑出思想家為中心來看專題人物思想中的儒釋之辨思想。麻天祥從思想史的角度鳥瞰了近代僧人和部分儒家學者的儒釋之辨；陳堅、韓煥忠分別對太虛和馬一浮的易佛融合思想進行了研究，陳堅的研究對於補充易學史極具啟發意義；程恭讓對歐陽竟無「孔（子）

佛（陀）一如」的思想進行了研究，王公山等對王恩洋的孟子注疏有所關注。李云芳和張云江、唐端正分別對唐君毅由佛入儒的思路歷程進行了介紹。

歐陽鎮指出太虛法師人間佛教有儒學化的傾向，肖永明審視了近代唯識學的中國意蘊並認為歐陽竟無受到儒家的影響。徐嘉以專著形式探討了現代新儒家梁漱溟、熊十力、唐君毅、牟宗三與佛教的關係。李廣良指出了近代儒釋之辨的進程可分為經世佛學、人間佛教、新儒家的儒佛融攝三個階段，很有見地。李遠杰對楊仁山、歐陽漸、太虛、印光、王恩洋、印順等的以儒攝佛思想進行了系統扼要的闡釋。

第三，儒佛論爭研究主要是對近代儒佛之間代表人物針鋒相對地論爭的研究。此研究主題相對集中，主要是對以呂澂為代表的支那內學院派與以熊十力為代表的現代新儒家之間關於性寂與性覺的心性論問題的爭論。此種研究多在佛教學者內部進行，周貴華、傅新毅等對佛教心性本淨和心性本覺思想進行了梳理，指出其轉換具有必然性和相融性。郭齊勇則站在儒家角度闡釋了熊十力對於佛教是「創造性的誤讀」。霍韜晦、吳汝鈞等則以為從法相唯識學的經典依據來看，內院是正確的；然他們又以為法相唯識學賴耶緣起不能夠有「成佛必然性的保證」，在心性論上有致命的缺陷，這顯然是受到唐君毅、牟宗三等海外新儒家影響的結果，故在義理上他們以新儒家為上。

總體來看，通論性的研究總結了中國傳統思想中儒釋兩種思想的融攝，主要是中國化佛教與儒學的融攝關係，對近代法相唯識學與現代新儒家的比較還未及詳細討論；人物專題研究主要集中在以熊十力、唐君毅、梁漱溟為代表的現代新儒家和以太虛為代表的人間佛教方面；儒佛論爭研究則集中在性寂與性覺之辨。這些研究對於我們瞭解近代的儒釋之辨有重要的意義，尤其是在新儒家與佛教的比較方面較為全面，幾乎所有新儒家學者的儒釋之辨思想均有涉及。

近代儒釋之辨研究中所存在的問題主要是：

其一，近代儒釋之辨相對於晚清以前傳統的儒釋之辨的鮮明特色在於，傳統儒釋之辨主要是以禪宗為代表的中國化佛教與宋明心性、性理之學的比

較，近代儒釋之辨則主要是以法相唯識學的印度佛教與孔孟原儒、宋明理學、現代新儒家之間的比較。於此，學界尚乏清醒的認識和有建樹的成果。

其二，近現代儒釋之辨的主流在法相唯識學的復興與現代新儒家的興起，現代新儒家成為當代哲學主流並不是其理論正當性的保證。是非和事實不可混淆。故法相唯識學家的觀點仍值得重視，學界對內院為代表的法相唯識學的儒釋之辨關注明顯不足，形成了學術盲點。例如，在幾乎所有的近代佛教思想史的梳理中，大家都僅把王恩洋視為《大乘起信論料簡》的作者而不涉及其餘，實則王恩洋的儒學著作占了其全部著作的半數以上，其中對宋明理學、熊十力、馮友蘭、唐君毅均有批判。

其三，專題性研究的深度不夠，從儒釋的哲理溝通和比較方面作深入研究的較少。我們認為儒釋之辨並非泛泛而談儒釋外在表現上的明顯差異，而是要從形而上學、心性論、天道論等哲理層次來彰顯儒釋二家的哲理性建構。於此，法相唯識學對宋明理學「性與天道」的批判尤其值得重視，這不只是對儒家的批判，而且也是對佛教內部甚至是唐代以後中國哲學趣入心性、默坐澄心這一儒佛共有的思路的反思。

其四，儒釋之辨論爭的研究範圍不夠全面，方法有待檢討。近代儒釋之辨的論爭較為著名的有歐陽竟無、太虛等與熊十力《新唯識論》之爭，呂澂與熊十力關於性寂與性覺之爭，王恩洋與馮友蘭新理學之爭，王恩洋與熊十力新唯識論之爭，王恩洋與唐君毅道德形而上學之爭。這些均為儒釋之間根本義理之辨。學界關注的主要是如今為人稱道的哲人，對當時大有影響而今缺乏影響的哲人關注較少。另外，在研究論爭時，學界存在著就論爭而論的弊端，未能將論爭內容還原到爭論雙方的整個思想體系中來。在研究方法上也多是思想史還原的方法。比如，最鮮明的例子是性寂與性覺之辨，回溯性寂與性覺在佛教思想史中的發展脈絡誠然重要，但如果更能夠關聯到支那內學院「正智與真如非一非異」的論點，則一切爭論疑難迎刃而解。

四

基於以上分析，本書的特點主要在以下幾個方面：

首先，我們自覺地明確地以法相唯識學與原始儒家、宋明理學的比較為研究範圍。這抓住了近代儒佛之辨的最大特色，具有開創性。

其次，學界對於儒釋融攝主要的關注點在現代新儒家，我們提供了以法相唯識學融攝儒學的另一條截然不同的走向。這個儒釋融合的走向對於當前海外新儒家興起後的儒學發展方向有所匡正，具啟發性。

最後，我們發現，透過近代儒釋論爭的研究，能夠提供甚至澄清近代《大乘起信論》之爭、性寂性覺之辨等儒家、佛教內部及其之間重大論爭的關鍵線索。這些線索有助於我們更為深入地瞭解佛教和儒家哲學的內在本質及其根本差別。

宋明以來，儒家最大主題被確立為「性與天道」。宋明理學家和現代新儒家將儒學建構為心性形而上學，包括人性論、心性論、天道論、功夫論。相應地，法相唯識學可分為境行果，境即所觀境，行即修行功夫論，果即所追求的終極境界，內中也含有一套轉識成智的心性論。合併兩者來看儒釋之辨，可分為四大論辯：一是從哲理層面進行的比較主要是儒家天道論與賴耶緣起論之辨的本體論論辯；二是佛教種性論與儒家心性論、性寂與性覺的心性論論辯；三是聞熏與外鑠（歐陽竟無倡導「正聞熏習、如理作意」，熊十力批判其為孟子所謂外鑠功夫）的功夫論論辯。

儒釋之辨的哲理層面的溝通互釋主要在於：

其一，本體論上天道本體論和賴耶緣起論之間的根本差異何在。從唯識學的角度看，緣起即非天道，天道即非緣起，甚至緣起論直接破除本體、實體和任何形式的「上帝」等人格神，倡導人無我和法無我的無我論。

其二，以賴耶種性論溝通儒家人性論、心性論。如果傳統儒家心性論的概念是統一的，則性善論與性惡論以及性善惡混等必有矛盾，難以調和；如果傳統儒家心性論的概念不統一，則違反了哲學使用概念的基本原則，一個哲學概念不應該沒有相對的內涵和外延。從賴耶種性論的角度看，性體是多而不是一，但這又不落入性善惡混和性無善無惡的窠臼，可謂極盡精微。

其三，從儒佛應世論的角度看，雖然儒佛都強調形而上學與現世的結合，但是與當下社會已經有較遠的差距，這需要更為積極的入世策略。

其四，近代儒佛論爭的深入分析。近代儒佛之爭比較重要的有《大乘起信論》真偽之爭、支那內學院與現代新儒家代表人物熊十力之間關於《新唯識論》之爭、呂澂與熊十力之間性寂與性覺之爭等。這些論爭呈現出一致的特徵，即所謂本體論、心性論的衝突。不能夠從儒家或佛教某一方面偏頗地理解。比如，關於《大乘起信論》真偽的論爭表面看來是佛教內部的論爭，其實質則是法相唯識學家對整個中國哲學思維即體用一如、性善論的批判，與後面的其他論爭同一歸趣，不能為其表面現象所欺騙。這是長期以來儒家學者尚乏關注的地方。

本書在唯識學與儒學的雙重關照下，澄清了以下三個問題。

其一，佛教真義與孔學正義。法相唯識學家透過對自日本回流的法相唯識經典的研究，確立了以法相唯識學為主體的佛教體系，批判了《大乘起信論》和禪宗為代表的中國化佛教，澄清佛教真義。法相唯識學家同時破斥受到禪宗為主體的中國佛教影響的宋明心性之學，試圖重新回到儒家之學的孔孟之源，重立孔學正義。我們不以為目前的現代新儒家走向為儒家發展的唯一選擇和歸趣，我們也不以為法相唯識學隨學派的終結而失去價值，而是為他們的批判卓有成效。

其二，佛教種性論與儒家心性論。宋明理學以性與天道為儒學之核心，現代新儒家以道德形而上學為儒學的核心，兩者都試圖建構以心性論為依據的形而上學體系。法相唯識學家對宋明理學為主體的心性學進行了批判，指出儒學在人性論的價值判斷上有人性是善還是惡的固有矛盾，在性體的獨一與多元上邏輯不夠清晰，在修養功夫上有過於注重內返、默坐澄心的偏頗。

其三，真如為體無用與正智有種有用。受當代新儒家熊十力、牟宗三的影響，海外學界霍韜晦、吳汝鈞等學者以為法相唯識學賴耶緣起論「無成佛必然性的保證」。我們認為這是近代儒釋之辨遺留下的尾巴。這種見解不夠忠實於法相唯識學原著和支那內學院派的理解。我們將透過思想史的梳理和哲理的分析予以澄清和破斥。我們認為法相唯識學的「轉依」理論依靠熏習

正智為主，不同於現代新儒家的體用論，然卻不失去其真如遍在之體的絕對保證。在唯識學和儒家學說中，體用範疇的使用截然不同。儒家講體用是即體即用的本體論思維；佛教講體用是體用分開，體乃是虛體並非實體、本體，本體不起作用，求證本體要考正智，本體並不內涵正智。這體現在心性論和功夫論上是截然不同的。

因此，本書以王恩洋的儒佛思想為基本線索，探討唯識學與儒學的雙重變奏的主題。我將其分為三大主題，其一法相唯識學的現代詮釋，其二儒學的唯識化重構，其三儒佛之辨的新開展。全文分五章專門探討這三方面的內容，最後對王恩洋的儒佛思想及其對當代哲學發展的啟示做出判斷。

本書第一章，梳理王恩洋儒佛思想的形成與發展，具象地展示王恩洋與近代儒佛思潮的內在關聯，以及他的儒佛思想的基本方法和態度。

第二章法相唯識論和第三章緣生法性論，詳細梳理王恩洋法相唯識學為主體的佛學思想。具體而言，在歐陽竟無法相學和唯識學分宗的基礎上，王恩洋闡釋了法相唯識學的文化批判功能；構建了以三科統攝五位百法的法相學體系；論證了唯識學在近代唯物論、唯心論交織之中的獨特地位；並在中觀與唯識、藏傳佛教和中土佛教的比較中，重建了佛教的非有非無的中道觀。他將佛教分為緣生和法性兩大部分，一切有為法是緣生論的主體，法性則是緣生的基本原理和本質。透過對緣起論結構的細密梳理，他確定了緣起論的基本特質，從而對違背緣生理論的中國化佛教進行批判。本文認為，其中最重要的是，將真如視為正智的「疏所緣緣」，而非因緣或者增上緣等具有能生作用的本體，從而否定以《大乘起信論》為代表的真如緣起論、法界緣起論。「正智緣如」，就是支那內學院批判中國化佛教和宋明理學的基本思路和一貫之道。

第四章儒佛辨異論和第五章儒佛會通論，集中分析王恩洋的儒佛之辨思想和儒佛會通以後形成的唯識化儒學。近代儒佛之辨較之傳統儒佛之辨，最大的特色是傳統儒佛之辨是以禪宗為代表的中國化佛教與宋明理學的比較；近代儒佛之辨則是以法相唯識學為核心的印度經論佛教與宋明理學、現代新儒家的比較。王恩洋透過對唐君毅宋明理學的佛教觀的分析，闡明了宋明理

學和法相唯識學層面的內在差異。他對熊十力的儒佛融合成果《新唯識論》以及馮友蘭的《新理學》都進行了批評。

在此基礎上，王恩洋提出了回歸印度經論之本和儒家孔孟之源的儒佛會通論原則。這個會通，主要是用法相唯識學阿賴耶識緣起論重構儒家「性與天道」的理論主題。具言之，他用佛教種性論來重構了原始儒學的人性論和心性論；用緣起論破除儒家天道本體論，並用緣起論的「安命畏因」重新詮解儒家的天命論。與宋明理學和現代新儒學用「一本萬殊」的本體論思維，尋求儒家本體論、心性論、心性功夫論的一貫之道相比；王恩洋也達到了用阿賴耶識緣起論的基本原理詮解、重構儒家心性論和本體論內在邏輯關聯的一致性的目的。本文認為，這是在現代新儒家之外的儒佛融合的新思路，該思路長期被學界所忽略。

中國哲學的當代開展，不僅需要延續近代思想的儒家結晶現代新儒家，也需要重視近代法相唯識學的理論成果及其儒佛會通思路。王恩洋在現代新儒家方興之際對其理論模式的反思和批判，為我們全面、深化理解現代新儒家的形成和理論特色及其不足，提供了重要的參考。同時，作為自覺的獨創性的儒佛並宏的代表，王恩洋的儒佛思想為我們提供了中國哲學當代研究的新的理論增長點。

第一章 王恩洋與近現代儒佛思潮

近代思想歷程相對於中國傳統思想,既有斷裂又有延續。傳統的儒佛道思想格局被打破,遭到了批判和邊緣化,然而仍然有選擇性地被繼承和延續。傳統思想的發展主要體現為法相唯識學的復興和現代新儒家的興起。法相唯識學被賦予了足以抗拒西學的嚴密思想體系的重任,現代新儒家則高標道德形而上學的生命哲學以異質而著稱。梁啟超曾說「近代所謂新學家者殆無一不與佛學有關係」。可以說,法相唯識學是近代學人的「哲學導論」。即使後世所謂新儒家者也概莫能外,熊十力、梁漱溟、方東美、唐君毅、牟宗三等均深諳此學。

王恩洋是中國近代著名唯識學家,師從歐陽竟無大師,于凌波稱讚他的唯識學研究為「歐陽竟無大師之下一人而已」。其所著《大乘起信論料簡》曾引發巨大爭論。在法相唯識學重鎮支那內學院從學任教共七年,其後先後創辦龜山書房、東方文教院,力倡儒佛並宏。他的思想以唯識學為根底,以儒學為輔翼,對禪宗為代表的中國化佛學有料簡破斥,對宋明理學為主體的現代新儒學有批判辯駁,力倡回歸佛教之本、儒學之源。他是法相唯識學復興的積極參與者、推動者,也是新儒家方興之際的見證者、批判者和重要的論敵,更是儒佛並宏的倡導者和踐行者。他的思想是儒佛思想的現代迴響,也是儒佛之辨的現代延續,是區別於現代新儒家的一條走向,於中國哲學的當代開展具有重要的參考價值。

第一節 王恩洋儒佛思想的形成與發展

一、少習儒術(1897—1921)

王恩洋(1897—1964),字化中,四川南充人。出生於耕讀之家,自幼以儒學修身立命,粗讀儒佛諸書。年少時,就曾作《大學義疏》,自以為「有補朱子、陽明不足之處」。並讀《法華經》、《楞嚴經》,悟到儒家天命論、西學天演論、佛教因果論有共通之處,這是他最早的儒佛互釋思想。這個觀點,他「持守終生」。佛教的業力因果論強調業力的必然性,而儒家的天命

論為形上之天，本來難以溝通，此處所謂通，還只是一種模糊的感覺，不是學理的互證。王恩洋後來用「安命畏因」來解構儒家的天、天道、天命，肇始於此。

1919 年，王恩洋至北京大學哲學系學習，選修中國哲學和印度哲學。當時，馬敘倫講授《莊子》和《宋元學案》，梁漱溟講授印度哲學概論和唯識學。時值美國實用主義哲學家杜威到中國演講，王恩洋一場不落地聽完。

他與梁漱溟師生情誼最厚，認為梁漱溟的哲學水平高於杜威。梁漱溟則讓王恩洋掌管書畫室，藉此王恩洋接觸到當時最盛行的佛學中的法相唯識學著述。梁漱溟後來回憶王恩洋在北京大學求學的經歷時生動地說：「化中為四川南充人，家貧幾乎衣履不完，來京在北京大學旁聽（非正式的旁聽生；正式旁聽生需要註冊的）。其時沙灘一帶多小飯館，眾學子恆多就食其間，化中則奔走投役換取一飽。」

晚年，他對這位昔日學生的學問給予了高度的評價：「王君恩洋字化中，經我介紹入南京支那內學院求學於歐陽先生，卒成名於世，著作甚富，可以不朽。」又曾說，「我還先後介紹了王恩洋、朱謙之兩人求學支那內學院。朱未久留即去，王則留下深造，大有成就，後此曾名揚海外南洋云」。如果大家熟悉梁漱溟先生的文字風格和風骨，就會知道他對王恩洋的這些評價是極高的，對馮友蘭、熊十力諸人從來沒有「可以不朽」的論斷。

梁漱溟較早在大學開展唯識學和印度哲學的教學，同時他又是所謂「最後一個儒家」。他演講東西方文化及其哲學，主張儒家、佛教和西洋文化的比較不應該在「面目」上比較，而應該從其源頭的「走向」（即意欲，will）上比較。三家所走的走向不同，西洋文化是向前奮鬥的文化，中國文化意欲自為調和適中，佛教為代表的印度文化則是意欲反身向後的文化。他大膽預測，「世界未來之文化與我們今日應持態度」是「先著眼研究者在外界物質，其所用的是理智；次則著眼研究者在內界生命，其所用的是直覺；再其次則著眼研究者將在無生本體，其所用的是現量；初指古代的西洋及在近世之復興，次指古代的中國及其將在最近未來之復興，再次指古代的印度及其將在較遠未來之復興。而此刻正是近世轉入最近未來的一過渡時代也」。

在新文化運動前後，梁漱溟平等地對待儒佛思想，這種從文化哲學角度分判東西方哲學的態度，給了王恩洋深刻的啟發。王恩洋後來的儒佛融合思路和《人生學》中表現出的人生哲學思想，正是受到了梁漱溟的影響。更進一步，王恩洋為人生而學術、不為學術而學術的態度，也是受梁漱溟的影響。

後來王恩洋總結受到梁漱溟影響主要在於：其一，堅定了儒家信仰。

其二，由梁漱溟引導而學佛。

其三，學得了組織思想的方法。

王恩洋此時的儒學思想還不夠成熟。他主張儒學為唯情論。情是天地萬物的本體，流變而生成物質和精神以及天地萬物。情具有四個特點，即通、愛、動、生。通指自我和他者的相通，愛指自我和他者的相互惻隱，動是情發為行動，生是情成就為事業。人生的最高境界為盡情，所謂盡情無非是復其天地之情的本源。情體現在人性論中，即所謂善不過是回復通愛動生的情本體。王恩洋後來認為此種主張為盡情論、救世論、唯心的一元論，甚至後來所謂新儒家的開山熊十力的《新唯識論》亦不過如此。數十年後，他仍然認為唯情論「既契《中庸》盡性存誠之教，亦與天臺、賢首之佛學冥符，即今之作新唯識論者（指熊十力）寧能加於此也？」，又說「此種主張，正不乏人，更有研究佛法唯識之後復為此主張者，其思想之通達成熟或猶未及吾前此之所就，輒執以為是」。

情本論的思想，不為梁漱溟印可而作罷。這使王恩洋反思本體論思維與緣起論思維的不同。佛教的緣起論，根本上說即否定有任何實在的自性，也就是宇宙生成論意義上的本體、作為自我同一性的自我（人我）和存在者賴以存在的根底法我。緣起論即指無主宰，無主宰而緣起的萬法因果必然，這種狀態就是空。故空和緣起不是本體與現象的關係，並沒有一個實體稱為空。從佛教的歷史淵源上看，原始佛教正是致力於批判主宰性梵我和宿命論、自然論虛無主義的典範；從佛教緣起教理上說，緣起論是貫穿境、行、果的基石。一旦確立了緣起論，王恩洋就把握到佛教與西方哲學和儒道之間的不同。後來，王恩洋也堅決地對這種「本體本源論」的儒佛思想進行破斥。

佛學方面，王恩洋自修梁漱溟著《印度佛學概論》、唯識學的根本論著《成唯識論述記》、歐陽竟無《瑜伽師地論敘》以及瑜伽法相學諸書。梁漱溟曾在課堂之上公開說「今之佛學家以南京歐陽竟無先生為第一」。1921年，梁漱溟《東西文化及其哲學》第1版自序中更坦白地見諸文字：「我請大家若求真佛教，真唯識，不必以我的話為準據，最好去問南京的歐陽竟無先生。我只承認歐陽先生的佛教是佛教，歐陽先生的佛學是佛學，別人的我都不承認。」並推薦王恩洋至南京追隨歐陽竟無問學。

王恩洋從梁漱溟那裡學得了組織思想的方法，即如何安排東方哲學和西方哲學的關係，其中尤其是儒佛關係。儒佛之辨從來不限於純粹學理的比較。儒家不單純是思想，而是滲透到每一個傳統家庭和個人思想中的理念、立身處世準則和信仰的力量。經過宋明理學改造的新儒學以心性的盡精微建構起下層的基本倫理規範和上層的形而上學安心立命體系。而佛學，總意味著出離倫理本位的社會性生活。

儒佛關係對於王恩洋來說，是一種存在的抉擇。

二、由儒入佛（1921—1928）

1921年夏，王恩洋拜入歐陽竟無門下。歐陽竟無是近代法相唯識學復興中最重要的推動者。當時，歐陽竟無大師與高徒呂澂等正忙於籌備支那內學院。早在三年前，歐陽竟無就和沈曾植、梁啟超、蔡元培、陳三立、熊希齡、章太炎等一時名流學者共同發起籌建支那內學院，並刊布簡章，闡明具「以闡揚佛法養成利世之才，非養成自利之士」的宗旨。呂澂入金陵刻經處研究部，協助籌建支那內學院。在此之前，歐陽竟無已經奠定了其學術聲譽。1918年，歐陽竟無著《瑜伽師地論敘》，闡明瑜伽學系一本十支深義，建立法相、唯識二分之說。1919年，歐陽竟無著《雜集論述記敘》，闡發法相學的基本宗旨。支那內學院的法相唯識學研究，學冠一時。國學大師章太炎著《支那內學院緣起》，稱讚歐陽竟無對法相、唯識分宗的見解為「足以獨步千祀」。

此時，王恩洋以五個問題求教歐陽竟無，深得大師賞識，遂入門為弟子。其同學為呂澂、熊十力、聶耦耕、吳希真。這五個問題在今天看來仍然是法相唯識學的重要難題，足見王恩洋入學之時於唯識學雖然未能通達，然已經頗經歷了窮探力索的苦心。具列如下：

其一，阿賴耶識的所緣是什麼？按照《成唯識論》的說法，「阿賴耶識不可知執、受、處、了」，執、受是指種子和根身，處是指器世間，也就是說不能夠知道阿賴耶識的種子、根身和器世間。那麼，種子、根身和器世間三者和色聲香味觸法是一樣的還是有區別呢？如果等同，則八識等同於六識。如果種子和器界不同於色聲香味觸法，則種子和器界就是真如。第八識即阿賴耶識的所緣是真如嗎？如果是真如，那麼它和大圓鏡智有何區別？豈不就不需要轉識成智了。

可見，入門之時，王恩洋是把真如當作實體看待的。

其二，阿賴耶識和有情眾生的關係是什麼？阿賴耶識恆轉如瀑流，漂溺有情。既然漂溺有情，就是說阿賴耶識和有情為二。

其三，緣起論說萬物仗因托緣乃得生起，就是說因緣以外別無自力。如果都無自力，怎能憑藉自力來修行呢？這和命定論有何區別？

其四，眾生是否可以度盡？佛教主張自度度人，菩薩以度盡眾生為宗旨。如果能度盡，則諸佛功德有盡；不可度盡，則諸佛功德無用處。

其五，玄奘的一個比量「真故，極成色定不離眼識，自許初三攝眼所不攝故，喻如眼識」。王恩洋以為此比量只能自悟不能悟他，因為其因是自許而不共的。

在歐陽竟無大師的悉心指導下，王恩洋的唯識學突飛猛進。半年中，他先後研究各家戒本和窺基《成唯識論述記》，並記錄和續成歐陽竟無著名的演講稿《佛教非宗教非哲學》的後半篇《佛法為今時所必需》，深得歐陽竟無讚許。後來在生平自傳體著作《五十自述》中，他回憶說「平生學問，蓋成就於此半年中」。這裡所謂平生學問，指的是對於瑜伽唯識和般若中觀理論體系的把握。梁啟超曾說康有為的學問三十以後不再有進亦無須有進，大

概王恩洋與此類似。他的學問總體框架和基本看法奠基於半年中,以後只是擴充豐富的過程。

王恩洋在支那內學院為學從教共七年,這對於王恩洋本人來說是成就學術的七年,對於支那內學院乃至中國近代唯識學思想史都具有重要的意義。1922 年 7 月,支那內學院正式成立,歐陽竟無任院長,呂澂任教務長。支那內學院以「講學以刻經」為任務,力求「真實之學和為人之學」,一時成為中國法相唯識學重鎮。八月,歐陽竟無演講《唯識抉擇談》,群賢畢集,陳真如、李石岑、邱晞運、周少猷、梁啟超、蔣竹莊等學者均來聽講。1922 年 9 月,太虛法師於武昌成立武昌佛學院,與支那內學院遙遙相對。是年,太虛作《佛法總抉擇談》駁斥歐陽竟無之法相宗唯識宗分宗說。秋冬間,後來成為當代新儒家鼻祖的熊十力至北大任教,講授唯識學。1923 年,支那內學院開設試學部,王恩洋任教,學生有韓畋畦、蒙文通、黃通儒、劉衡如等,後來學問皆有專攻。1925 年,歐陽竟無開辦法相大學特科,王恩洋任主任,並講授佛學概論和《瑜伽真實品》。

王恩洋任教於支那內學院和法相大學。唯識史家于凌波提到當時支那內學院的盛況,說:

支那內學院開課之初,學人畢集,人才極一時之盛。若湯用彤、聶耦耕、邱晞明、景昌極等,均在院任教,而呂秋逸、王恩洋兩人尤為重要。他二人是宜黃大師的左右手臂,也是支那內學院的兩大柱石。故由支那內學院,進而開辦法相大學特科。一時支那內學院聲譽鵲起,與太虛大師創辦的武昌佛學院遙遙相對,成為中國有名的兩大佛學中心。

佛教史家釋東初在其名著《中國佛教近代史》中,也對王恩洋給予了高度評價:

(王恩洋)從竟無居士學,專研法相唯識學,其慧解不在呂澂之下,二人各有專攻而已。王呂二人實為支那內學院兩大巨柱,王精於法相唯識,呂長於語言。

于凌波特別盛讚王恩洋的唯識學功夫，並比較了王恩洋和歐陽大師的差別：

恩洋生平學兼內外，佛學則專精法相唯識。恩洋治學，與歐陽大師有所不同。歐陽大師治學，凡有三變，他首治唯識，於所依經論在扼其大意，貫通其一經一論之思想，故以後由唯識而般若，而涅槃；亦即由一切皆妄，而至一切皆空，乃至即妄即真。恩洋治學，則一生忠於唯識，始終未超越唯識範圍，故其唯識學之造詣，於歐陽大師之下為第一人。

曾遊學歐陽竟無之門的韓孟均說：歐陽的「余耀實托於丹陽呂澂秋一，南充王恩洋化中兩先生」，並評價說「秋一先生（呂澂）之以智獨超於法苑」、「化中先生之以悲普浹於宗邦」。

不難看出，王恩洋的唯識學功夫是為學界所首肯共認的。較歐陽竟無的扼其大要而言，王恩洋更為深細精微；較歐陽竟無的學凡三變而言，王恩洋更擇一善而固執之。

王恩洋關於佛法的基本觀點均成立於此七年之中。簡要地說，可總結為以下幾點：

第一，1921年大明湖畔悟緣生之理。這是對於佛教緣起論和緣生的直接體驗。他認識到，世間諸法互為因果、互為條件，沒有主宰。「夫事必有因則無我無主；事必有果則有用有能。君子安土知命而不為意必，知無主宰也；修身立德而不敢妄為，慎造因也；行或使之止或泥之，莫非命也。故君子有修身以俟命，無行險以徼倖。達夫因果之理，故能安命而立命也。」《緣生論》、《儒學大義》都根源於此。後來他回憶此次經歷，說「余之學亦可謂為緣生論者，非徒自學得，亦由於事上體驗得也。」

第二，讀《大乘掌珍論》，悟真如、圓成實之理。《大乘掌珍論》本為中觀學派清辨的論著，自玄奘以來唯識學家皆視為與本派護法論戰的對象，多指摘其在佛教邏輯方面立量有誤。歐陽竟無推薦諸生讀《大乘掌珍論》，其理由也不過是借論敵之手更易明白唯識的脈絡。哪知，王恩洋讀後，卻由《大乘掌珍論》悟道了真如即是無為法，而無為法即無變轉功能作用之法，

故真如即非實體本體的道理。以致在支那內學院的討論會上，王恩洋與呂澂辯論，回護清辨的立量，致使歐陽竟無都不能決斷。王恩洋後來回憶對《大乘掌珍論》的體會，說：「實相即是諸法空相，此之真理即是空性空理，即依般若所說之五蘊皆空建立諸法圓成實性，此不同於起信論等之立真如為諸法本源，可與無明互作熏習而有作用者也。由是真如理已明，於空有二宗異同之執亦解，於相似教亦達其誤矣。」《大乘掌珍論》對於王恩洋理解佛教、會通般若中觀與法相唯識具有重要的意義。

第三，作《大乘起信論料簡》，引發 20 世紀 20 年代佛學界最大的爭論。

第四，作《唯識通論》、《佛學概論》等。東初說「他的《佛學概論》，深獲佛學界的讚賞，其在研究會上所提掌珍論二量真似義，及陳真如所提真如作疏所緣緣義，其與呂秋逸等辯論法義，每多精彩，深入幽微」。

王恩洋專注於唯識，他的唯識學獨樹一幟。其特點是：其一，佛法以緣生和法性為主。其二，緣生為法相學。其三，法性與真如同一，均為緣生的真理，而非實體、本體。其四，以《大乘掌珍論》為樞紐會通佛法。其五，悲學增上，佛法以人生解脫為旨歸。

實在地說，王恩洋的佛教研究不是現代意義上的學科學研究究，而是以佛理為富於道德意義的宗教的。正如他在評論木村泰賢著《原始佛教思想論》時所說：

今時之研究佛學者多少帶幾分科學哲學的態度，不以為絕對信向的對象，而以為研究探索的材料。這是無足為怪的。但吾人以為研究便當研究到徹底，徹底則於佛教必然的為全整的信向。

這反映出王恩洋治佛學的基本態度，即對佛學全體的總體把握的基礎上，強調信仰。這種態度來源於歐陽竟無的「結論後之研究」，佛學研究不是推求結論而是對結論進行印證和闡釋。闡釋要求在經典的基礎上進行解釋，所以佛教的經注和義理的解析是王恩洋思想闡發的重點，這種闡發不是發明而是說明，不是立異創造而是複述建構。同時，更重要的是踐行，以菩薩的心腸和毅力，去對理論進行推行。

三、儒佛並宏（1928—1964）

1928 年，法相大學由於軍閥占據而停辦，王恩洋返歸南充故里。在生活的磨難中，他「讀通」《瑜伽師地論》。這是王恩洋對於唯識學的深化，唯識學來源於瑜伽學又區別於瑜伽學。

1930—1941 年，王恩洋在南充主辦龜山書房，並往來於四川各地講學。其作《龜山書房記》，說明自己的為學宗旨為：

唯吾之教，儒佛是宗。佛以明萬法之實相，儒以立人道之大經。游之以文藝，廣之以新知。本末兼賅，中庸以時。為學之道，正心為本，力行是急，淡泊是甘，艱苦勿懼。無思利，無近名。

1932—1933 年，作《人生學》、《儒學大義》、《解脫道論》、《大菩提論》四部曲，以人生為導向，對儒釋思想做進一步的融攝。

1938 年，王恩洋對於原始佛教《阿含經》有了更多體會。認為學習佛教要「以阿含築基、般若淨障、以瑜伽建立教理行果」。他以為，真正的學佛要用《阿含經》的簡樸教理引發出離心，而瑜伽法相則為根基於《阿含經》的系統化的教理體系。他總結自己的學佛曆程有六步：

第一，在支那內學院通達唯識和中觀宗旨和教理體系。

其二，圈讀、讀通《瑜伽師地論》。不通《瑜伽師地論》，始終覺得佛法只是理想而已，不能落到實處。

其三，讀《五燈會元》，會悟禪宗。不通禪宗，佛法不能現前受用、直下承當。

其四，讀《阿含經》，瞭解到佛教的慈悲與甚深般若總在平常日用之中。不通《阿含經》，則易以外道為佛法。

其五，讀說一切有部根本毗奈耶藏，悟道情理交盡，事事皆有因緣。

其六，作《大乘阿毗達摩雜集論疏》，通達滅諦。《大乘阿毗達摩雜集論》是法相宗的根本經典。

由此可見，王恩洋的佛學研究絕不是有些研究者和大多數學者的印象所說的是慈恩宗一系的唯識學這麼簡單。他的佛學，始於玄奘、窺基一系唯識學，而擴展到《瑜伽師地論》、安慧系《大乘阿毗達摩雜集論》，追根溯源於說一切有部和《阿含經》，並會歸禪宗的入世精神。

王恩洋與支那內學院保持了密切的聯繫。

1930 年，王恩洋在南充老家作《大士行》賀歐陽竟無壽辰。

1931 年，歐陽竟無親自致信王恩洋，邀請他到法相大學主持悲學。歐陽以王恩洋為不二人選，信中說：「內學以精簡研竅為主，悲學以持正開導為的。悲學主人非我恩洋其誰克哉！」王恩洋以多病、父母年邁婉拒。是年，歐陽又惠寄所著《大涅槃經敘》與王恩洋共勉。

1937 年，支那內學院因戰亂遷避四川江津（今重慶江津），稱為「支那內學院蜀院」。蜀院甫一建立，王恩洋自南充往見。因王恩洋在巴蜀的影響力甚巨，對於蜀院的建設頗有輔助之功。

1942 年王恩洋主辦東方文教院。

1943 年，歐陽竟無逝世，支那內學院門人開會，推呂澂繼任院長，王恩洋任理事，從各個方面支持蜀院的建設。

1950 年 11 月，支那內學院改名為中國支那內學院，並組織支那內學院董事會。呂澂任院長，王恩洋、楊鶴慶、李一平、陳銘樞、呂澂為董事，繼續開展院務。

1952 年 8 月，董事會代表王恩洋和院長呂澂親自結束了院務。

從 1922 年成立至 1952 年結束，王恩洋見證了支那內學院的整個歷程。

這一時期，王恩洋致力於佛教和儒學的會通。傳統儒佛之辨是以禪宗為代表的中國化佛教和宋明理學為代表的儒學之辨。他以為，中國化佛教非真佛教，理學化的儒學也非真儒學。他的會通，是法相唯識學為主體的佛教和孔孟荀為代表的真儒家之比較與會通。其宗旨鮮明，一是以精微的法相唯識

學疏通儒家人性論心性論的內聖之學；二是以佛教指導儒家外王之學，同時儒家入世之學對於佛教的出世之學亦是很好的補充。

王恩洋以著述和演講，並宏儒佛。考慮到他的法相唯識學家的身分，其所著孔孟荀老四種學案，加以《論語》、《孟子》、《詩經》、《大學》新疏，以及《人生學》和《儒學中興論》，合起來達百萬字的儒學著作實在甚巨。期間，間著《攝大乘論疏》、《說無垢稱經釋》、《心經通釋》、《金剛經釋論》、《八識規矩頌釋論》以及法相學的具代表性而又極為繁難的著作《大乘阿毗達摩雜集論疏》和《瑜伽師地論疏》六卷（已佚）。其願力之廣，信念之堅，弘法之強烈，也可以見出了。

1949 年，王恩洋被聘為川北行署政協顧問。

1952 年，任四川省政協委員和文史館館員。

1957 年，中國佛教協會聘請為中國佛學院教授，講授佛學概論等課程。

1964 年病逝。

第二節 王恩洋與近代唯識學、新儒學

在弘揚儒佛的過程中，王恩洋與佛教和儒家的學者有著密切的聯繫，也時有爭論。以下我們梳理出他的學緣結構，來具象地展示王恩洋與近代儒學、佛學研究的關係。

一、王恩洋與近代唯識學

近代佛學的復興肇始於楊文會，楊文會主持金陵刻經處 45 年，對教內外影響深遠。而近代，所謂佛學的復興，最重要的是唯識學的復興，至民國期間達到了高潮。民國十年（1921 年）以後，先後出現了歐陽竟無所主持的支那內學院、太虛法師主持的武昌佛學院和韓清淨主持的北京三時學會三個唯識學研究的重鎮。支那內學院重要的唯識學家有歐陽竟無、呂澂、王恩洋、邱虛明、陳真如等，湯用彤、景昌極等也曾在該院任教，熊十力、蒙文通、劉定權等則曾在該院從學，支那內學院一時成為唯識學居士佛教的重鎮。

武昌佛學院則以太虛、唐大圓、史一如為最精，是教內唯識學的代表。北京三時學會，主要以精研、註解《瑜伽師地論》為主，韓清淨所著《瑜伽師地論科句披尋記》和朱芾煌所編《法相唯識學辭典》，都是具有代表性的力作。三者在唯識學方面各有千秋，武昌佛學院和支那內學院在唯識學諸論題上時有爭論，對思想界影響也最大。

王恩洋最重要的學緣關係是和支那內學院的關係。王恩洋與歐陽竟無之間秉性並不相同。他曾評歐陽竟無的性格，說：

倔強剛毅故不奉人情，險阻艱辛故時有不平之氣，博學多能、識見卓越則俯視凡流碌碌、無阻當其心也，對學人棒喝橫加，對時事大聲抨擊，對古人斥謬匡誤，一切似教、異說盡被推翻，人或以是不滿於師，然古不云乎，獅子奮迅群獸慄，象王行處絕孤蹤。

又曾形象地說歐陽竟無「門庭險峻，動與世遠。人每望之顫慄而不敢進」。

而我們從師友的評價中也可以看出王恩洋的固執與狂傲。其師兄陳真如二十年代就曾語重心長地告誡他「你慈心智慧均有，但有大病，即是我慢心重，將來學問愈進，慢心亦當蓋天蓋地目無餘人也」。佛教「我慢心」正是狂傲的代名詞。支那內學院在抗戰時遷居重慶建立蜀院，王恩洋往拜歐陽大師，其同學陶闓士私下裡特地囑咐「吾人已至中年，幸猶有師，更幸能得師之教訓，此次凡師所言，無論如何均勿與師。當知凡師所言，無非出於悲憫吾輩者也」。可見，王恩洋常與師長爭，他也曾自謂愛唐突師門。

歐陽入蜀，門人畢集，一一教誡門人，到王恩洋時，說：「吾不懼爾行動放恣，唯責爾自是驕慢，驕慢是爾大病。……當知此病非去不可，否則非吾徒也。」事實是，師徒間確曾發生齟齬。1930年王恩洋在南充老家作《大士行》賀歐陽竟無壽辰。歐陽竟無閱後，「大不謂然，批斥數點，令改作，並囑東下聞法」。王恩洋的回信「亦不當師意」。呂澂也來函切責。王恩洋又回信，信中不無諍論，「師益怒」。轉過年來，呂澂才來信諒解。王恩洋又致信同學熊東明，云「師友以道義相從、至理因言辯而著」。師徒間隔閡煙消雲散。

二人雖秉性不同，但均光明磊落，坦坦蕩蕩。從學術上看，王恩洋得力於歐陽竟無主要在：通達唯識學理；秉承法相、唯識分宗說；正智與真如非一非異；破斥真如和本體論思維等。二人差異，也極明顯：歐陽竟無學凡三變，王恩洋學凡數進，然絕不出唯識學。相較於支那內學院的另一位佛學大師呂澂，歐陽竟無的瑜伽法相和唯識學最大多數的為王恩洋繼承和發揚。如何合釋儒學，二人也有思路上的差異。

王恩洋與呂澂的關係也極佳，他始終保持了對師兄的極大敬意。兩人在支那內學院為歐陽竟無的左膀右臂，學問上則互有爭論，王恩洋向呂澂學習因明學。他們為我們留下了極盡精微的辨析，最著名的有研討會上「《大乘掌珍論》二量真似義」、「真如作疏所緣緣義」等。1959 年，呂澂的「自傳」，介紹「社會關係」一欄，第一位就提到王恩洋，說：

王恩洋，四川南充人，中國佛學院教授，無黨派。他係於 1923 年由梁漱溟介紹來院問學，後任法相大學特科主任，特科停辦即返川。支那內學院西遷，他多所贊助，任院友會理事，董事會董事，現仍有聯繫。

王恩洋提到呂澂時則不無感慨地說：「洋在院獲教於秋逸兄者尤多，一誠以為學宗旨無背師說，再誠以議論勿詭順俗情，願以嚴肅的態度攜手齊步。」支那內學院蜀院的建立和發展，實際上主要是兩人共同合作的結果。1948 年底，王恩洋曾有《寄秋逸兄》云：「直涼承繼竟無公，石埭仁山笑聲隆。魚躍鳶飛麟鳳集，簫韶長奏五云中。」讚揚呂澂在楊文會和歐陽竟無之後對佛學的發揚和人品的率直。

王恩洋與太虛法師的武昌佛學院也有殊勝的因緣。王恩洋著《大乘起信論料簡》，批判《大乘起信論》為書偽、理偽，引發太虛法師不滿，遂召集武昌佛學院同仁批判，集為《大乘起信論研究》一書。其中，直接批判王恩洋的有唐大圓《起信論解惑》，陳唯東《料簡起信論料簡》，常惺法師《起信論料簡駁議》。太虛法師作《大乘起信論唯識釋》，並刻印隋代慧遠造《起信論疏》以證明《大乘起信論》真實性。王恩洋復作《起信論唯識釋答疑》對太虛法師予以批駁。太虛法師繼而在某日報上作答，頗為戲謔地說王恩洋是「初地菩薩，始證法性，得大歡喜，樂說無厭，王某亦爾」。

王恩洋與太虛法師雖然有嚴重分歧，但仍保持了友誼。支那內學院《內學》雜誌停辦以後，王恩洋的佛學論文大多發表在太虛主辦的《海潮音》上。1932 年，太虛大師演講稿《法相唯識學概論》印行，由王恩洋、張化生、梅光羲、唐大圓、黃懺華等作序，其開篇即王恩洋，足見太虛對王恩洋唯識學研究水準的認可。太虛法師在思想上雖然與王恩洋有分歧，對其唯識學造詣實在推崇有加。1942 年，王恩洋會太虛法師於重慶北碚縉云山漢藏教理院。太虛向眾弟子介紹王恩洋時稱讚其為「貫通儒佛，實踐躬行，為溫厚君子」，並令發表演講。1945 年，兩人並曾同住重慶長安寺月餘，往來甚密。兩人的關係，正如王恩洋在《念太虛法師》文中所說「以學說之爭論始，而以法事之策勵終」。

王恩洋與武昌佛學院唐大圓和史一如都有交往。唐、史二人為太虛武昌佛學院的左膀右臂。他和唐大圓本惺惺相惜互有書信往還，由於激辯起信論而絕交。唐大圓《起信論料簡之忠告》中不無激切語，引莊子「道隱於小成，言隱於榮華」譏評，並謂王恩洋「明斥遠西哲學，而暗效倭人詭辯」。王恩洋則以忠告一文「以小成榮華之士目洋」，收回待刊於《海潮音》的文稿，從此絕交。

王恩洋與武昌佛學院史一如也有交往，史一如長於唯識學和因明。兩人互相推重，並通信討論佛學。史一如曾糾正王恩洋著作中有關因明部分的錯誤。支那內學院聶耦耕對此提出質疑，並展開筆戰。為此，史一如撰《論有法差別相違因之分本作別作二法》的論文。

王恩洋與印順有學理探討，可稱為空有之辯。印順曾在太虛一脈所建的漢藏教理院學習，法尊任院長。1944 年，印順著《印度佛教史》並寄贈王恩洋。王恩洋閱後著《讀＜印度之佛教＞書感》長文復之，對印順給予了很高評價。

然而，印順書中性空唯名、虛妄唯識和真常唯心三系的判教體系，引發了王恩洋的不滿。他認為，要論佛教學理的發展史，要以部派佛教破我，中觀明空去執，法相唯識建立三性、成立唯識最為圓滿，圓滿在以「無我無作無受者，善惡業報亦不失」為基本的教理。他對印順持的中觀見解不能苟同，

認為印順「辭義之間每揚中觀而抑唯識」，並對印順將唯識宗總結為「虛妄唯識論」表示不滿。直至批駁中觀的後期代表月稱為「荒謬」，「執古不化，捧出龍樹以敵視無著」。並表示「中觀與祕密（密宗）成不解之緣」是敗壞佛法，非空非不空的法相唯識才是中道了義之教。

印順讀後，作《空有之間》一長文。印順以為王恩洋所說「無我無作無受者，善惡業報亦不失，頗能扼緣起之要」是佛教的根本，但是「無我無作無受者」並非僅僅旨在建立善惡業報的因果，更在於顯示緣起的寂滅性。

透過緣起立宗有兩條走向，其一是從因果必然的緣起法則，顯示出因果必然的事實，是為緣起法與緣生法；其二是正觀緣起有，不取法相而悟入寂滅性，是為有為法與無為法。法相唯識宗只見其一，不見其二，「正見緣起，所以離戲論而證空寂，固不以善辯因果為已足。……善辯中邊，不以觀因果而滯有，以空為不了；亦不觀空寂而落空，視因果如兔角」。唯識宗沒有與密宗合流，是因為背離了止觀內證的走向逐漸演變為名相之學，並不能證明唯識比中觀有優長。這場辯論，可以見出唯識宗大師和中觀現代派之間安排佛法上的差異。印順後來總結歐陽竟無和王恩洋與武昌佛學院辯論起信論，則認為二人是宗派之見，站在唯識學的立場上的一種偏見。

二、王恩洋與現代新儒家

現代新儒家有廣義和狹義之分，廣義的現代新儒家包括馮友蘭、賀麟、方東美、張君勱、梁漱溟甚至錢穆等近代思想家；狹義的現代新儒家則主要指熊十力、牟宗三、唐君毅、徐復觀一脈。現代新儒家大多受到宋明理學的影響，而致力於儒家心性形而上學的現代詮釋。其起源和影響都在唯識學的復興之後，甚至可以說唯識學的復興推動了現代新儒家的興起，兩者具有割不斷的關聯。王恩洋在新儒家方興之際即有辯駁。在新儒家盛行乃至成為中國哲學主流的今天，他的相關論述尤其值得我們重視與深思。

梁漱溟的新儒學建構較其他學者為早，1917年他就應蔡元培先生之聘，任北京大學印度哲學講席。王恩洋早年曾隨梁漱溟問學，兩人介於師友之間。梁漱溟拜訪支那內學院，王恩洋呈《緣生論》於梁漱溟，梁閱後深表讚許。

新儒家代表人物熊十力則是王恩洋支那內學院同學。20世紀40年代，熊十力出《新唯識論》語體本，王恩洋著《評新唯識論者之思想》一篇長文予以批駁，並引起熊十力弟子反駁。抗戰期間，王恩洋曾多次路過重慶縉云山拜訪梁漱溟於勉仁學院，並晤熊十力。

唐君毅與支那內學院有殊勝的淵源。唐君毅本讀書北大，也曾受學於梁漱溟。其父母從四川至南京追隨歐陽竟無問學，唐隨即轉入東南大學，並結識歐陽竟無與王恩洋，歐陽竟無有納為弟子之意而未果。歐陽竟無至東南大學發表演講，王恩洋隨從筆錄，唐君毅與王恩洋亦曾討論佛學。1944年，王恩洋「應唐君毅兄妹請，至沙坪壩講經」。兩人重要的學術討論是關於宋明理學與佛學比較的問題。1946年，唐君毅作論文《宋明理學之精神論略》。這篇文章旨在說明，宋明理學家自己認為和佛教之間的區別，及宋明儒學相對於漢唐諸儒的創新之處。後收錄於《中國哲學原論·原道篇》附錄，標題改為《宋明理學家自覺異於佛家之道》。同時附錄的一篇文章是《由朱子之言理先氣後，論當然之理與存在之理》，此文主旨是批判馮友蘭和金岳霖關於朱子之理的邏輯分析。該文的寫作時間與前文相差無幾（發表則在次年）。

這兩篇論文都曾經呈請王恩洋批評。王恩洋對第一篇文章作了批判，題為《評宋明理學之精神論略》，並附錄了兩人往來的書信。同年的早些時候王恩洋剛剛寫了《評新唯識論者之思想》一文對唐君毅的老師熊十力進行了無情的批判。唐君毅在給王恩洋的信中實際默認了王對熊十力批評之合理。更值得注意的是，王恩洋早在三年前就對馮友蘭的新理學提出了批判，題為《新理學評論》。王恩洋在批判唐君毅的同期另有一篇2.7萬字的長文《論歷代儒學之演變及當來儒學之重興》（上）中總結儒學之演變及其存在的問題，約半年之後又寫出《當來儒學之重興》（下）6.3萬字的長文——《儒學中興論》，詳盡地表述了用法相唯識學解決儒學內聖之學的內在思路。

對於廣義上的新儒家馮友蘭、賀麟，王恩洋也有關注並有商榷之文。馮友蘭的新理學在20世紀40年代有著廣泛的影響，他甚至自詡為「最哲學的哲學」。1943年，王恩洋著《新理學評論》對馮友蘭的新理學提出了批判，文章長達8萬字。賀麟的《當代中國哲學》論及馮友蘭新理學時，特別引述

王恩洋對馮友蘭的批評，認為在眾多批評馮友蘭的聲音中王恩洋「態度比較客觀」。

對於王恩洋繼承的梁漱溟的東西文化觀，賀麟則加以批判。在所著《當代中國哲學》中，賀麟認為梁漱溟東西文化觀高明地不落於東西優劣的狹隘比較觀，但延續其文化比較觀的王恩洋則不免狹隘：

哪知受了他影響的人就把他隱約暗示的言外之意，很露骨的和盤托出了。試讀下面這一段：西洋文化者求生競存之文化，其宗旨在征服自然爭取支配。中國文化者淑身善世之文化，其宗旨在明明德於天下。佛教文化者轉依解脫之文化，其宗旨在一切眾生我皆令入無餘涅槃而滅度之。由是可知西洋文化者人類最原始之文化，而亦最低之文化也；中國文化乃其較高者，佛教文化則最高者也。這一段可以說是把梁先生東西方文化比較觀的流弊與弱點，和對西方文化之精神背景，特別對於超功利的道德藝術玄學宗教方面之缺乏瞭解，亦暴露無遺了。

其所引述的一段，恰好是王恩洋《念親教師》的文字。賀麟的評價有一定道理，梁漱溟和王恩洋對西學確實缺乏深入研究。

順帶一提，王恩洋與國學大師吳宓的友誼以見王恩洋之人品與文品。

王恩洋創辦東方文教院。吳宓曾經萌發念頭，要到王恩洋所辦東方文教院從學並任教，「宓近年益趨向宗教，去年曾有到內江貴院住一年之意，友人尼之」。王恩洋的學術傳記《五十自述》寄贈吳宓，吳宓極為推崇，回信云「決自撰題要一篇，刊之報中，以資宣傳介紹，並符私心欽佩之意」。

吳宓曾交代，1948 年秋，「即決意辭卸武漢大學外文系主任的職務，到成都任教，目的是要在王恩洋先生主辦的東方文教學院（以佛為主，以儒為輔）研修佛學佛教，慢慢地出家為僧」。

1949 年，吳宓動身入蜀。「初意本欲赴成都，在川大任教授而在王恩洋主辦之東方文教學院講學；但因行途不便，遂止於渝碚，而在私立相輝文法學院任教授，並在梁漱溟主辦之私立勉仁文學院講學。此時，宓仍是崇奉儒教、佛教之理想，以發揚光大中國文化為己任。」

不想，自此終老北碚西南師範學院（現西南大學）。1959 年歲末，吳宓「靜思生平行事，殊多悔恨自責」。他列舉了黃晦聞、吳芳吉、王恩洋、郁達夫、瞿秋白等諸多前輩與知友以自省。1964 年，吳宓七十歲生日當天作詩云「楹書祕記憑誰付，料理行裝遠去人」。並自注，所謂楹書「如白璧德師人文主義之著述、黃晦聞師及碧柳之詩集、王恩洋《五十自述》、《學衡》全套（皆今世所不取者）」。據說，在「文革」的患難中，王恩洋的《五十自述》和陳寅恪的一本書，成為吳宓的精神支柱。可見，王恩洋弘法熱忱和堅定的信念，對吳宓影響深遠。

根據王恩洋和佛學、儒學界學緣關係的梳理，我們不難發現，王恩洋恰好是唯識學復興中的中堅，同時又是現代新儒家興起的見證者和批判者。他絕不是閉門造車的唯識學家，也不是護教心切的原教旨主義，他密切地關注著儒家和佛教的當代進程，並試圖用儒佛思想的重構來回應近代所面臨的思想境遇，同時也不時地參與到儒佛思想研究的現代詮釋的不同走向的紛爭之中。

第二章 法相唯識論

　　近代唯識學，其全稱可以按照太虛的定義稱為法相唯識學，或者按照支那內學院的習慣用法稱為瑜伽學、瑜伽唯識學。在古代，法相學和唯識學是糾纏雜混在一起的，唐代的諸唯識論師沒有進行細微的分別。近代以來，歐陽竟無透過經典的梳理、義理的分疏對法相學和唯識學進行了細密的分宗，確立了兩種學問的基本經典和核心論題，從而使精研法相和貫通唯識成為可能。王恩洋在歐陽竟無的基礎上，深入研析法相學經典《大乘阿毗達摩雜集論》，構建了法相學的基本體系；繼承了玄奘、窺基一系的以《攝大乘論》、《成唯識論》為基礎的唯識學。

　　更重要的是王恩洋將唯識學上升為一種理性限度之內的宗教哲學，並透過法相唯識的現代詮釋對現代的科學、哲學、宗教予以批判，形成了獨具特色的唯識學文化批判論。這種以人生為旨歸，以理性為經典抉擇，以真理為人生哲學基礎的法相唯識學思想，獨具特色。最終，透過唯法無我、唯相無法的法相學和三界唯心、萬法唯識的唯識學，融通了思想史上爭議不斷的空宗、有宗的爭辯，闡明了非有非空的中道了義。

第一節 法相唯識宗的判釋

一、法相與唯識之分宗與融攝

　　瑜伽宗、法相宗和唯識宗涵蓋的範圍不同，然而又有相通之處。因此，在名稱的使用上，古來都很含混，這從經典的偏重上可以看出。該宗以六經十一論為根本經典，六經即《華嚴經》、《解深密經》、《如來出現功德莊嚴經》、《阿毗達摩經》、《楞伽經》、《厚嚴經》，十一論則包括《瑜伽師地論》、《顯揚聖教論》、《大乘莊嚴經論》、《集量論》、《攝大乘論》、《十地經論》、《觀所緣緣論》、《二十唯識論》、《辯中邊論》、《分別瑜伽論》，其中《解深密經》為本經，《瑜伽師地論》為根本論。以經典偏重的不同，名稱各異。

該宗精微地分析諸法的性、相、體、用、因、果、善染，稱為法相學。該宗因為主張「三界唯心，萬法唯識」，以《成唯識論》作為根本經典，稱為唯識宗。然而，該宗又以《瑜伽師地論》為根本經典，被稱為瑜伽宗。古來，陳真諦所傳的學問以《攝大乘論》為主，稱為攝論宗；玄奘、窺基一派長期以長安慈恩寺為依託弘法，稱為慈恩宗。按照曾經留學印度的唐代高僧義淨《南海寄歸內法傳》的說法，則稱為瑜伽宗。近代以來，日本學人以為瑜伽不足以表示該宗梵文「yogācāra」的語義，瑜伽只表示了「yogā」，未表示出「cāra」的「行」的意思，故而他們稱之為瑜伽行派。近人太虛法師認為法相必歸唯識，由是稱為法相唯識宗。其中以瑜伽宗和唯識宗最為學界所常用。王恩洋有時又稱為瑜伽唯識宗。可見，對於該宗的命名，表示了作者對於該宗經典的偏重和思想的核心關注。

實則，自古以來，唯識學與瑜伽學、法相學混淆不分，一般都統稱為唯識學。這主要是玄奘、窺基秉承護法、戒賢一系唯識學立宗的緣故。到近代，支那內學院歐陽竟無大師才開始對法相和唯識加以判別。對於他的判別，章太炎起初是「驚怪」，仔細體會後贊之為「足以獨步千祀」。這個分判也可以視為近代唯識和傳統唯識最為根本的區別之一，它對於支那內學院一系的瑜伽、法相、唯識的研究方法論具有奠基的意義。

在名著《瑜伽師地論敘》中，歐陽竟無認為法相和唯識有十大區別：

一者，對治外小心外有境義，建立唯識義；對治初大惡取空義，建立法相義。

二者，若欲造大乘法釋，應由三相而造：一由說緣起，二由說從緣所生法相，三由說語義。是故由緣起義建立唯識義，由緣生義建立法相義。

三者，觀行瑜伽歸無所得，境事瑜伽廣論性相，是故約觀心門建立唯識義；約教相門建立法相義。

四者，八識能變，三性所變，是故能變義是唯識義；所變義是法相義。

五者，有為、無為一切諸法約歸一識，所謂識自性故，識所緣故，識助伴故，識分位故，識清淨故；又復以一識心開為萬法，所謂五蘊、十二處、十八界、二十二根、四諦等，是故約義是唯識義；開義是法相義。

六者，精察唯識，才一識生，而自性、所依、所緣、助伴、作業五相因果交相系屬，才一識生，四識互發；又復精察法相，雖萬法生而各稱其位，法爾如幻，就彼如幻任運善巧宛若為一。是故開義是唯識義，約義是法相義。

七者，了別義是唯識義，如如義是法相義。

八者，理義是唯識義，事義是法相義。

九者，流轉真如、實相真如、唯識真如義，是唯識義；安立真如、邪行真如、清淨真如、正行真如義，是法相義。

十者，古阿毗達摩言境多標三法，今論言境多標五識身地、意地，是故今義是唯識義，古義是法相義。

基於這些區分，他給法相學和唯識學分別下了相應的定義。所謂法相宗是指法相義：「世尊於第三時說顯了相無上無容，則有遍計施捨性、依他分別性、圓成真實性，復有五法：相名分別如如。論師據此立非有非空中道義教，名法相宗。」可見法相宗是以遍計所執性、依他起性、圓成實性三性的分疏和相、名、分別、正智、如如等五法為核心的思想體系。所謂唯識宗是指唯識義：「唯言遣心外有境，識言遣破有執空而存破空執之有，具此二義立唯識宗。」可見，唯識宗是旨在證成境無識有的唯心論哲學。法相重在分析相、性，而唯識重在以心識來收攝外境之相。

在《百法五蘊論序》中他進一步從教理抉擇的角度來分疏，指出二宗依據各有不同：

約緣起理建立唯識宗，以根本攝後得，以唯有識為觀行，以四尋思為入道。約緣生理建立法相宗，以後得攝根本，以如幻有詮教相，以六善巧為入道。

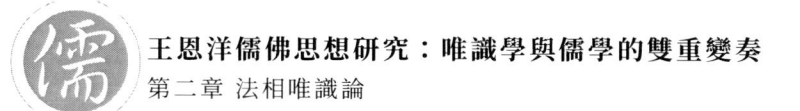

亦即以緣起論建立唯識宗，以緣生理建立法相宗。緣起和緣生的區別何在呢？歐陽竟無在《雜集論述記序》中說「緣起義是唯識義，故原其因說種子相；緣生義是法相義，故究其果說成就相」。可見，唯識重在講明萬法生起的原因，而法相偏重萬法的具體相狀。

從經典的角度來看，唯識宗「抉擇於《攝論》，根據於《分別瑜伽》，張大於《二十唯識》、《三十唯識》，而胚胎於《百法明門》，是為唯識宗，建立以為五支」。法相宗「抉擇於《集論》，根據於《辯中邊》，張大於《雜集》。雜集者，糅集論為一論，不別立集論支也，而亦胚胎於五蘊，是為法相宗，建立以為三支」。

歐陽竟無的整個分宗體系，可列表如次：

	法相宗	唯識宗
經典依據與來源	辯中邊論	分別瑜伽品、百法名門論
根本經典	阿毘達磨集論	攝大乘論
核心典籍	大乘阿毘達磨雜集論	二十唯識論、三十唯識論

續表

	法相宗	唯識宗
教理判別	針對大乘惡取空而立宗	針對外道、小乘立宗
	緣生論	緣起論
	境事瑜伽教相門	觀行瑜伽觀心門
	所變	能變
	以阿賴耶識開出五蘊、十二處、十八界、二十二根、四諦等萬法	收歸一識攝諸法，萬法為識自性、所緣、助伴、分位、清淨
	萬法生各有其位	一識起，識自性、所依、所緣、助伴、作業俱起
	如如	了別
	事	理
	安立真如、邪行真如、清淨真如、正行真如	流轉真如、實相真如、唯識真如
	古阿毘達磨境論	今《瑜伽師地論》五識身地、意地境論
核心教理	五法、三自性、非有非空之中道	八識、二無我、賴耶緣起

　　歐陽竟無對於法相唯識的判別，在當時引起了相當的關注。與他持異議的，要數太虛法師。太虛著《論法相必宗唯識》對歐陽竟無的分宗說進行了批判。他主張「稱法相即括唯識，談唯識即攝法相」，法相和唯識兩者不可分割。他認為所謂法相指的是「依識假說之一切法」，而唯識則指的是「眾緣所生法皆唯識所變現」。可見太虛是從識的角度來審視法相，故他所謂法相必宗唯識旨在強調法相和唯識的必然性關聯。但是 a 和 b 有必然性關聯並不等於說 a 不是 a、b 不是 b。同時，太虛的這個規定蘊含著另一層意思，即「在唯識之外無法相」，這就將其他原始佛教和部派佛教的沒有與心識相聯繫的法相判析排除在法相學之外了，未免走入另一種偏見。

　　法相學和唯識學是否存在內在的分別呢？從探討的主題來看，確實存在。法相學是要探討存在，當然探討存在就要探討存在的類型、存在的緣起和歸

宿等。唯識學是要探討人的認知結構包括心理結構，人怎樣先驗地構成存在。前者很容易造成一種本體論，後者則是唯心論。法相必歸唯識並不意味著法相就是唯識，某種程度上說歐陽竟無和太虛之間的分歧實在可以並存。

　　法相宗和唯識宗的區分，是歐陽竟無的獨到見解，這個見解也成為支那內學院的基本宗旨。歐陽竟無致信當時的教育總長章士釗闡明支那內學院的教育主張，其中說到支那內學院所創獲的創造性見解共二十條，均是以此區分為核心來展開。毫不誇張地說，不理解法相和唯識分宗，就不能理解支那內學院的唯識義理的進一步拓展。該分宗決定了支那內學院的研究方法的基本特色。因此，作為學生的王恩洋對歐陽竟無的深意體會深刻，融會貫通，並用以指導自己的學術研究。終其一生，王恩洋未使用過「法相唯識宗」的名稱，甚至在給太虛法師《法相唯識學概論》作序的時候他也只使用「唯識法相之教」的說法。他提到歐陽的法相和唯識的區別，說「瑜伽唯識，自昔咸皆混為一談。至我竟師，乃明其是非。大論序十義對現，真實序六事顯別，大小廣狹本原不俟也」。

　　王恩洋認為，法相和唯識的劃分主要是為了有利於系統研究，並非是劃分以後偏重一端、廢除一個，兩者不可偏廢。他說：談唯識必宗《成唯識論》，談法相必祖《雜集論》。一本十支，此為觀止。《成唯識論》專立唯識，極高明而盡精微也；《雜集論》平述法相，致廣大而道中庸也。學法相而不極於唯識，則不免博而寡要之譏，學唯識而不詳於法相，則不免浮而不實之弊。

　　這是王恩洋深入理解貫徹師說的結果。同時，也和他深入研討《大乘阿毗達摩雜集論》有關。按照歐陽竟無的經典抉擇，法相學的經典是《阿毗達摩集論》，這是無著綜合大乘阿毗達摩的要義所造的集論，也是無著在《瑜伽師地論》、《顯揚聖教論》、《二十唯識論》、《三十唯識頌》之後的法相學專論，極具重要性。其後，覺師子從無著受學，廣泛地做了註釋，安慧貫通全書繼續做了雜集論。可以說，《阿毗達摩雜集論》是歷時三代，無著、覺師子、安慧三代菩薩智慧的共同結晶，是大乘法相學的總持。該論的特色是，以三科為總綱廣泛地探討了三科與五位百法的攝入、相應、因果體用和解脫次第等問題，建構了法相宗的完備體系。從傳統到近代，唯識學家對該

論作深入研討的學者並不多。唐代窺基曾有述記，然而註釋不全。王恩洋不僅講授此論，而且作了數百萬字的長疏。這是一個卓越的貢獻。

對於法相宗與唯識宗的區別，王恩洋還有進一步的認識，他提出了三點區別：

一者，瑜伽之教普被三乘，戒定慧三，修行證果，無不備明；唯識之教，為大乘說，於三學中唯專於慧，獨詳於境，行果俱略，是為廣狹不同也。

二者，瑜伽說俗諦事，三科平列，有十善巧；唯識獨詳一識，總攝三科。平等總攝，義又不同。

三者，世尊設教，二諦盡之，勝義諦中一法不立，唯說一空，世俗諦中萬法並顯，非唯一識。故瑜伽言，三科齊引，四諦並張，是如實說。唯識遣境，表唯一心，是密意說。權實不同，其異三也。

這三點補充，並非無關緊要。在王恩洋看來，瑜伽法相的範圍比唯識廣，可以說是三乘通教，境行果兼備。而狹義的唯識學只是戒定慧三學之中的慧學，專指唯識理。王恩洋的佛學研究，實際上主要還是以瑜伽法相為主體，即使是對唯識學的研究也僅限於賴耶緣起並不太關注識轉變等唯識學的核心內容。

王恩洋也並不否認太虛指出的法相和唯識的必然性關聯，晚年他曾試圖用瑜伽宗來概括法相學、唯識學和《瑜伽師地論》。1959 年，王恩洋給中國佛學院上課的講課稿《瑜伽宗綜述》主張該宗的名稱以瑜伽宗為佳，瑜伽宗能夠涵蓋法相學和唯識學，而非相反。

雖說宗名有四，最正確的為瑜伽宗。第一，本宗始祖為彌勒、無著。第二，本宗根本教典在瑜伽師地論。第三，本宗教理在《解深密經》和《瑜伽師地論》等具立七真如。七真如中，法相真如、唯識真如，遍一切法。法相宗義，依法相真如立。唯識宗義，依唯識真如立。唯有瑜伽宗義，兩俱賅攝。第四，本宗源出天竺，流傳中土。

瑜伽宗以《瑜伽師地論》為本,故名瑜伽宗。「又名法相宗。由於本宗以五法三自性,嚴辨諸法染淨、空有諸法實相;又由本宗以無量名數、無量法門詮表,分析一切法所有自性差別、因果體用,名相明確、義理精嚴。」

他說:「本宗又名唯識宗。由於本宗從認識上證得一切識親所緣緣皆由自識之所變現,離自心相無能直取外境;又從有情行為業果種種不同,無有不從自心認識倒及無倒、正與不正、染與離染、善與不善之所分判策發引生。」

王恩洋認為法相學、緣生論和唯識學實際上是佛教的三種不同的思維形式和關注問題所致的學問的區分,「分析之則為法相,綜合之則為緣生,亦合亦析則為唯識義」。法相學的基本方法是觀察分析法相,他認為法相學是求覺證真的純粹哲學,是觀察分析實證的科學方法,又是有修有果的至上而完備的宗教。法相和緣起的關係是,法相是緣起的結果,緣起是法相的原因,法相也可以說是緣生法。

二、以法相唯識學為核心的教乘判別

法相與唯識的分宗和融攝,是法相唯識宗內部研究的方便。那麼法相唯識宗與其他佛教諸宗的關係如何呢?法相唯識宗在佛教中的地位如何呢?這就牽涉到中國佛教中的判教問題。判教是中國佛教教理抉擇、經典分疏的重要方式,這對於佛教內部經典和教理上的分歧說法的安排有一定意義,主要的目標在將佛法形成通教和圓教,教理圓融和大小共通是中國佛教的最高目標。但是,歷史上的判教多數是以本宗經典為樞紐來統攝所有教理、所有經典,一般以本宗為了義、究竟義、中道義,以其他宗派或經典思想為本宗的過渡階段。

這樣的判教自然容易引起佛教內部的紛爭。總的來說,爭論有三:其一,大小乘之間的爭論。小乘每每攻擊大乘為「非佛說」。其二,空宗與有宗之爭。具體表現為清辨和護法之間的爭論,這一直延續到玄奘、窺基慈恩宗對清辨《大乘掌珍論》的批判。其三,天臺、華嚴、慈恩唯識宗等中國宗派之間的

判教之爭。天臺宗主張四時五教，華嚴宗主張五時判教，慈恩宗主張三時教。這些爭論，導致佛教內部的分裂，甚至導致對佛教理解的歪曲。

在王恩洋看來，以往的判教不僅不足以安排佛法的層次階梯，甚至歪曲了佛教和非佛教之間的界限，導致中國佛教的「異化」。天臺宗、華嚴宗的判教影響最大，為害也最深：

天臺、賢首據《法華經》、《華嚴經》以立宗，《法華經》之義攝小歸大而已矣，但勸發大乘心，於大乘之修行證果均未之及；《華嚴》有行有果而未及於境，是乃大地菩薩以上事，彼宗亦謂為大菩薩說，而必據之以教一切。斯皆見其扞格。然此猶小過，參雜己見糅以異說，真如法界俱可為緣起，一念三千凡聖等齊，實大背於我佛有為無為緣生實性因果正理，則其為義彌難相從者也。

中國化佛教的判教觀，不能夠統攝佛教的教理行證之全體、戒定慧之三學六度，以至於各偏於一處，漸漸失去佛教的本來面目。其流弊涉及中國佛教的一切宗派，比如禪宗、淨土宗、律宗、真言宗：「禪律淨土，的在修持，夫豈不當！然戒定慧三不可分限，因行不備，果德難期，各持一宗，實為無據。若乃高置經論、瞎念盲參，及其終也空無所得。乃至真言一宗，其儀尤異，引神致鬼，幾何不同於外道歟？」這樣看來，王恩洋的批判幾乎涉及了中國佛教中的所有宗派，這些宗派的缺點在於，不能總攝教理行果三學六度之全而偏於一端。在這樣的分疏之下，以佛教的某一端推至其極，引發了對佛教的歪曲。

但這並不是說王恩洋是一個狹隘的唯識論者或者慈恩宗，是站在狹隘的唯識宗的立場上來判教。他不僅不同意三論宗、天臺宗和華嚴宗的狹隘判教，甚至連慈恩宗都有所批評：「三論、慈恩、天臺、賢首等，不足以當佛法之真實。以故今作斯論，不求佛法於諸宗，而直求正義於經論。」我們必須注意此處「不求佛法於諸宗，而直求正義於經論」的研究態度，這種以經論為旨歸的佛學態度，有助於掃清中國化佛教諸宗判教所造成的重重迷霧，直探佛教的真諦。所以，王恩洋實質上是根本地反對「判教」，而主張佛法一味，或者說他特別強調在分疏教乘差別之前首先要注意佛學的特質：

宗派既繁,判教愈雜。吾固非但不滿於此方先德五教、四教而已,即於西土般若瑜伽兩宗之互自高下,亦未敢贊同。而一守佛法平等無有高下、佛語圓音隨類解別、教唯一乘則有三之說。

分別言之,可以歸納為三點:

1. 教一。佛所說的法為佛法,佛的教導為佛教。佛陀的教導沒有差別,其根本的主張就是「無我無作無受者,因果業報卻不失」。「我佛說法,所說一也」。「一切佛教,二諦所攝,勝義明空以顯實相,世諦說有以明緣生。是故一真法界,無我無法,無作者、受者,而善惡因果法相不壞」。

2. 理二。從教理的角度講,則可以說不二而二,佛教講二諦即世諦和真諦,空宗偏重於第一義諦的闡釋,有宗注重世諦即緣起法相的辨析,表面上看似有別,實質上沒有差異。「教所明義,略有二種,一者緣生,二者法性。緣生者,諸法生起所有因果,法性者生起諸法所有實相」。

3. 乘三。乘分為三乘,三乘的劃分根據不在於實相的了知,而在於對緣起諸法之有、無、空的認識。「教唯是一者,一切契經同說法性、緣生。乘則有三者,二乘固局人空不達法無,蘊處界三執實執假,三世諸法說有說無,而不了知依他起性、一切如幻;就法性說,真如實際平等一空;大小三乘由斯判耳。」基於此,他將諸宗分為:小乘、般若宗、瑜伽宗。小乘二十部為法有我無宗;般若宗「以般若智照實相無性為宗」;瑜伽宗即瑜伽唯識宗。

由此出發,王恩洋建立了他對待佛教內部諸宗的判別標準:

第一,反對一切將佛法割裂的企圖。教唯是一,佛教所闡明的真理既然是唯一的,就不容許有分化、進化:「佛法根本唯在於……二義:一者法性不動,雖佛亦不能增減,故更無餘人能令之進化;二者佛為決定圓滿實證此理者,否則不能謂之為佛。由是自佛而後更無有能超過佛者,別於佛所未見未證而新有發現,以是亦無進化可說。」

第二,批判違背緣生和法性兩條基本教理的一切「似教」。緣生、法性二諦就是一切佛法的根本宗旨,違背緣生法性的就不是佛法。在《起信論》論爭中,王恩洋《大乘起信論料簡》有其特別的意義。之前,梁啟超已經介

紹過日本學界對《起信論》的爭論，但是這些爭論或者證偽可以說都侷限在教理之外，是對於造論者馬鳴、翻譯者真諦等的證偽，並沒有引起過多的爭論。梁啟超甚至很驕傲坦然地接受了日本人的證偽，並且認為起信論的作者是中國人恰恰證明了我方古人的智慧之處。王恩洋《大乘起信論料簡》的特色是不從考證入手，直接從佛教義理揀擇的角度進行批判，斥之為「理偽」。

什麼是理偽呢？最大的罪狀就是兩條，「背法性」、「壞緣生」。進而言之，對《大乘起信論》的批判只是王恩洋系統批判中國佛教諸宗的一個環節，他的批判對象指向了違背「緣生」和「法性」的一切諸宗，甚至可以說是一切中國佛教。這一點多為人忽略，實際在《大乘起信論料簡》中說得極為明確：「如是《起信論》既已料簡，凡諸論義所述教理，同《起信論》者，皆依如是聖教正理、淨比量智一切料簡，如《金師子章》等。」更進一步說，王恩洋的批判並不止步於佛教，對於儒佛之辨和一切其他思想流派，均以此為基本根據進行批判。王恩洋對於熊十力《新唯識論》的批判也重在法性和緣生，他說熊十力的根本錯誤「一言以蔽之曰，不達真如法性而已矣」。熊十力將真如法性視為實在，採取即體即用的思維，根本違背了法性緣生論。甚至說熊十力所看到的本體為見鬼，「這個即一切而非一切的獨立而實在的東西，見著了其實是見鬼」。

第三，融通般若中觀和法相唯識大乘佛教二系。太虛將佛教分為「法性空慧宗」、「法相唯識宗」、「法界圓覺宗」三系。印順將佛教分為性空唯名論、虛妄唯識論、真常唯心論三系。王恩洋都不贊同，他從二諦的角度主張空有無礙。他說：「勝義皆空，一法不立；世諦故有，萬法俱彰。空有兩輪，攝佛法盡；法性緣生，說聖教盡。而此兩輪相依而立，依法緣生始言法性，依法空性說實緣生，不即不離，非一非異。」

空宗和有宗的分別，是二諦偏重的差異。空宗偏重於第一義諦的揭示，而有宗偏重於世諦的揭示，然而沒有世諦法也就無所謂第一義諦，故兩者互補無礙。並且，空有兩宗從「了義」的角度看，互有其究竟之處和不究竟之處：

夫空而不至般若，法性之義不盡；有而不如法相，緣生之理不顯。故言法性則必以般若為了義，而深密等經為未了義；若言緣生則必以深密等經為了義，而般若等為非了義。互有所了，即互有所不了。

所以，他總結空宗和有宗有如下共同之處：其一，兩宗共同主張有為法是緣起。其二，兩宗共同主張緣起法無實性。其三，兩宗共同主張對緣起法的無實性產生執著，此執著為非有。其四，兩宗共同主張緣起的幻相為有並非絕對的虛無，但有的狀態並非自性有、實體有。其五，兩宗共同主張離戲論即見實相，瑜伽相宗為無相之相，空宗性宗為無性之性。其六，兩宗共同主張除緣起法外別無本體。

三、以法相唯識學為核心的文化批判

王恩洋唯識學的另一主要特點是，在當代的哲學宗教語境下重新闡釋唯識，用法相唯識學作為文化批判的工具。在他，學問和人生乃是打為一片的。

近代學人面臨的一個不可繞過的問題是東西方哲學和宗教的比較。西方的發現對於東方是不斷的刺激與反應的過程。到 20 世紀初，學界已經普遍地試圖在思想層面對東西方哲學和宗教進行比較。中國固有的儒釋道思想該如何定位？佛教也同樣面臨著這樣的問題。這決定著，對佛教基本特質的定位和佛教的研究方法。

1932 年，歐陽竟無演講「佛教非宗教非哲學」，其中所謂佛教實際上主要是法相唯識學。王恩洋執筆記錄，並且續成的一篇大文章《佛教非宗教非哲學，而為今時所必需》在當時就引起了各方的討論。今日看到佛教非宗教非哲學的命題，比較容易引人討論到佛教的學科定位是宗教還是哲學上，其實在當時的意蘊並不止於此，而是整個文化哲學的大問題。「佛教為今時所必需」，則關係到進化論的方法研討佛教和梁漱溟所發出的關於佛教是遙遠的未來的文化的預想。

佛教與宗教和哲學的關係，從邏輯的角度看，不外四說：佛教乃哲學而非宗教，佛教乃宗教而非哲學，佛教非宗教非哲學，佛教亦宗教亦哲學。每

種說法都有其重要的支持者。弔詭的是，以太虛為首的教界，熱烈地擁抱、比附西方哲學和宗教；而居士界和學界則力倡佛教非宗教非哲學的看法。

佛教與哲學、宗教的區別，早已為許多人所看出。章太炎在亡命日本的時候，就提出佛教和一般宗教和哲學有區別。他說：

佛法的高處，一方在理論極成，一方在聖智內證。豈但不為宗教起見，也並不為解脫生死起見，不為提倡道德起見，只是發明真如的見解，必要實證真如。發明如來藏的見解，必要實證如來藏。與其稱為宗教，不如稱為哲學之實證者。

從無神論和實證真如的角度，章太炎主張佛教與一般意義上的哲學和宗教不同。然而，他同時又主張，佛教是「無神論的宗教」。此種宗教是被他建立起來對抗批判基督教的，是為「建立宗教論」。他認為佛教的三性說，乃是建立宗教的根本。總的來看，章太炎很明了地看出佛教和西方的哲學、宗教迥然有別，要稱為宗教和哲學的話只能稱為「無神論的宗教」、「實證的哲學」。這個見解，極為高明，也影響深遠。

歐陽竟無的演講更進一步系統地總結了佛教和宗教在四個方面的迥然不同：

第一，凡宗教皆崇仰一神或多數神，及其開創彼教之教主，此之神與教主，號為神聖不可侵犯。佛教則為四依，依法不依人，依義不依語，依了義經不依不了義經，依智不依識。

第二，凡一種宗教，必有其所守之聖經，此之聖經，但當信從，不許討論，一以自固其教義，一以把持人之信心。佛教是依了義經不依不了義經，了的意思是明了和了盡。

第三，凡一宗教家，必有其必守之信條與必守之戒約，信條戒約即其立教之根本。佛教的唯一目的在於大菩提，其他皆為方便。

第四，凡宗教家必有其宗教式之信仰。佛法靠自證，依賴自力不純靠他力。

從以上四點來看，歐陽竟無的比較集中在宗教是以神為主宰的他力的宗教，佛教是自力的自心的學說。

佛教和哲學的區別是：

第一，哲學家唯一之要求在求真理，所謂真理者，執定必有一個什麼東西為一切事物之究竟本質，及一切事物之所從來者是也。佛法但求破執，一無所執便是佛也。

第二，哲學之所探討即只是問題，都是虛妄計度。

第三，哲學家之所探討為對於宇宙之說明，難以成立。歐陽竟無對於佛教與哲學的比較，集中在哲學是本體論思維，是無結論之學。

歐陽竟無的佛教非宗教非哲學的演講在當時引起轟動，這個命題在很長一段時間內引發了人們的思考。王恩洋在《追念親教大師》中回憶了當時的學術背景：

當是時，新潮激盪，異說騷然，有以佛法為宗教迷信者，有以佛法為哲學玄想者，師獨倡佛法非宗教非哲學之說，昌明正理，海內學者聞而震異，始不敢輕議佛法。會梁漱溟、梁任公、張君勱先生均來問學，而門弟子陳銘樞、熊子真、聶耦耕、王恩洋等咸聚，師遂開講唯識抉擇談等，群情踴躍盛極一時矣。

可見，佛教非宗教非哲學，是針對中學不振、西學不明的現狀而提出的。其目的是講明佛學的特質。當時，確有這個必要。彼時學界的現狀正如著名佛教史家湯用彤所描述：

菲薄過學者，不但為學術之破壞；且對於古人加以輕慢薄罵，若以仇死人為進道之因，談學術必須尚意氣者也。其輸入歐化亦卑之無甚高論，於哲理則膜拜杜威、尼采之流；於戲劇則擁戴易卜生、蕭伯納諸家。以山額與達爾文同稱，以柏拉圖與馬克思並論。羅素抵滬歡迎者擬之孔子；杜威蒞晉，推尊者比之為慈氏。……維新者以西人為祖師，守舊者籍外族為護符，不知文化之研究乃真理之討論。……故求同則牽強附會之事多；明異則入主出奴之風盛。

王恩洋對佛教與哲學、宗教的對比有著系統性的看法,並且貫穿一生。他認為,所謂宗教是給人以信仰支撐的,科學則是增進人的知識和技能,哲學是引導人的理性的。但是,西方的宗教、科學、哲學都不足以達至這些目標,並且互有衝突。西方的宗教是「唯神的宗教」,科學是「自然的科學」,唯神論強調上帝為主宰,這是違背哲學的理性的。

從這個角度看,佛法與宗教、哲學相比,是「不迷信之宗教,不逐物之科學、精深宏遠之哲學,合三者而一之,非宗教非科學非哲學、亦宗教亦科學亦哲學之教理」。從這個斷定可以看出,非宗教非哲學的命題實際是佛教的文字般若,內涵「亦宗教亦哲學」的意蘊。其意乃在於指出佛教乃是超越的、哲學超越的宗教。「佛法為求覺證真之學,為純粹的哲學也。其勤觀察嚴分析謹綜合而取決於實證,則有純科學的方法也。始以聖言量為導為範,而終以出世現量為究竟,欲求出世現量又必依戒依定有修有果,則由最高上純輩之宗教也。」

這種判斷如何得來呢?王恩洋認為佛教的宗旨是「無我無作無受者,善惡業報亦不失」。無我無作,這就否定了創造性和主宰性的有神論,故佛教和有神論宗教不同。業報不失,則否定了科學的斷見。

唯識與西方哲學的區別是:

一、方法不同。唯識的學理是實證得來,哲學的哲理為謬誤的推理得來。「唯識之義,雖多由道理建立,然此道理多本聖言量,故推究其根本,此學乃從實證得來也。而諸哲學全不如是,都不外於凡情遍計、妄所分別。」

二、用無用別。哲學是無結論的學問,是戲論;唯識的學理是解脫的依據。「一不免於世間戲論,一則正是還滅資糧。」

三、執不執殊。唯識在遣除外境以後,不允許執著於識,要轉識成智。

那麼什麼是他所謂的科學和哲學呢?他說「蓋科學云者,原為部分類別之學,所討論者本屬自然或心理界一部分一部分之現象,所問問題原是枝節原非根本」。「哲學所問之問題,蓋接近吾人所問之根本問題矣。曰本體論,曰形而上學,皆欲討究事物之本源也。……哲學,無結論之學也,可破壞之

學也。可破壞則非真理，無結論則同戲論。夫昔者今者之哲學而既皆非究竟而無價值也，則是凡所有之哲學為無足以解決宇宙人生之根本問題也。」

西方哲學和佛教最大的區別可以說是在本體論方面。西方哲學重視本體論，將本體和現象相對立，成為體用二元論的思想，「本體者，乃為此一切現象之根本，而為發生此一切現象之底質也。故此本體，西哲又稱為物如。」而佛法是現象論，不認為在現象背後有一實存的本體，不認為現象有本體和實體作為根據，「依佛法言，世間別無本體者也。一切現象即是本體。——即相即體。然此一切相——現象，皆不離心，皆唯識變，則亦可說世間以識為本體。是故經言，三界唯心，論說萬法唯識」。佛法認為，體用、主客二元的對立，都是一種執持，所謂自我和主體不過是多種心相的集合，所謂客觀事物不過是色相的集合，因此不能設立現象以外的本體，他說「離諸色相，無別物故；離諸心相，無別我故；物我俱無，是故離相，別無本體」。

歐陽竟無、王恩洋對於佛法特色的揭示，為近代佛教學者所共認，成為對抗西學和宗教的共識。印順法師也表達了類似的看法，他說「西方宗教的人生觀，是主奴的文化體系」，人是神的奴僕，所以「西方宗教文化，離開了神，好像一切毫無意義」。反觀佛法，則是「我造世界、人人造世界說，是自由自主的人生觀」。西方的上帝創世說，「是無中生有的，違反因果律的創造」。印順以為西方基督教為代表的宗教是幻想的他力的宗教，而佛教是宗教同時又是無神論，「佛法與一般宗教的不同，即否定外在的神，重視自力的淨化」。

印順以下的話，和歐陽、王恩洋極為類似，可以視為近代佛教界對科學哲學文化批判的基本看法：

性空即緣起本相，不應作形而上的實體看，也不應作原理而為諸法的依託看；這是形上形下或理事差別者的擬想，而非緣起性空的實相。

大乘說緣起與性空不即不離的，中觀與唯識，都不許本性可以生緣起或轉變為緣起的。本性，不是有什麼實在的本體或能力。佛法說色等一切法本性寂滅，使人即俗以顯真；真如寂滅不是什麼神祕不可思議的實體，所以從

來不說從體起用。如不能把握這點,則佛法必將與中國的儒道、印度的婆羅門、西洋哲學的本體論、唯心論合流。

他們的根本動機,即要在一切現象外另找一個本體,或高高地在一切現象以上,或深深地在一切現象之後。他們的基本論題是:本體如何能發現為現象,本體與現象有何關係?佛法不是尋求萬化本源以說明萬化如何生起的玄學,佛法是在現實經驗界中體悟離卻迷亂的本性空寂。空性、真如,都非另有實體,即是現象的當體、真相。因人們認識的錯誤,所以覺得諸法有實性,甚而想像有一實在的本體與從此現生一切。佛學者如想像從本體而顯現為現象,即轉而與一般的神教、玄學者類似,即不能顯出佛法異於外道的特色。

佛教非宗教非哲學在近代有其重要的價值,它標出了佛學的特質,予近代學人以固有之學的自信。對於王恩洋而言,有以下特別之處:

1. 佛教是實證之學,是終極之學,是有結論之學。
2. 研究佛教,討論佛教是結論後之學問。
3. 要以佛教為眼目指導人生,以人生觀來治學。

以今日眼光看來,王恩洋實際是將佛教建立在理性的基礎上形成了一種理性限度內的宗教。佛學要復興,必須重視其時的文化思想現狀。因此,他的文化批判,對於引發佛學的自信有其積極的價值。茲舉一例,南洋富商黃聯科居士,早年徘徊於諸學說之間,不能得到究竟的真理,甚至一度萌生自殺的念頭。後讀王恩洋《佛學概論》而明佛理,乃終生資助王恩洋的弘法事業。抗戰期間,王恩洋在巴蜀也得到了政商兩界的信奉,故可以創辦東方文教院,並支持支那內學院蜀院的建設。

不過,今日我們來審視近代以唯識學為中心的文化批判,佛教非宗教非哲學的命題在很大程度上對於佛教的科學理性的研究設置了障礙。這種過度強調佛教超越於科學、哲學、宗教的文化批判,一方面保持了佛教研究的純粹性,一方面也導致了支那內學院佛教研究的故步自封、執古不化。王恩洋曾說:「若夫取佛法之言論比擬西方之思想,牽強附會而自矜淹博,貌愈似

而神彌離，誣古趨時，是佛學中之罪人。」這無異於自絕宗教和哲學之外，甚至否定佛教話語的創造性轉換、現代轉換。並且，宗教和哲學兩個概念並不明晰。限於歐陽竟無和王恩洋所接觸的西學知識，這兩個概念就更加近乎狹隘。時至今日，我們似乎也無法給出一個明確的定義。據文本來看，王恩洋所接觸的西學主要是羅素、柏格森、杜威等近代哲學家的學問，且並未深究。

第二節 法相唯識學的現代詮釋

一、法相學：唯法無我，唯相無法

　　法相學是佛教對於宇宙萬有和人的心理、生理、觀念的存在論描述和分析，同時法相學透過對於萬法善染、有漏與無漏、假實的判別構成佛教的價值論和解脫論。在原始佛教中，法相主要是五蘊、十二處、十八界，合稱為三科。在部派佛教的發展中，說一切有部、經量部等注重對「一切有」的分析，將宇宙萬有系統化為五位七十五法的結構體系。該體系為瑜伽唯識宗繼承和發展，構成五位百法的完備體系。

　　王恩洋特別重視法相學，他說法相的分析「指出了宇宙間的一切本質現象和真性，而為一切有情、世間器世間乃至出世間的事理所依，因此五位百法是觀察宇宙、分析宇宙、瞭解宇宙真相的細密而完備的根本法門」，甚至有時候說「一切佛法皆法相學」。他對於法相的分析集中在有漏無漏、善惡無記三性、大小乘法相學的比較以及法相學啟示的解脫論諸方面。

　　（一）法相的定義

　　法相二字具有不同的內涵。據《成唯識論》，「法謂軌持」，窺基述記解釋說「軌謂軌持，可生物解；持謂主持，不捨自相」。可見，所謂法是指能夠保持自己本性並且令人生起認識的事物。這是從存在的角度而言法。其次，還有能詮法和所詮法，詮即詮表、言說，這是從「物解」的角度劃分，「解物」的名言和佛陀的教說就是能詮法，而詮解的對象也就是所詮法。能詮法

也具有「軌生物解」特性，即能夠保持所詮表的事物的自性，也能夠使人藉此生起理解。當然，佛法也是法。

王恩洋總結法的意義為三：

其一，一切心識所緣，事義所知境界，皆名為法。

其二，言說施設，詮表事義，令諸有情緣生勝解者，是名為法。

其三，正理正道，是名為法。

世間法和出世法雖然無窮，但總的說來可以分為聚集法和本質法。聚集法是由多法合成一法。本質法則相反，「言本質法者，本謂本有，非籍他成，質謂實質，不同假合」。

相指諸法之相，分為體相的相和相狀的相，體相即自性，相狀就是平常所謂的屬性。法相相當於我們平常所謂的客觀存在的外在事物，當然也包括我們的身體。按照佛教的體、相、用的分別，相是相對於體而言的，兩者的關係是「體是本有，相屬後起；體是實有，相可幻現；體是其總，相屬於別；體必有相，相不必有體」。

法相宗主要探討法、相、性三者關係。王恩洋認為法相學的思路是，從法的角度來論證無我，從相的角度來證成無法，並進而透過相的唯識性來取消相的實在性，「無有實我，但有諸法；無有實法，但有諸相。

依相立法，依法立我。我法者假有，相是實有」。

（二）法相的分類與名數

按照法相唯識學的看法，萬法分為五位百法，即五個門類一百個具體的名目。五位是指心法、心所有法、色法、心不相應行法、無為法。五位的功能各個不同。心法指具有積集、思量、了別能力的法。心所有法指總是和心共同起用、相應相順、從屬於心法的法。色法指能變壞能示現的法。心不相應行法指和心不相係屬不相應的法，與心所法相對。以上四種為有為法，有為法從因緣生起，有作用，有生滅，故稱為有為。第五位是無為法，它的性

質是無生無滅，沒有功能沒有作業。心法、心所有法、色法、心不相應行法、無為法五位分別包括八、五十一、十一、二十四、六種相應的法。

五位百法皆由相而建立，此即「依相立法」。相總分為自相、共相、實相、假相。

1. 自相即現象的功能作用。自相有能緣相、所依相、所緣相。能緣相復分為了別相、助伴相。了別相又分為了別色相、了別聲相、了別香相、了別味相、了別觸相、了別法相，又有了別我相、了別器界根身種子相。由此此八種能緣相或者了別相，建立心法八種即眼耳鼻舌身意末那識阿賴耶識等八識。

助伴相是心法的輔助和夥伴。相應於了別相的助伴相，有警覺心相、和合觸境相、領受苦樂相、取像施設相、造作施為相等，分別對應作意、觸、受、想、思五種遍行心所有法。另外還有，於境希求相、決定印持相、記憶曾所更境相、專注一境相、抉擇理事相等，依此對應欲、勝解、念、定、慧五種別境心所有法。另有，澄淨倚任相、崇重賢善相、輕拒暴惡相等等以至與悲憫有情相，依此對應信、慚、愧等十一種善法。另有，愛著相、憎恚相等，以此建立六種根本煩惱法。另有，憤發相、結怨相等，以此建立十種小隨煩惱法。又有，輕拒賢善相、崇重暴惡相等，依此建立無慚、無愧兩種中隨煩惱法。又有，不寂靜相、無堪任相等，依此建立八種大隨煩惱法。另外還有，追悔相、昧略相、尋求相、伺察相，依此建立悔、眠、尋、伺四種不定法。

以上六位五十一心所，是心法八種的助伴，稱為心所相應行法。心和心所相應行法具能緣慮的功能，故稱為能緣相。

所依相，是指心和心所的根據，也就是眼耳鼻舌身意六根。

所緣相，是能緣相所對應的境。有眼識所緣相、耳識所緣相等，依此建立色聲香味觸法，色聲香味觸為五色境，法為普遍的所緣。五色根、五色境和法處所攝色，總共成立十一種色法。

心法、心所法、色法，都是緣生法，並且都具有一定的實在性和功能，均為自相。

2. 共相是指共有之相、通有之理。共相從不同的角度看會分為多種。如生住異滅相、有為無為相等。從心法、心所有法、色法等諸法共有的相狀中，建立二十四種不相應行法和六種無為法。

3. 實相和假相。實相有兩重內涵，其一因緣所生之法，具有自體的體相和功能業用，都是實相。亦即，自相即實相，共相非實相。因此，假相就有分位假、聚積假、相續假三種。分位假是指根據心法、心所法、色法建立的心不相應行法。聚積假是多法聚積而成的法，多指色法的聚積。相續假是諸法在時間中前後延續而成的法，多指心法的延續如命根、數取趣等。其次，實相假相是相對於迷悟而言的，證得真理的就是實相，迷悟的為假相。如依他起性和圓成實性為實相，遍計所執性中執持外在的實體和內在的自我的都是假相。再次，從能詮相和所詮相的角度看，能詮相是名、句、紋身等語言範疇，所詮相是名言所詮表的具體對象。能詮相則為假相，所詮相則是具有相對獨立性的相為實有法。

因此，實相法有自相法、實智現證法、離言說相法三種，假相法有分位聚積相續法、妄識計執法、言說施設法。

（三）法相的次序

五位的順序，在唯識宗是被特別安排的。據《百法明門論》，五位是「一切最勝故，與此相應故，二所現影故，三位差別故，四所顯示故」的順序。這個觀點為《成唯識論》所繼承。亦即，心法在五位中能力最為強，決定著人的雜染清淨乃至成佛；心所法是與心法相應，就像大臣總是追隨著君王一樣；色法是心和心所變現出來的影相；心不相應行法則是由前三種法即心法心所法色法的分位差別而建立，前三種為實有，此法為假；無為法由前四種法而得以顯示。這樣的排列順序和解釋，很顯然是以心法、心識為樞紐來整理一切法。

（四）百法體性

百法的名目實際上是不太固定的。據《雜集論》，合併假法和實法共得色法二十五種，聲法十一種，香法六種，味法十二種，觸法二十二種，共計

八十五種；再加上五根，就有九十種之多。其他經論分析色法，則更注重大種和造色的差別，大種是能造的能力，造色是所造的色法。如《顯揚聖教論》，對於色法的分析，就對四大種特別進行說明，和根境相加，共為十五種。無為法的爭論也較大，有三種、六種等多種說法。

對於百法的理解，各種經論的解釋大同小異。王恩洋特別重視對無為法的界定。五位可以分為兩類，心法、心所法、心不相應行法、色法均為有為法，第五位為無為法。有為法的特點是，諸法各有其體性和功能作用，有因果體用即表示一切有為法皆為緣生法。這表示，有為法作為現象性的存在，作為緣生之法，有其一定的相對的實在性。無為法則不然，王恩洋特別指出無為法「無為無用，以無造作生起義。設有用者，是即有為，如心心所，不名無為故。以無用故，亦別無體。諸有體者，必有用故，如心心所」。如果無為法能夠作如此定義，則無為法之中包括的六種真如自然也必須符合此規定。

真如作為佛教最高的概念，內涵並不固定，這也許是因為真如超言絕象，是聖者現量所得的緣故。法相的經論解釋和真如的類別都不太一致。《五蘊論》說「謂諸法法性，法無我性」。《顯揚》和《雜集》都將真如分為三種，善法、不善法、無記法真如。《顯揚》說「善、不善、無記法真如者，謂於善不善無記法中清淨境界性」。《成唯識論》說「真如者，謂依法性假施設有，謂空無我所顯真如，有無俱非心言路絕，與一切法非一異」。《百法明門論》設立了六種真如，說「無為法者，略有六種：一虛空無為，二擇滅無為，三非擇滅無為，四不動無為，五想受滅無為，六真如無為」。

真如是本體論概念還是轉識成智以後的心性論、認識論、解脫論概念？關係重大。熊十力就是從真如是本體的角度來理解真如的。他認為無為法就是「一切有為法實體」。這自然容易將真如和無為法納入體用論的架構。這種誤解，源於真如自身的特點，真如具有普遍性，遍在諸法；真如又並非每一眾生所已經現實地具有，須對萬法如其所是的親證；真如的同義範疇眾多，又名實相、實際、法界、無我性、空性、實性、法性。真如遍在諸法的觀念類似於道家道遍在萬物的本體論，故導致某種對真如的歪曲。

王恩洋從多種角度嚴格辨析了真如概念。

1. 真如不是實物而是真理。它不獨立於一切事物之外，而即住於事物之中。

2. 真如「乃即諸法內具的本性」。

3. 雖此真如即諸法內具的本性，但與諸法體又非一。

4. 真如既是無為法，所以它對一切法不能有任何一點作用。

5. 此實相真理於常常時，於恆恆時，遍在一切法，恆住一切法。

（五）大小乘法相學的比較

　　從法相諸論的次序看，法相學乃是獨立於唯識學的專論，法相學不一定必然走向唯識學。瑜伽唯識宗專門研討法相的論著有《大乘五蘊論》、《百法明門論》、《大乘阿毗達摩雜集論》等。《百法明門論》，肇始於彌勒著《瑜伽師地論》卷一和卷三，是對於宇宙萬有的結構性描述。並不限於知識論的說明。無著《大乘阿毗達摩集論》和安慧在此基礎上所著的《大乘阿毗達摩雜集論》，都和彌勒一致。從五位百法的系統來看，五位之中除了心和心所之外，第三、四、五位的諸法，並不必然要以心識為其基礎。尤其是無為法，是屬於超越心識的範疇。從法相到唯識的變化，在《瑜伽師地論》卷五一至五七，此中將百法和《楞伽經》相結合，無著、世親、陳那、安慧、護法等都遵從其說，一致強調心識的核心樞紐的性質。從這個角度說，是由法相進入唯識，成為唯識宗的法相學。

　　王恩洋認為大小乘在法相學上的最大區別有二：「一者不達八識含藏種子，遂不能深徹緣生根本；二者執有極微生諸色法，遂不能信三界唯心。」這很有見地，說一切有部的法相學沒有第七、第八識，因此不能夠建立起阿賴耶識緣起論。他們用極微來闡明色法的生起，因此走入了實在論。他們對於法相的主張是「三世實有」，將萬法分析稱五位七十五法。大小乘法相學相較，大乘法相學更加精密，並且能夠和唯識學相結合對法相的緣起做有力的說明，是故大乘法相學完全可以取代說一切有部的法相學。

　　王恩洋具體比較了說一切有部的五位七十五法和瑜伽唯識宗的五位百法，發現有以下區別：

其一，位次不同。「有部先色法次心法，瑜伽則先心法次心所，第三才是色法。」

其二，法數不同。有部為七十五，瑜伽為百法。有部的心法沒有賴耶識和末那識，只是六識，又將六識合為一種。有部的無為法沒有不動無為、想受滅無為和真如無為。不相應行法中沒有流轉、定異等十種。有部心所法中善心所沒有無痴。煩惱心所中沒有惡見、失念、散亂、不正知，所以少了二十五法。計有色法十一，五根五境和無表色；心法，六識；心所有法，四十六；心不相應行法十四；無為法三。

其三，攝屬名義不同。

其四，假實有別。其中不相應行法的差異最大，大乘說不相應行法是心法、心所法和色法的分位差別，沒有實體。有部則說不相應行法有體有用，是實有法。

(六) 五位百法攝屬三科

《五蘊論》和《百法明門論》言簡義豐，是提綱性的文本。兩者對比，《五蘊論》是平述法相，並且側重三科和百法的關係；而《百法明門論》則發展出了對五位「一切最勝故。與此相應故。二所現影故。三分位差別故。四所顯示故」的順序規定，顯然《百法明門論》是用心識來統攝一切法。這就不難看出，法相宗是以三科攝諸法，唯識宗是以心識收諸法相。《雜集論》較《五蘊論》更為精詳，王恩洋視之為法相宗的核心典籍，他對法相的分析也是以此為根據的。

三科是否和五位百法有關聯，是有爭議的。太虛法師特別注重法相與唯識的關係，因此他強調三科等不應稱為法相學，甚至小乘佛教的五位七十五法都不能算法相學，「小乘不應歸入法相學」。這個主張似乎難免過於固執，過度強調了法相和唯識的關聯，而忽略了法相學早於唯識學的思想史事實。王恩洋則視「三科法門為大小二乘佛法根本」。故他的法相學則注重原始佛教和小乘法相學的研究，注重原始佛教、小乘法相學到大乘法相學的本質關聯，從而建構了法相學的龐大體系。

第二節 法相唯識學的現代詮釋

首先看原始佛教的法相學，即三科，三科指五蘊，十二處，十八界。大小乘法相學依據三科重加發揮以致組織為五位百法。

五蘊為色蘊、受蘊、想蘊、行蘊、識蘊。

十二處為眼、耳、鼻、舌、身、意內六處，色、聲、香、味、觸、法外六處。

十八界為眼界、色界、眼識界；耳界、聲界、耳識界；鼻界、香界、鼻識界；舌界、味界、舌識界；身界、觸界、身識界；意界、法界、意識界。

蘊處界的差別何在呢？《大乘阿毗達摩雜集論》分析蘊處界時說，蘊為集聚，處為「識生長門」，界為「一切法種子義，又能持自相義，又能生因果義，又攝持一切法差別義」。《中邊分別論頌》簡要地總結為「非一及總略，分段義名蘊；能所取彼取，種子義名界；能受所了境，用門義名處」。這就是說，蘊實際是在表示萬法的並非單一的實體；十二處則在表示諸識的產生和由來；十八界則旨在說明因果體用的不相雜亂。基於此，確實可以將五蘊、十二處、十八界三科系統地聯繫到一起。

根據什麼建立蘊處界？先看蘊的建立：

色蘊由四大種和四大種所造色建立。

受蘊即六受身，眼觸所生受，耳觸所生受，鼻觸所生受，舌觸所生受，身觸所生受，意觸所生受。

想蘊即六想身，眼觸所生想，耳觸所生想，鼻觸所生想，舌觸所生想，身觸所生想，意觸所生想。

行蘊為六思身，眼觸所生思，鼻觸所生思，舌觸所生思，身觸所生思，意觸所生思。

識蘊即八識，心意識的差別，心為第八識，意為第七識，識為前六識。

其次，界的建立。色蘊包括十界，即眼界、色界、耳界、聲界、鼻界、香界、舌界、味界、身界、觸界和法界的一部分。受蘊、想蘊、行蘊，都屬於法界的一部分。識蘊即七識界，包括眼界、耳界、鼻界、舌界、身界、觸

界和意界。十八界和五蘊不重疊的是,識法界中的無為法,也就是虛空無為、擇滅無為、非擇滅無為、不動無為、想受滅無為、真如無為。

最後說處的建立。十色界即十色處,七識界即意處,法界即法處。

這從佛教思想史的發展上說,當然有點馬後砲的性質,將後來大乘法相學的名詞運用於三科的詮解了,但是,這建構了小乘法相和大乘法相之間的關係。

三科都可以進一步分析為相。五蘊和相的關係是,變現相是色相;領納相是受相;構了相是想相;造作相是行相;了別相是識相。十八界也類似。

這樣就比較明確,為什麼要分別說蘊處界呢?原因有二,其一為了顯示諸法的本性,其二為了使人通達法相。三科統攝諸法而無遺,即法性。通達法相則不迷亂於法相。

五蘊和十八界、十二處的功用是分別針對三種對於「我」的執持,我即自我,是指主宰。對於我的執著具有根本性,主體、主宰、靈魂和本真的自我等都屬於此列。在佛教,就將人們認為的自我稱為補特伽羅,或根據輪迴說中所謂的主體稱為數取趣。對於這些「我執」,蘊處界可以分別的進行破斥。五蘊針對的是實體性自我的執持,十八界針對的是單一性自我的破斥,十二處針對的是主宰性自我的破斥。「實體我由蘊除遣,由十八界除一相我」、「由十二處除主宰我」,這就是小乘法相學的「唯法無我」,在該層次上說法是有、自我乃假立。

王恩洋:《王恩洋先生論著集》第一卷,第 292 頁,成都:四川人民出版社,1999 年。

王恩洋特別強調十八界「界」的「種子」意義,由此溝通十八界和阿賴耶識種子緣起之間的關聯。這是王恩洋在法相學方面的重大發現,他說:

就因以言,是為種子,十八界種各別為因,生十八界法;就果以言,十八界法各從自種生起不相雜亂;是為能持性義。就體相言,十八界法各有自相,互相差別,是為能持自相,攝持差別義因果也。

界為種子,是法親因。十八界別,即一切法種子各別。云何由何從一因生耶?又十八界因果隨順不相雜亂,因生自果,不生余果,云何一因能生色心染淨一切法耶?又十八界各有自性互有差別,體相既殊,作業亦異,云何由何執為一耶?現見世間種類差別,而計諸法成一和合我,斯實大謬。是故由觀十八界故,一和合我執而便得除。

王恩洋由十八界的種子義推出一種多元的因緣論。

進一步分析諸法,所有的法都可以解構為相,即相為有、法為假立。「唯相無法,即但有幻相無實法也。」

十二處,是指內六處和外六處。處為「識生長門」,就是說諸識的生起是由於根境內外處的結合而有,這自然蘊含著緣生論。十二處統攝概括了一切法,表明一切法均為緣生。十八界是由十二處的意處再分出六識,更加注重對於萬法因果體用的說明。這表明十八界蘊含著緣起論。所以,王恩洋分別十二處和十八界的意義為:

由十二處悟入識生無主宰,由十八界悟入諸法各有自因。界是因義、種子義。眼等六識是從六根、六境生的,但彼根境只作六識生長之門,但作外因,但作助緣,非作內因親生六識。彼眼等識自有內因,自有種子,親生自果,即六識界。六識如是,六根六境亦各自有親因自種,故共十八界。……孤因不生,故立十二處;孤緣不起,故立十八界。又由界義,悟入自性差別義。眼根能生眼識,但眼根不即是眼識……了知界義者,便能捨除一因不平等因雜亂因等。……十八界法,各從自因生,因唯生自果,自性各別,因果不亂,而後緣生正理規律確立。

結合到王恩洋整個佛學思想來看,對於十二處和十八界的分析具有相當的重要性。十二處旨在破除自我的主宰性,破斥的方式是分別將諸識說明為根境和合的結果。但這樣的說明,只是說明了因緣論中的「緣」的部分,並未對因作交代。所謂因緣論的因,指的是種子,也就是界。界並非一種,而是十八種,甚至可以說是十八大類。這從某種程度上確立了緣起論的基本原則:其一,唯有緣不能生果;其二,唯有因不能生果;其三,因緣具備,必定生果;其四,自因生自果;其五,一因不生多果;其六,因果性質必然平等。

尤其是最後兩條原則是王恩洋用來破斥其他思想的根本原理，比如《大乘起信論》的真如或基督教的上帝生出一切法，這違背了「一因不生多果」或者十八界不相雜亂的規則；真如或上帝生出具有善染兩種性質的法，這違背了「因果性質必然平等」的規則，善因生出了善染兩果。十八界的「種子義」在唯識宗就是阿賴耶識這個藏識中的「種子」，這又闡明了三科的小乘法相學具有走入唯識的可能，闡明了唯識的阿賴耶識緣起論和八識說有其思想史的淵源。

王恩洋特別重視三科和五位百法的關係。在他看來，三科為大小乘法相學的共同基礎，「三科法門為大小二乘佛法根本」，所以三科和大乘五位百法具有緊密的關聯，兩者具有互相攝入的關係。五蘊和百法相比較，五蘊缺百法之中的無為法，因為無為法不是聚積的蘊。百法包括五蘊，五蘊不能完全包括百法。十八界和十二處盡攝百法，百法也盡攝界處，因為三者都可以說是一切法。具體相攝關係，可列表如下：

百法	五蘊	十八界	十二處
心法8	識蘊	七識界	意處
心所有法51	受蘊、想蘊和行蘊（部分）	法界（部分）	法處（部分）
不相應行法24	行蘊（部分）	法界（部分）	法處（部分）
色法11	色蘊全	色界、法界（部分）	色處、法處（部分）
無為法6		法界（部分）	法處（部分）

（七）善染根本

五位百法在佛教中是名相之學，但名相之學並非在名相內打轉，而是為解脫提供依據。王恩洋較為關注的是五位百法的心性論問題。他細密地分析了百法的「漏、無漏」、「善、不善、無記三性」兩種性質。五位百法相對於三科來講，進一步確立了善染根本。善染的根本在五位百法之中的善法和

煩惱、隨煩惱法。因此，五位百法的功用是兩點，一是系統性地說明了有情善染根本，二是系統性地闡明凡聖差別。

五位百法分為有漏和無漏兩種。漏即流轉，流轉三界而不得出離；無漏即不再流轉三界五趣。總的來看，無為法六種真如和滅盡定共七種是無漏法，其餘九十三種是有漏法。分別來說，可以分為四種不同的情況：

1. 純粹的有漏法。包括煩惱、隨煩惱共26種，不定法中的悔、眠2種，不相應行法中的無想定、無想報、異生性。

2. 純粹的無漏法。包括無為法中的擇滅、想受滅、三種真如，不相應行法中的滅盡定。

3. 既是有漏也是無漏的法。心王8種，心所23種，包括5種遍行、5種別境、11種善法、尋伺2種，色法11種即五根五境和法處所攝色，不相應行中除無想定、無想報、異生性、取、非得等共計22種。

4. 既非有漏也非無漏的法。包括虛空、非擇滅、不動三種真如。

可以列表如下：

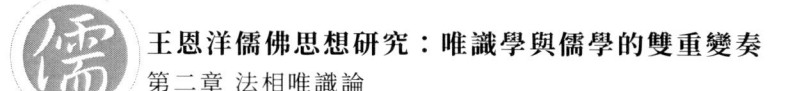

	心法	心所有法	色法	不相應行法	無為法
純粹的有漏法		煩惱、隨煩惱共26個，不定之中的悔、眠兩個		無想定、無想報、異生性	
純粹的無漏法				滅盡定	擇滅、想受滅、真如3個
即是有漏也是無漏	八識8個	遍行5個、別境5個、善11個、尋伺2個	五根5個、五境5個、法處所攝色	22個	
即非有漏也非無漏					虛空、非擇滅、不動3個真如

　　有漏法和無漏法，可以透過善、惡、無記三性來進一步歸屬。無漏法，均為善。有漏法中，心法前六識可以善可以惡可以無記，第七第八識只能是無記性；心所有法中，遍行、別境和不定，可以善可以惡可以無記；11善法，是純粹的善法。煩惱法26個之中，根本煩惱中的瞋、中隨煩惱的無慚、無愧2個、小隨煩惱的忿等10個，是純粹的惡。其他的，根本煩惱中的5個，隨煩惱的8個，是不善或者無記。

　　五位百法是純粹現象式的羅列分判，歸攝於有漏、無漏以及善、惡、無記三性以後，成為某種佛教解脫的方法論。一切有情都是根據百法而假立的，就可以根據百法來概括人的心性，構成一套心性論。這引申出三個問題：第一，一切有情是根據同一的色、心諸法而假立的呢，還是依據各別的色心諸法而假立？第二，一切有情都具有百法呢，還是分別具有百法之中的部分？第三，如果一切有情都具備百法，為什麼還會產生三界五趣的差別，為什麼還會有流轉三界和還滅於涅槃的區別呢？這些問題，需要唯識論來回答。

根據《成唯識論》：一切有情各有八識、六位心所所變相見分位差別及彼空理所顯真如。這可見，每一個有情都具有百法，但所具有的百法並不相同。這就是說，具體到每一個人，則每一個人都單獨地具有每人的五位百法。

二、唯識義：三界唯心，萬法唯識

（一）唯識名義

法相宗是分析的方法，唯識宗是綜合的方法，法相宗將一切存在分析為五位百法，唯識宗則用一心識將之統攝在一起，所以王恩洋說：「法相解散諸法，唯識統攝諸法。」、「分析之則為法相，綜合之則為緣生，亦合亦析則為唯識義。」唯識宗來源於法相宗，又不同於法相宗，「唯識一宗，從法相出，故說識性依三性明，復以唯識攝彼三性」。

按照《成唯識論》的說法，唯識的意思是指「境無識有，境不離識」。王恩洋更進一步做了仔細分類，根據唯識學的三性說分為遍計唯識、依他唯識、圓成唯識。從教理行證的佛教常用的分類方法分為唯識理、唯識教、唯識觀（行）、唯識果、唯識學，其中唯識理即是圓成實性，唯識教就是唯識宗的基本教法，唯識行是根據唯識教而修行，唯識果是依據唯識行而得到的現觀真理、菩提涅槃，唯識學是闡明以上教理行證的學問。

唯識學有廣義和狹義之分，其總的宗旨就是「生解、斷障，證二空，得二轉依」，這幾乎就是佛教的統一定義；狹義地看，唯識宗的宗旨主要是慧學，即「明唯識理，得如實智」。從這個角度說，狹義的唯識學是佛教三學戒定慧之中的智慧之學，透過智慧來通達萬法唯識的真理，即為唯識學。本節唯識學的名稱即使用此狹義的定義。

唯識的教理行果和唯識學，總的說來分為兩種，「一者境事唯識，二者觀行唯識」。境事唯識分為遮遣外境和顯識性相兩種。遮遣外境分為破計所執和辨境由識變兩種，以成立唯識。顯識性相分為顯相和顯性。顯相分為，一顯能變相，二顯所變相。顯性分為三種，一、三性，二、三無性，三、唯識實性。觀行唯識，就是《攝大乘論》入所知相分，和《成唯識論》卷九、卷十中的唯識行位。一般所謂唯識學主要指的是境事唯識。

王恩洋認為唯識學是佛教發展的高峰，是最為精深的佛法。其精深主要體現在兩個方面，「一者說三界唯心，二者建立阿賴耶識」。三界唯心，是說唯識宗在心物關係的處理上超出了法相學一體平鋪的並列法相的格局，建構了真正的佛教中道體系。唯識學出於法相，但唯識學更以綜合的方法超越於法相，「唯識所明遮無外境，顯有內心，我法非有，空識非無，非有非空，義符法相」。「建立阿賴耶識」，則是對佛法另一重要理論緣起論的推動。在唯識宗之前，部派佛教的心識主要是「六識」，又不得不建立補特伽羅，甚至勝義補特伽羅等來回護六識的不足。

從唯識和傳統緣起論的關係來看，唯識學對於傳統的緣起論有精深的建構，成立了阿賴耶識緣起論，「緣生義，最深最精莫唯識若。建立賴耶種子，諸法有其真因；即此違除無因、不平等因。建立唯心而諸法輾轉互不相離；即此眾生各一宇宙，因果趨赴、流轉還滅不相摻雜、不斷不常、不一不異。因果義成，法性義立，即此而遣除一切科學哲學外道異論」。總的說來，阿賴耶識對於緣起論的建立有兩個方面的貢獻。其一，阿賴耶識為種子藏，種子為諸法生起的親因，這是對於緣起論中「因」和四緣中的「因緣」的深層建構。其二，將緣起的萬法收歸心識，是對於宇宙論的理論說明。

更重要的是，王恩洋認為唯識學具有重要的現代價值，佛法的復興依賴於唯識學的復興，唯識學是對抗科學、哲學、宗教的最有力的武器，「唯識者，建立佛法之根本，障衛佛法之屏藩，催伏邪執之利刃，接引新機之方便。其於佛法關係之重要，自昔為然也，於今尤急焉，其存其亡，安危共之矣。」這就是說，唯識學具有文化批判的功能。

（二）唯識對自我和外在實體的破斥

唯識學的核心理念是以心識為樞紐來解釋現象世界。這在近代中西文化並存的語境中確實有其獨特的意義。對於現象世界的理解，有常識實在論、唯物論、唯心論、科學的原子論、宗教的上帝創世說等多種學說和觀念。對此，唯識學都有其相應的理論予以破斥。這可以說是一種應用唯識學，唯識是批判佛教以外的人類常識和科學哲學宗教的工具。

常識的觀點是以為有一個主宰性的自我和客觀的外在事物，兩者都是實際存在的事實，兩者並不互相取代。從常識的經驗出發，宗教、科學、哲學分別建立了不同觀點，但總的來說都主張自我和外在世界是上帝創造的產物。另外還有唯物論的觀點，主張物質是實在的恆常的，心識的作用是虛假的稍縱即逝的。宗教、哲學、科學無非是佛教所謂遍計所執的範圍。遍計所執就是對我和法的執著，以為有一個主宰性的自我和實體性的外物。我作為主宰和自由意志的主體，能夠發動認識、情感、心理、行為等，外在事物則都是具有實體性的實存之物，都是客觀存在。由這兩個根本性的執著出發，就會進一步產生一系列的問題：我是恆常還是斷滅的，我和事物的關係等，心的本質是物質還是精神。在唯識學，所謂我，不過就是心、心所等法；所謂物，無非是色聲香味觸等法。除此以外，沒有別的實體稱之為我或者物，所以我和物都是假立。

首先我們看王恩洋對主宰性自我的破斥：

第一，自我和識的關係。主宰性的自我，是由對心的功能作用上推的結果。人們以為心的作用可以見色、聞聲，然後以為作用的背後一定有實體性的根據，就是自我。而實際上，見色聞聲的只是六識而已。假如說「我看見一支粉筆」然後又說「我的眼識看見一支粉筆」，這就出現了重複性的「看見」。按照唯識學，看見實際是眼識的功能，並非自我。假如說「我促使或支配眼識看見一支粉筆」，則眼識已經能夠看見粉筆，並無須自我來支配。假如「我看見粉筆」必須我來推動「眼識」方能看見，則此自我失去了主宰和自在，因為它有所依賴。如此，則眼識有時看見有時不看見，眼識就成為無常之法，那麼自我也就成為無常之自我。

同時，假如自我能夠主宰眼識，則眼識的生起只依靠自我的主宰即成，而實際的情況是眼識的生起要依賴於外境、光明等多種因素。另外，有人可能會想，我是眼識等的主導和發動者，這也是不對的。如果我是諸識的主導和條件，則這個我就是「根」；如果我是諸識的發動者，則這個我是心所法中的遍行法之一「作意」。

第二，自我和心是什麼關係呢？自我就是心，還是自我不是心呢？自我即心，則心實際上就是識，所以是錯誤地把識當作了心。自我不是心，自我應該離開心還有其他作用功能表現，而實際上並沒有。

第三，自我是單一還是複合的？自我顯然不能是複合的，複合的事物乃是假立，並且會成為多重自我，這不符合對主宰性自我的定義。自我如果是單一的，則自我的作用也應該是單一的。如是，則自我不應該有善惡愛憎等矛盾性存在於自身之內。如果說自我之內的矛盾性來源於外緣，則自我就成為可以受外緣影響改變的事物，那麼就不是主宰性的實體。

其次，我們看王恩洋對外物實在論的破斥：

第一，外物不是現量所得。人們的認識無非兩種，一是現量，二是比量。現量相當於直接性的經驗，比量相當於邏輯推理。人透過現量所得無非是色聲香味觸，人們之所以假定在現象背後必有實體乃是對此現量所得境界沒有深思。比如，「我看見瓶子」的說法並不準確。實際上，我並不能看見瓶子，因為瓶子包含很多屬性；眼識所見只是色，並不是瓶子。假如說「眼識所見即是瓶子」，則眼識所見的任何事物都應該是瓶子。並且深究起來，說眼識見色都不夠準確，因為眼識見色的說法包含了分別，而眼識等現量並無分別的能力，分別乃是意識的功能。因此「現量絕不證實外物」。

第二，外物不是比量所得。瓶子等實體是否是比量所得呢？也不是。所謂瓶子，是指色聲等法的集合呢，還是離了色聲等法還有別的實體？如果說色聲等法的集合是實體，則這就和前面論證的自我一樣，是假立之法。如果說離了色聲等還有一個實體，則應該離了色聲等相狀還有其他的現量能夠證實它，但實際上沒有這種現量。假如說實體乃是色聲等法的基底或根據，任何現象必有其實體為依據，也是不對的。因為水中月空中花夢中之物等色聲，都不需要實體為根據，可見現象不一定必有其體。如果離了色聲等還有一個實體，則按照體必有用的原則，該體應該還有其他的色聲等用。

由此可見，王恩洋對於自我和外在實體的破斥，基本上還是以傳統佛教的學理為基礎，不過他更加注重傳統佛教的現代性轉化。王恩洋詳細地比較了唯識學與西方哲學尤其是唯心論的不同。西方哲學主要分為唯物論和唯心

論兩種。唯心論也稱為意象論、觀念論,主要是貝克萊和新康德主義。除了唯心論和唯物論以外,還有中立一元論、相對二元論、多元論。

唯識學不同於西方唯心論和認識論,唯識學主張一切所識不離能識,然而在所緣緣中另立疏所緣緣,並不主張外物非有;但是又主張器界根身,仍然是賴耶識的所變現。唯識宗不同於神學,阿賴耶識內變根身、外變器界,然而隨業招感,本識和轉識相互為緣,不同於上帝創造萬物。唯識宗也不同於主觀唯心論,一切有情各有八識六位心所,是唯我論而非唯心論。唯識宗也不同於客觀唯心論,客觀唯心論立客觀的公共之心,唯識宗是一切有情各有自心和獨立的宇宙。這無疑是確立了唯識學在近代的獨特價值。

(三)唯識的證立

唯識理論的成立,是在於證明一切法不離識,一切存在都是以心識為樞紐而成立。按照當代學者的分析,唯識學在世親以後的發展,分為護法和安慧兩系。尤其在安慧的《唯識三十頌論釋》被發現以後,安慧的觀點似乎比較受到學界的歡迎。兩者在「識轉變」的看法上有著比較大的差異。護法是用識本身的分化來闡明識的轉變,識分化為見分、相分而以自身為自證分。這被稱為三分說或四分說。安慧則不講見相二分的分化,而是以識在時間和次序中的先後來闡明識的轉變。吳汝鈞說「護法的解釋可能是錯誤的,而安慧的解釋就較為吻合原文的意思」。王恩洋並沒有注意到這些細密的環節,他基本上還是在心物關係或色心關係之內以護法的理論為基礎來論證唯識的成立。

怎樣成立唯識呢?簡要地說,分為五點:第一,大種造色之器界是有,而皆唯識變。

第二,識變器界屬阿賴耶識,非在意識。

第三,識變器界挾大種造色而變之,非如夢境唯心幻現。

第四,各識所變各一器界,非一上帝獨造世間。

第五,諸識所變體相交互如光相網,不相障礙,可互了知。

其中,「大種造色之器界是有,而皆唯識變」、「識變器界屬阿賴耶識,非在意識」、「識變器界挾大種造色而變之,非如夢境唯心幻現」三點,旨在說明平常所謂外在客觀世界乃是阿賴耶識自身分化為見分和相分的結果,所謂相分相當於認識論所講的客體。「各識所變各一器界,非一上帝獨造世間」、「各識所變各一器界,非一上帝獨造世間」兩點,旨在說明阿賴耶識變現的外在事物和內在主體乃是每一個阿賴耶識獨立變現,同時每一個阿賴耶識變現的宇宙又具有互相共存的一面。總的來看,王恩洋延續了《成唯識論》關於色心不離的見解來論證色不離識、色唯識變的見解。由於他過於注重人生問題,他的唯識學論證思辨性欠清晰。

第三節 中道論:非有非空,空有無諍

一、近代的中道之爭

如果說法相學是一體平鋪的分析諸法的具體相狀,那麼唯識學就是將一切諸法收歸心識來分析諸法的唯識性,這個性無非就是空性。兩者共同指向了佛教的中道論真諦觀。中道論被唯識宗表示為「非有非空之中道了義教」,他們認為在中道問題上唯識宗最為究竟。這無疑就產生了佛教內部學派之間的分歧在歷史上主要是法相唯識學和般若中觀學之間的論爭,在近代則有歐陽竟無與法尊之間關於空有的論爭。

中觀又稱為般若中觀,該宗以龍樹、提婆立宗,中間經過佛護、清辨,最後大師為月稱論師。根據藏傳佛教的記載,中觀的中後期和唯識宗有激烈的爭論。據稱,中間為清辨和護法的爭論,後來更有月稱和唯識宗的爭論。玄奘遊學印度,就曾作《會中論》、《制惡見論》會通中觀和唯識。這個爭論被玄奘帶到了中土,主要是所譯的清辨《大乘掌珍論》。按照中土唯識宗諸家對清辨《大乘掌珍論》的批判,可以看出他們爭論的焦點在:其一,了義與不了義;其二,二諦與三性;其三,空有之爭;其四,《大乘掌珍論》立論的因明問題。

第三節 中道論：非有非空，空有無諍

所謂了義與不了義是指佛教經論是否是正面的終極陳述。二諦是指中觀以二諦攝一切法，即世俗諦與勝義諦。三性是指唯識宗所說的依他起性、圓成實性、遍計所執性。其根本的爭論還是空有之爭，唯識宗每每批評中觀後學為「惡取空」。中觀和瑜伽唯識的爭論，在中土表現並不強烈。其原因是，一則中國佛教崇尚圓融，二則瑜伽唯識宗興盛不過幾代。

至近代，中觀和唯識之間的爭論，隨著瑜伽唯識宗在中國的興盛，隨著藏傳佛教的傳入，日漸興盛，成為佛學界的一大問題。中觀和唯識之爭論和漢藏教理之爭常常糾纏在一起，典型的代表是支那內學院和漢藏教理院之間的爭論。其一是歐陽竟無和漢藏教理院法尊的爭論，其二是王恩洋與印順之間的爭論。

中土唯識宗和藏傳唯識宗有別。其顯著的是，中土所傳玄奘所譯彌勒五論與藏傳彌勒五論典籍都不相同。漢藏教理院的法尊（1902—1980），一生翻譯藏傳佛教著述，宏傳藏傳佛教。1930年代，法尊所譯《辨法法性論》引發了歐陽竟無的不滿。《辨法法性論》據稱為彌勒的著作，然與此相關，中土早就有玄奘所譯《辯中邊論》。法尊以為兩種譯本應該是梵文本的兩種譯本而已。兩種譯本的差異，引發了歐竟無陽的批判。

1938年，借為朱芾煌《法相唯識學辭典》作序之機，歐陽竟無對法尊進行了批判，其言辭極為嚴厲：

新貴少年譯彌勒《辨法法性論》，以實無而現為虛妄，以無義唯計為分別，此可謂彌勒學乎？彌勒《辯中邊論》明明說虛妄分別有，明明說非實有聖無，其言無者，無二也，其言有者，妄中有空，空中有妄也。而彼但以二取名言之現實無唯義，以盡慨乎虛妄分別之義。兩譯並存，是為以一嗣尊，二三其德，去奘留今，則一切奘譯俱不必存……向唯稗賈於名場，今則猖狂於法苑，侮聖言，凌先哲，掩眾明，是可忍也，彼何人哉？

法尊也不甘示弱，接連發表文章針鋒相對地回敬歐陽。歐陽則陸續發表《辨虛妄分別》、《辨二諦三性》、《變唯識法相》諸文，並作《解惑四則》、《解惑二則》接連闡述中觀和唯識的關係問題。

歐陽竟無的觀點主要是，對《辨法法性論》的「一切法無，唯法性有」，表示不滿。他認為這不符合彌勒「非空非不空」的中道論。他認為，二諦和三性不同，是兩種法門，「二諦以說法，三性以立教」，「說法無二道，其極曰一真法界；立教視機感，其極曰二空所顯」。從二諦的角度看，俗諦和遍計都是無。然而，從三性的角度看，並非一切法皆無只有法性是有，這樣就取消了依他起性。《辯中邊論》是有無並舉，而《辨法法性論》是一切皆無，這違背了彌勒的基本教義。

與此有關，法尊漢藏教理院門下的印順也對支那內學院的空有觀持批判態度。印順對歐陽的《大藏緣起》一文，表示了「喜、疑、憂、痛、失笑、嘿然」的五味雜陳的感情，絕不是他後來給的書名「無諍之辯」那樣的無諍心態，而是譏刺和學理兼有。他幾乎全盤否定了歐陽竟無的學術貢獻，他說歐陽竟無「空有莫辨，內外雜糅，學綱未明，教網先纏，以牽強割裂為精嚴，亦不足以言整理」。

印順的批判集中在對空宗和有宗的辨析上，他認為空宗有宗之間有以下差別：

龍樹學以無自性故緣起，若有自性如毫釐許者，則緣起不成。無著學則若一切法都無自性，則緣起不成；以由自相安立故，亦勝義有。二聖立說之所依，如何可一？龍樹言三世，不離過未有現在；無著則現在是有，依之假立過未。龍樹則心境都無自性，於假名則皆有。無著則依他心有，遍計境無。言勝義，龍樹談但空，則諸法無自性；不但空則現空無礙。無著理智見真非不但，因空所顯異但空。並且嚴厲地批判歐陽佛儒融合，稱之為「回外入內」、「濫佛於儒」、「尊儒抑佛」。

王恩洋對此不無異議。1944 年，印順著《印度佛教史》並寄贈王恩洋。王恩洋閱後著《讀印度之佛教書感》長文復之。他對印順給予了很高評價，然也表示，要論佛教學理的發展史，要以部派佛教破我，中觀明空去執，法相唯識建立三性、成立唯識最為圓滿，圓滿在以「無我無作無受者，善惡業報亦不失」為基本的教理。他對印順持的中觀見解不能苟同，認為印順「辭義之間每揚中觀而抑唯識」，並對印順將唯識宗總結為「虛妄唯識論」表示

第三節 中道論：非有非空，空有無諍

不滿。直至批駁中觀的後期代表月稱為「荒謬」，「執古不化，捧出龍樹以敵視無著」。並表示「中觀與祕密（密宗）成不解之緣」是敗壞佛法，非空非不空的法相唯識才是中道了義之教。

印順讀後，作《空有之間》一文。印順以為王恩洋所說「無我無作無受者，善惡業報亦不失，頗能扼緣起之要」。這是佛教的根本，但是「無我無作無受者」並非僅僅旨在建立善惡業報的因果，更在於顯示緣起的寂滅性。透過緣起立宗有兩條走向，其一是從因果必然的緣起法則，顯示出因果必然的事實，是為緣起法與緣生法；其二是正觀緣起有，不取法相而悟入寂滅性，是為有為法與無為法。法相唯識宗只見其一，不見其二，「正見緣起，所以離戲論而證空寂，固不以善辯因果為已足。

……善辯中邊，不以觀因果而滯有，以空為不了；亦不觀空寂而落空，視因果如兔角」。唯識宗沒有與密宗合流，是因為背離了止觀內證的走向逐漸演變為名相之學，並不能證明唯識比中觀有優長。這場辯論，可以見出唯識宗大師和中觀現代派之間安排佛法上的差異。印順後來總結歐陽和王恩洋與武昌佛學院辯論《大乘起信論》，則認為二人是宗派之見，是站在唯識學的立場上的一種偏見。

實際上，1943年王恩洋在東方文教院。早就作有《實有真空中道了義論》詳細闡發空有的關係。按照藏傳佛教格魯派大師宗喀巴的見解，中觀和唯識的主旨被立定為深觀和廣行。印順繼承了這一分判。王恩洋以為這是片面的，中觀也非沒有廣行，如漢譯《十住毗婆沙論》、《大智度論》等也是宣揚廣行的；唯識更非僅為廣行，唯識的教理也是有探討教理的深觀。王恩洋對於兩家，並非是回護唯識而破斥中觀，而是試圖會通中觀和唯識。中觀確實長於玄辨，唯識重視內證，兩者結合才會理解佛法。他說：

不讀中觀不讀般若，而但守法相唯識家義者，名相廣陳，法義膠漆，每易失之支離而破碎。入般若中觀勝義一切空教，而後解黏去縛如鳥翥空一切自由。再返治法相唯識，則其精深邃密廣大博通之義，益活躍於心田而無所擁滯。不讀法相唯識，而但治般若中觀家言者，闊達空虛，陳陳相因，每易失之倘恍迷離而無確解。

二、非空非有，中道了義

王恩洋《實有真空中道了義論》實際上是要對漢藏教理、中觀和唯識之間的中道之爭、有無之爭做一個統一的澄清。有、無、空的關係，以及中道問題，可以說是佛教內部爭論最大也是最為細密繁難的問題。中國佛教不長於概念思維，所以在概念的界定上並不太細密。在歷史上，魏晉時期初傳的般若明空之學在很長時間與玄學的有無之辨糾纏在一起，以致產生了七種對空的理解上的分歧性派別，即所謂六家七宗。有無的概念，在道家語境中並非截然對立，而是強調有無之間的無限過度甚至兩極轉化的，用來說明佛教的空就不免淤塞。在佛教內部，般若中觀被稱為空宗，瑜伽唯識被稱為有宗，此「空有」二字在某種程度上導致兩者的對立。要融通空有實際上就意味著必須消解概念之間的表面隔閡。

因此，王恩洋首先不是從經典解析或思想史梳理的角度來分疏空有兩宗。他首先進行概念解析：

1. 什麼叫做有呢？「心有所得，即名為有」。所謂有，指的是人的心識思考到的內容。不能為心思考緣慮的，不但不能叫做有，也不能叫做無。

有什麼呢？有必然是有某些法，有既然是依據心識而有，那麼心識所得的都是「有」。眼識的所得是香，耳識的所得為聲，意識所得為法等，就有六種有。既然心識所得的是有，能得的心識也應該是有，也就更有六種心識之有。眼識等六識，是依據六根而生起，所以六根也該是有。六根、六識加六境，就是十八界。五蘊、十二處和五位百法等，基本上可以歸入這十八界。

有的狀態是什麼呢？十八界中除六種無為以外，其餘均為緣生而有。緣生而有，也就是三性之中的依他起性。

有的分類是什麼呢？有只是依他起性，而愚夫不能正確地理解，在依他起的緣生又上增益種種有的相狀。於是，就分為依他起的緣生有和遍計所執的有，前者為實有，後者為假有。由於凡人和聖人之間認識上的差別，就有世俗有和勝義有。

這符合經典的闡釋，《雜集論》解釋實有時說：

云何實有？謂不待名言此餘根境，是實有義。不待名言根境者，謂不待色受等名言，而取自所取義。不待此餘根境者，謂不待此所餘義而覺自所覺境。

云何假有？謂待名言此餘根境是假有義。

云何世俗有？謂雜染所緣，是世俗有。謂清淨所緣，是勝義有。

依法體性有無，立實有假有。依迷悟緣別，立勝義世俗。

何所有？依他起性是緣生幻相。對於緣生幻相而施設名言，用於言說。凡夫隨著這些言說生起執著，分別法和我，就叫做遍計所執性。這些遍計所執性，從依他起性的角度說，是遍計所增加的，並非實有，而是無。這個無性，是依他起的真實本性，也就是圓成實性。遍計是無，依他為有，圓成為空理。對於依他起性上執取我和法，就是世俗有；從依他起性上理解到我法二空，就是勝義有。

2. 辨空

空的意思，王恩洋總結為四點：「一、非空無一切諸法。二、但空彼法上執性，所謂自體常住本有、不從緣生。三、法從緣生故無自性。四、由無自性、無實體故，乃能緣生一切諸法。」

空並非是絕對的無，而是有。空表示無所得。說到無所得，必須是先有所得，然後才無所得。所以，說到空，必須先有不空。由此看來，空和無是不同的。有和無的產生，對於事物和人的感知來講，順序是相反的。事物都是從有到無，而人對於事物的感知是從無到有。所以，空、無、無得，是依據不空、有、有得，而生起的。

空的意思是空其執性。一切法空的意思是，一切法上都沒有我執和法執的那些內容。我執和法執，是根據顯現出的似相而有的，這是有所得。當通達所執的這些為無性以後，就生起無所得智，此無所得智是空掉、去除現前的有所得的法執和我執。以上的空義符合中觀的看法。如《中論》中說：

因緣所生法，我說即是空，亦為是假名，亦是中道義。世無有一法，而不從緣生，故無有一法，而不是空者。

若一切法空，無生亦無滅，以無生滅故，四聖諦應無。若知及若斷，修證等作用，如是四聖諦，無體即不有。四聖諦若無，則無四聖果。

3. 中觀唯識，皆為中道

王恩洋是唯識學者，但是他試圖將中觀和唯識熔為一爐。其中的關鍵在對般若和《大乘掌珍論》的理解。王恩洋早年由歐陽竟無導引來讀《大乘掌珍論》，對《大乘掌珍論》頗為讚賞。這表現在：

一、他和呂澂辯論《大乘掌珍論》符合不符合因明的問題。

二、他對於真如的看法來自《大乘掌珍論》，以「無為無有實，不起似空華」作為依據來批判真如緣起論。

三、他對於《掌珍論》的這種看法，與一般的唯識學者頗為不同。自玄奘窺基以來慧沼圓測無不以《掌珍論》唯識學的對立面來加以批判。

唯識的識有是指依他起性的幻有而言，並非真實有。王恩洋也敏銳地指出「觀唯識者於彼最後當舍此唯識，乃能得證真唯識。……真勝義中，性離言故，非空不空，無識非識。」

王恩洋對於空宗和有宗的爭論以及中土佛教的判教都不贊同，「吾固非但不滿於此方先德五教四教而已，即於西土般若瑜伽兩宗之胡自高下亦未敢贊同。而一守佛法平等無有高下、佛語圓音隨類解別、教唯是一乘則有三之說。」

從義理上說，王恩洋認為法相唯識宗和般若中觀宗沒有差別，所謂差別在於使用空、有的角度不同。唯識宗講三性，遍計所執性只有執，依他起性只有幻相，圓成實性只有空性。三性說的有和空並不衝突。

中觀宗說一切法空，是空法的自性，並非空除一切，這個空和有也不衝突。

小結

法相唯識論，表示法相宗和唯識宗的區分，同時也表示相、識、智三者的關係。法相宗和唯識宗的區分，源於支那內學院歐陽竟無大師。這是經典和義理梳理的結果，有其真知灼見，以至國學大師章太炎也稱讚這個區分為「足以獨步千祀」。太虛大師則獨持異議，提出了「法相必歸唯識」的商榷意見。

這個區分並非畫地為牢、壁壘森嚴，而是要規定一學科的研究對象、基本規範和基本方法。王恩洋認為，法相宗研究的範圍為法和相，即通俗所謂「有」。有什麼，有可以分為多少種，有的狀態為如何而有，有的染淨性質如何，這些都是法相宗研究的對象。其中，最根本的有莫過於有我和有法，這可以說是主體和客體，在法相宗則分為色法和心法。

唯識宗基於法相宗對於有的分析，進一步提出一種唯識論和唯智論。以唯識來命名該宗，實在是一易引起誤會的名詞。唯識只是表示所有的有都離不開識，即其狀態都是「識有」。識有是如何而有、如何而無，成為唯識宗關注的重心，所以他們提出四分說和識變而有的看法，最後收歸到阿賴耶識作為根本的識，也就是本識。至此，唯識宗是旨在解釋和說明有的唯識性，然而唯識宗的高明並不止於此，還在於進一步推求轉識成智的唯智學。識有為一切有，然而這識有並不值得留戀、迷執，還須經一番轉化的過程，將識的雜染還滅為清淨，而對向真如。

這三個環節，從法相的有到識變而有到轉識成智，是從有到「識有」到空的過程。王恩洋認為法相學的核心意義在於透過對法的分析來證成無我，透過對相的分析排遣對法的執持；唯識論的核心意義則在於將萬有收歸於心識，將萬法的存在狀態歸於識有；法相和唯識共同地指向了中道論，指向了非有、非空、空有之間的佛教真諦中道觀。三者可以分別表示為「唯法無我，唯相無法」、「三界唯心，萬法唯識」、「非有非空，空有之間」。這比歐陽竟無更明確地標示出了法相學和唯識學的特色，同時更有效而豐富地闡明了法相唯識論和中道論的本質關聯，具有重要的理論意義。

第三章 緣生法性論

20世紀佛教最大的運動，可以說是對「真佛教」的追尋。幾乎在同時，日本學界和中國學界的支那內學院一系，都對《大乘起信論》展開了批判。80年代，日本學者再次挑起了「批判佛教」思潮，引發了國際學界的廣泛討論。這一系列批判的動因各有不同，暫且不論。專就學理而言，兩者具有一致性，即都是用緣起論作為標準來批判如來藏系的緣起論，將如來藏系緣起論視為某種本體論，這種本體論在《起信論》中就稱之為「真如緣起論」，在「批判佛教」思潮中就稱為「基體論」或「界論」。

其中，爭議最大的兩個問題就是：什麼是緣起論或緣生論，什麼是法性、真如。以王恩洋、呂澂為代表的支那內學院系和以太虛、唐大圓為代表的武昌佛學院系，對此有激烈的論爭。這一論爭不僅是《大乘起信論》真偽之爭，而且是印度佛教和中國佛教的本體論、心性論之爭，甚至涉及支那內學院系對隋唐以後儒家的性與天道這一宋明理學根本主題的檢討。我們首先探討什麼是緣生，其次探討什麼是法性真如，最後就支那內學院關於真如和緣起關係的看法做全面的梳理。

第一節 緣生論才是佛教

一、一切佛法建立於緣生

當代學者大多認為，緣起論是整個佛法的理論基礎。關於此理論基礎的論證則有兩種途徑，其一，在緣起論的基本原理上能夠建立起佛教的教理行證的所有理論，易言之，緣起論是佛教存在論、心性論、解脫論、真理論的依據。該論證的特色在於必須將緣起論貫穿到佛教的教理行果的全部體系。其二，緣起論是佛教各個宗派的共同原理。關於第二種的論證，中國學者比較常見的是枚舉出佛教諸宗的各種緣起論，這等於說任何佛教流派都有其特有的緣起論。最常見的是，原始佛教的十二緣起或稱業惑緣起論，般若中觀學派的中道緣起論，瑜伽唯識宗的阿賴耶識緣起論，《大乘起信論》為代表

的真如緣起論，如來藏系的如來藏緣起論，天臺宗的性具緣起論，華嚴宗的法界緣起論等。

這兩種看法雖然都認緣起論為佛法的理論基礎，卻存在比較大的分歧。持第一種觀點的可稱之為緣起論者，持第二種觀點的可稱之為緣起論的折衷派。緣起論者以為，緣起論是佛法的中心和理論基礎，同時緣起論也就是判別佛教和非佛教的根本標準。以此為嚴格的標準，如來藏緣起論和真如緣起論以及中國佛教諸宗的各種緣起論都是非佛教。緣起論的折衷派則採取綜合的辦法，試圖從佛教各宗的緣起論的貫通中抽繹出緣起論的原理。顯然，如果既承認緣起論是佛法的理論基礎，又主張《大乘起信論》一脈的真如緣起的本體論思想，這就難免陷入困局。也就是說，如果嚴格以緣起論為基準來判別佛教和非佛教，則許多當前被納入佛學體系之內的佛學論典和中國佛教的緣起論就應當被批判。

由於佛教內部宗派的繁複和義理建構的精深玄妙，這一點不太容易被識破。應該說最早看出阿賴耶識緣起論和真如緣起論以及中國佛教諸宗的緣起論異質的，就是王恩洋。20世紀關於《大乘起信論》真偽的論辯，持續了數十年。然而，中日學界對《大乘起信論》的爭論主要集中在論者是否馬鳴、譯者是否真諦等考證方面的辨偽上。王恩洋獨闢蹊徑，特從「壞緣生」、「背法性」、「違唯識」三個角度來對它進行學理上的辨析。這無疑是將《大乘起信論》論辯推向了一個新的高度，由考證之辨推進到了義理之辨。

「壞緣生」指的是違背緣生法。在近代唯識宗的語境中，緣起論和緣生論有細微的差別。歐陽竟無關於法相學和唯識學的分宗，標準之一是緣起和緣生。他認為，唯識學建立在緣起的基礎上，法相學則建立在緣生的基礎上。也就是說，唯識學是從賴耶緣起的角度講法相的原因；法相學則是從緣起之果的角度詳細判別緣生法相。法相學和唯識學具體而言分別對應自性緣起和賴耶緣起，自性緣起解釋緣生萬法的存在樣態，阿賴耶識緣起論解釋萬法何以生起。法相和唯識的分宗存在爭議，但緣起和緣生的分判幾乎成為學界共識。印順是主張中觀的，他在討論緣起的時候也贊同這一區分，他說：

第一節　緣生論才是佛教

緣起可解說為為緣能起，緣生可解說為緣所已生。……緣起是因果的必然理則，緣生是因果中的具體事象。現實所知的一切，是緣生法；這緣生法中所有必然的因果理則才是緣起法。緣起與緣生，即理與事。緣生說明了果從因生；對緣生而說緣起，說明緣生事相所以因果相生、秩然不亂的必然理則，緣生即依於緣起而成。

約從緣所生起的果法說，即緣生；約從果起所因待的因緣說，即緣起。

王恩洋是嚴格的緣生論者，他自承「余之學亦可謂為緣生論者，非徒自學得，亦由於事上體驗得也。」他的觀點極為明確：第一，「一切佛法建立於緣生」。第二，佛法攝於二諦，即緣生與法性。

有必要指出，在王恩洋的語境中他更多地使用緣生論而非緣起論這一術語，甚至用緣生論代替緣起論。這裡面有細微的差別，緣生論是一種基於緣起論的存在分析，更加注重法相的因果體用的存在結構，可以說緣生論乃是存在論視域下的緣起論。由此，一切佛法建立於緣生和一切佛法皆是法相學，就是等同的。但不能夠說，一切佛法建立於緣起或一切佛法皆是唯識學，實際上唯識學只是佛法的精微精深建構的系統之學，阿賴耶識緣起論也只是建立緣起論的唯心性格之學。從緣生和法相的角度，可以統攝整個佛法；而從緣起和唯識的角度，不能統攝整個佛法。

依王恩洋的看法，緣生論是佛法對宇宙萬有基本原理的分析，是貫穿佛教各個宗派的基本線索，也是佛教存在論、心性論、解脫論和真理論的依據。緣生所顯現的性理就是法性。由此很容易得出，緣生和法性是判別佛教和非佛教的基本標準，違背緣生和法性的即非佛教。這就要追問什麼是緣生，什麼是法性，對二者的界定，可以說決定了印度經論佛教和中國佛教的基本差別，甚至是印度佛教和中國哲學的基本差別。其中，最為關鍵的就是，法性、真如是不是本體。或者說緣生論是某種形式的本體論嗎？

二、緣生論的發現之路

我們有必要考察王恩洋對緣生論的發現之路，以看清他的緣生論的建構過程。1921 年，在由北京到歐陽竟無處問學的路上，王恩洋在大明湖畔體悟

緣生之理。前文提到,王恩洋少時讀《法華經》、《楞嚴經》,悟道儒家天命論、西學天演論、佛教因果論有共通之處。此時,所謂通,只是一種模糊的感覺。從學理上看,儒家天命論與達爾文生物進化論和佛教的業報因果的輪迴學說,有著本質的差別。

在此時,他實則並未想通,以致到北大隨梁漱溟問學的時候,仍然寫出了《情本論》這樣違背緣起論的著作。然而,可以看出,王恩洋始終關心的問題是:人的自由與必然。人生當下的遭遇,是被決定的呢還是自由的呢?人生以後的果報是自己所造就的呢,還是命運所決定?這是人必然思及的人生問題,也是爭論不已的深刻的哲學問題。一般來說,以自由意志或良知為出發點,則人應該為自己的行為負責,人是自由。然而意志是自由的還是被決定的盲目意志,這本身就存在極大的分歧。這就是說,該問題很難用一種原理、一種邏輯溝通。緣起和因果總是關聯著人的心理感受和命運遭際,而非一種純粹自然界因果現象的探索。

王恩洋在大明湖畔體悟緣生之理的過程是基於一種經驗現象的分析。他站在橋上觀察水流,橋為兩眼橋,水流流過橋以後,自然形成迴旋。水面之上的浮萍,有些會隨水流而進,有些會隨水流的回返而返。他體悟到,「其進也,其止也,非自力也,莫非命也。」同時,再思考這推動浮萍流動的水流。水不能自流,是水相互之間的激盪而使之流動。由此,他得出「萬法輾轉,更互相待」的道理。水的流動,並沒有莊子所謂的真宰,其流逝並無主宰,是互相為條件而自流。「萬法皆有能而皆無主,皆必有待而無使之者。」、「宇宙一因果也,變化一相待也。」所謂因果相待,亦即緣生論。

當他體悟到這一點以後,儒家、莊子和佛教的學理,在心裡相互流通了。他理解到,孟子所謂「莫之為而為者天也,莫之致而至者命也」和佛教所謂「因果趕赴」是完全一致的。這些經驗加之以後的理論建構,形成《緣生論》。他立足自己的現實經驗,參考《瑜伽師地論》卷五、《成唯識論》、《大乘阿毗達摩雜集論》等根本經典,詳細闡述四緣、十因、五果等理論。此種儒佛共通思想,尤其是用佛教緣起論解構、重構儒家天命論則集中體現在《儒

學大義》諸書。1926 年冬，昔日的老師梁漱溟讀到王恩洋的《緣生論》時，贊稱曰「能」。

1921 年，王恩洋拜訪歐陽竟無，請教的五個問題之中，有兩個是關於緣起論的。它們是第一個問題「阿賴耶識所緣為何」和第三個問題「萬法皆依因待緣而生，都沒有自力，那麼人怎麼能依自力而修行以致解脫。」入學以後，王恩洋讀《成唯識論述記》又和歐陽討論過「有為法頓生頓滅義，山河大地光光相網義，唯識所變有情互作增上不為親緣義，法爾道理本自圓成義」。王恩洋雖然沒有詳細解說這四義，然而我們大致可以瞭解到四義都可以說和緣起論有關。有為法頓生頓滅，是說一切有為法的無常相；山河大地光光相網，是說萬法互為依待互為因果；唯識所變有情互為增上不為親緣，則是說每一個有情都具足八識，他們之間只是互相作為增上緣而有共業增上的輔助效果，沒有親緣的生果的能力；法爾道理本自圓成，是三性之中的圓成實性。這可以說是以緣生論對現實人生和世界進行解釋，同時將緣生論貫穿到解脫論之中。

1922 年，王恩洋透過深入研究《大乘掌珍論》，對緣起法有了更清晰的瞭解。清辨《大乘掌珍論》，為玄奘所譯，是中觀學派始祖龍樹、提婆和後期中觀學派大師月稱之間承接的重要論著。據唯識宗看來，該書是一部和護法論辯的著作。從玄奘譯出《大乘掌珍論》以後，學人多依從窺基等人的觀點，將它作為反面教材。《大乘掌珍論》的立量「一切有為法，如幻緣生故，無為無有實，不起似空華」，在佛教的邏輯因明學的研究和教學中被視為宗、因、喻都錯的最佳案例。很少有人對此加以反駁。呂澂在所著《因明綱要》中舉出《大乘掌珍論》的錯誤，謂其「宗過有二，因過有二，喻過有一」。

王恩洋在支那內學院第四次討論會上專門和呂澂對此問題展開討論，主張該命題在宗、因、喻方面都沒有問題。他的結論是「掌珍一論，比量安立，不違聖教，不背正理，與瑜伽宗亦無有二。」在他看來，《大乘掌珍論》並非與護法唯識學進行論戰的著作，和瑜伽學也沒有衝突。《大乘掌珍論》破斥的是相應論師，瑜伽唯識宗大可不必對號入座。同時，對他影響最大的是「一切有為法，如幻緣生故，無為無有實，不起似空華」這種簡易直接的分法。

他說，「讀《掌珍論》，真性有為空，如幻緣生故，無為無有實，不起似空華。說真如但是一切虛妄分別永寂，非實有性。又說若言真如雖離言說而是實有即外道我名想差別說為真如。乃將平素疑惑有別實法名為真如之夢想打破。」

清辨將有為法和無為法對觀，有為法為緣起，無為法為法性，有為法能夠有「如幻」的緣生之用，而無為法「無有實（體）」。這就將有為法和無為法進行了有效的區別，並且強調了無為法的超越存在與非存在或者說非實體的性格。同時，根據中觀學派的二諦說，緣起法為世諦，而無為法、法性為第一義諦，緣起和法性為世諦和聖諦的關係。這種觀點，極大地影響到王恩洋。在後來的著作中，他廣泛地使用了世諦和聖諦、緣起和法性這種二分而又相即的格局：

一切佛教，二諦所攝，勝義明空以顯實相，世諦說有以明緣生。

所謂勝義皆空，一法不立，世諦故有，萬法俱彰；空有兩輪，攝佛法盡，法性緣生說聖教盡，而此兩輪相依而立，依法緣生始言法性，依法空性說實緣生。

由此，王恩洋關於緣生論的體系建構根基於瑜伽唯識，然而其樞紐卻在般若中觀的著作《大乘掌珍論》。這也是他能夠將唯識的賴耶緣起和中觀的中道緣起予以溝通的原因所在。

1923 年，王恩洋作《大乘起信論料簡》，將緣生論總結為七義、六相，破斥《大乘起信論》的真如緣起說。他舉出真如緣起說的三大罪狀即「背法性，壞緣生，違唯識」。違背唯識，可以視為宗派之見。然而違背緣生法和緣生法顯現的法性，這是不能夠容許的。他的觀點可以說極為明確，真如就不能緣起，緣起即非真如。此後，緣起論的無主宰性、不自在性等成為他用以破斥哲學本體論思維和有神宗教的主宰神的工具。

30 年代以後，王恩洋致力於用賴耶種子說溝通儒家心性論，同時用佛教緣起論解構儒家天命論。

總體來看，王恩洋的緣生論，有以下特點：

第一，緣生論是世間存在的基本原理。緣生論的範圍包括了自然界、人的生命和精神的各個層面。

第二，緣生論的主語是「一切有為法」，無為法是沒有功能沒有作用的，故不能夠作為能夠有生發作用的緣。

第三，緣生論是會通中觀和唯識的共通的原理，也是判別非佛教的基本標誌。

第四，緣生論是會通佛教和儒家的基本原理。

第二節 緣生論的結構解析

一、緣生的種類

緣生論類別有多種，有的分為三類或者八類。今天，學界對中國佛教諸宗的每一宗更加之以一種緣起論。於是有原始佛教的業惑緣起，部派佛教的六大緣起，般若中觀學派的中道緣起，法相唯識宗的賴耶緣起，《大乘起信論》為代表的真如緣起，華嚴宗的性起緣起，天臺宗的性具緣起等數種。問題是，這些都是緣起論嗎？如果是，他們的共性和實質何在？如果不是，緣起論和非緣起論的區別何在？

按《阿含經》的說法，佛陀乃是正見緣起而覺悟。在分析緣起論時，學者們普遍地注意到要從原始佛教的緣起論，也就是十二緣起或稱業感緣起論入手。緣起論的公式則被歸納為「此有故彼有，此生故彼生，此無故彼無，此滅故彼滅」的彼此相因的形式。問題是，緣起論就是十二緣起呢，還是十二緣起僅僅是緣起論中的一個範例呢？顯然，緣起論不特指十二緣起，在佛教思想的發展中可以根據緣起論的基本原理開出更多形式的緣起論。那麼，十二緣起和後續的中道緣起論、賴耶緣起論是什麼關係呢？即使緣起論不特指十二緣起，後續的緣起論也應該和十二緣起保持理論上的一致性。

總的說來，就緣起的種類看，問題有二。其一，緣起論是否可分種類。其二，緣起論的各種種類之間有沒有本質關聯。且不論中國佛教諸宗的緣起論，專就印度佛教大乘般若中觀和瑜伽唯識來看，問題就是中道緣起、賴耶

緣起和十二緣起，是否一致。用佛教話語說就是，中道緣起、賴耶緣起是共法還是不共法。

從般若中觀來看，龍樹《中論》等偏重於揭示緣起法的寂滅性。其中，大量關於因緣的討論，給人破除緣起論的印象。而實際上，他主要在於破除「自性」，其目的在於顯示諸法的無自性，也就是緣起性。

瑜伽行派的經典則普遍注意到會通十二緣起和中道緣起的問題。《攝大乘論》將緣起分為二種或三種，簡單地說即「自性緣起」和「愛非愛緣起」兩種。自性緣起指賴耶緣起，是以阿賴耶識為根據闡明諸法的內在本質。此處的自性是「相對的實在性」，不是中觀所謂的「絕對的實在性」。愛非愛緣起指原始佛教的十二緣起。《攝論》又從六轉識解說受用緣起，於是嚴格地說它建構了三種緣起說：以阿賴耶識為因建立自性緣起；以十二支建立愛非愛緣起；以六轉識建立受用緣起。這個分類雖然不多，但是分類的標準比較複雜。

將阿賴耶識和六轉識分開，顯然是依據八識來分。然而，受用緣起又是用十二處的「受用門」來闡明的，內六處為能受用，六外處為所受用。其他經典，關於緣起論的分類標準也不盡統一。《大乘阿毗達摩雜集論》將緣起論分為八種。《瑜伽師地論》分為三種，即經驗事物如穀麥等的緣生，雜染緣生，清淨緣生。

總體來看，瑜伽唯識宗試圖將賴耶緣起和十二緣起並存、會通。但是，這個會通是比較艱難的。賴耶緣起是用阿賴耶識收攝整個外在存在的現象，這種唯心性、唯識性在原始佛教中並不明顯。原始佛教的十二緣起雖然也有「識」這個環節，但是識並不是核心的樞紐環節，也不是阿賴耶識這樣的種子識。因此，在解釋十二緣起的時候，瑜伽唯識的經典普遍的有將十二緣起的識過度詮釋的嫌疑。

經論中關於緣起論的分類不夠系統，於是也就很難顯示出緣起論的本質特色。這給佛教學人增加了不少困擾。在近代，連著名的唯識學家梅光羲都有些迷惑。梅光羲對法相唯識的關注極早，猶在歐陽竟無和太虛之前。作為前輩的梅光羲致信王恩洋，約請他作緣起論教理史的梳理。信中，他舉出了

業感緣起、賴耶緣起、真如緣起、六大緣起四類。王恩洋回覆梅光羲時，詳細分析了他舉出的幾種緣起論。他指出業感緣起（即十二緣起）旨在破除梵天、上帝等有神教的不平等因，破除無因論和自然因論，是「無我無神而唯心的緣起論」。這在《攝大乘論》中表示為愛非愛緣起。賴耶緣起論重在建立自性緣起，更深化了業感緣起。至於六大緣起，「以法相眼光論，實為無稽」。

六大即地、水、火、風、空、識六種元素構成萬物。緣起重在因果的建立，而六大旨在自體的析除，也就是說六大不說緣起。真如緣起論以《大乘起信論》為代表，這在早年王恩洋已經有所批判。他說「真如緣起之論，乃我國誤讀佛書者，以一元論之思想，賦以唯心論之外衣，為《起信》、《楞嚴》之說。」王恩洋的觀點很明確，緣起論只有賴耶緣起和業感緣起兩種形式，真如緣起和六大緣起不屬於緣起論。

在他看來，諸論中的分類，缺乏統一的標準，或者失之於繁雜，或者失之於簡略。他將緣起總分為兩種，即因緣緣生、增上緣生。增上緣生從性質上再分為流轉增上緣生和還滅增上緣生，流轉解釋世間法的原因，還滅則解釋證入涅槃覺悟的資料。因緣緣生相當於《攝大乘論》所謂自性緣起，是指「諸現法由自種子托余緣故，自性體相差別而生」，其結果即為無果之中的等流果。流轉和還滅是依據《雜集論》所謂依業出離、依業流轉的業力觀而設立。流轉增上緣生指攝論所謂愛非愛緣起，也就是十二因緣。十二因緣中的十二支互為增上緣，其結果為五果之中的異熟果。還滅增上緣生，指《雜集論》中的清淨緣起。由多聞熏習如理作意，而引發離繫果。

由此可見，王恩洋的兩分法或三分法，是《瑜伽師地論》和《攝大乘論》的綜合，但該綜合有著比較重要的意義。首先，因緣和增上緣是從佛教因緣、所緣緣、等無間緣、增上緣四緣生諸法的理論角度來切入的。這樣的總的區分，是順承著對「緣」的分析而來。

其次，流轉增上和還滅增上，分別針對世間法和出世法，解釋了世間流轉和還滅涅槃的兩個層次。這無疑是將緣起論貫穿到現象世界的解釋和佛教的解脫論的實際環節中來。

第三,王恩洋的緣起論分類包含了原始佛教的十二因緣或者說業感緣起論,具有大小共通的性質。流轉增上緣生,即業感緣起,也稱為十二因緣。

十二因緣,是由十二個連鎖的範疇構成,具體就是無明緣行,行緣識,識緣名色,名色緣六入,六入緣觸,觸緣受,受緣愛,愛緣取,取緣有,有緣生,生緣老死憂悲苦惱。但十二因緣中十二個範疇的解釋及其邏輯關係則是眾說紛紜。王恩洋的看法是,無明是指處於三界五趣中的有情不能生發正智的基本情況。由於無明,而產生行。

所謂行指的是業,即福非福不動三種業。一般來講,業從福報的角度看只有福業與非福業,而佛教更增添一種不動業,是指定地所造的業。由行業而產生識,識指的是異熟果識也稱阿賴耶識,作為報應的主體。由於阿賴耶識,而生起名和色,名和色合起來即色受想行識五蘊。名色生髮六入,也就是內六處,眼耳鼻舌身意。六入生發觸,此處的觸專門指觸感六境的意向。由於觸感,而生起苦樂等感受即受。由於有感受,生起貪愛。貪愛生發取,即執取。執取生發有,即三有,所謂欲有、色有、無色有。由有而引發生。生必有死,引發死和憂悲苦惱。此處,很明顯,王恩洋將十二因緣中的識闡釋為阿賴耶識是用了唯識宗的賴耶緣起來詮解十二因緣。

十二因緣總分為三雜染,煩惱雜染、業雜染和生雜染。其中,無明、愛、取三種為煩惱雜染。行和有是業雜染。識名色六入觸受生老死是生雜染。三種雜染也有遞進的關係,由於煩惱雜染,而有業雜染,進而產生生雜染。也就是由於有煩惱,而產生業,業必然生果而有生。所以,王恩洋從三種雜染分析出業力的重要性。他說,「有情之升沉墮落,受樂受苦,三界五趣,皆由業力之所決定。」業力更有兩種情況可說,一是自業和共業,二是業力導致流轉也導致解脫。

王恩洋更從愛非愛緣起中得出三種推論:一、苦;二、染汙;三、唯心。其一,苦也就是苦諦。這是從「行業」來看,業力雖然可以分為福業非福業不動業,然而福業變壞為苦,非福業本身是苦,不動業所感的異熟果大多是苦。其二,染汙即集諦。染汙是三界五趣的原因。其三,唯心。唯心是專門從十二因緣中提出「識」作為樞紐。識指異熟識,由於無明和業力而有異熟

果識，由於有異熟識而生以後的名色等。「由內心之開發，而有名色六入之有情世間及器世間；由內心之轉變，而有愛取有生老死之相續。」

王恩洋將業感緣起總結為「無我無神而唯心的緣起論」。他認為，業感緣起論旨在破除不平等因的造物主和梵天、上帝，破除無因論、自然生論、常見、斷見，也破除唯物進化論。

第四，用賴耶緣起解釋現象性的相對存在。因緣緣生即自性緣起，又稱賴耶緣起。「四緣所生諸法，名為自性緣起。所以名為自性緣起者，法從因緣生，有自相業用故。謂識了別相，受領納相……」自性緣起的實質，是對生起諸法的緣生性進行說明。自性一詞在般若中觀相當於存在，是般若中觀破斥的對象。此處的自性是相對存在或者相對的實在性的意思。這就是說，從阿賴耶識緣起諸法的角度看，諸法都具有相對的實在性，緣起之法和現象性存在畢竟也是某種程度的存在，都具有其自相和功能作用以及善染等價值規定。這對於破除虛無主義的「斷滅空」是有一定意義的。

自性緣起認為，任何現象性存在都是緣生法，所以不是恆常的實體。任何現象性存在相對於其他現象性存在又都是一種緣，具有獨特的功能作用。由此，就可以破除實體、本體，同時又可以確立因果必然的法則。一般來說，人們的常識經驗和哲學推論都主張功能作用要和實體結合在一起，即功能作用總是某實體的功能作用。這樣不免就推論出，有功能作用必然有某種實體做支撐。整個佛教經論反覆申說的正是批判這種思想，但是在很多經論和學派對此問題說得不夠清晰。唯識宗自性緣起，承認某些現象性存在的相對實在性即「自性」，並賦予此自性因、果、業、用的功能，同時又鮮明地指出此自性的相對性。

這就解決了原始佛教「無我論」和「業力論」之間的理論繁難。人格神的「我」、「永恆的自我」這些是無我論要無的內容，而業力觀所謂的「自力」、「自業」這些相對性的「我」卻是存在的，這又保證了業力不失的連續性。這正是唯識宗的高明之處。王恩洋說：「神我不立而我法執遣，因果歷然而業用不空。因更有因，法非常也；果更有果，法不滅也；無我無法，

法不生也；有業有用，法不滅也。由斯建立，不生不滅，不常不斷，非有非空中道教義。此自性緣起義也」。

第五，體用範疇內的緣起論，不是本體論。有時，他也從緣起論的體用角度闡釋緣起論的意義。他說，「所謂緣起者，緣謂所依所待之因，起謂依待彼因生起此果。非自然起，非無因起，故名緣起。世間如何緣起耶？曰：一者由體起相，二者由因起果。」

體用論在中國哲學語境中的使用比較混亂，較為常見的是將體用視為本體論範疇，呈現為即體即用、承體起用的思維。王恩洋並不如此，這裡所謂體用論指的是「由體起相」，體指識體，相即色相。緣起論的意義在於，因果平等，不是無因論，也不是共因論。「緣起之體：非神造故，因平等也；非自然故，非無因也；非唯物非唯心故，非雜亂因也。此言其體。」緣起之用：「種生現行，現行熏種，是自類等流也。業從識起，復能引識，是異類相感也。分析之則法相各別、神我俱空，綜合之則諸法為緣、和合不離、相助相生。」

最後，自性緣起和十二緣起兩者結合起來構成了緣起論或緣生論的理論體系。自性緣起解釋諸法生起的原因及其因果之間的必然關聯，愛非愛緣起則主要從主體或一切有情自身的角度來闡明有情的現實人生流轉的情境及其業力的推動。

了知自性緣起故，知諸法之所由生起；了知愛非愛緣起故，知有情之所由轉變。自性緣起，所以觀因果之等流；愛非愛緣起，所以觀業報之酬感……一切有情一切法，總不越此二緣起。

緣生論的基本種類確定以後，就可以由此總結出緣生論的本質，並進而以此為基準確定緣生論和非緣生論、佛教和非佛教。

緣生論的實質和佛教的核心思想無我論和業力觀緊密結合在一起。無我論，乍看起來，是對自我的否定。從表面來推理的話，很容易導致將人無我和法無我，視為空虛、斷滅的虛無主義。既然一切法都無我，那麼就沒有什麼是值得追求的。業力觀又在講自力自業，所謂「自」顯然指向了某種程度

的自我。這也就不免導致人們認為無我論和業力觀有某種矛盾。王恩洋指出這恰恰是人們不理解緣生論的原因,緣生論乃是兩種理論的必然推論。

其一,緣起無我。「我」是個複雜的概念,無論是日常經驗還是日常語言都難免會用到它。這也是無我論讓人看起來比較突兀的原因。「我」在佛教中就稱之為「補特伽羅」,佛教為了將補特伽羅和我區別開來,甚至特別將其稱為勝義補特伽羅。《大乘阿毗達摩雜集論》對此作了特別的說明:

補特伽羅雖非實有,由四種緣是故建立。謂言說易故,順世間故,離怖畏故,顯示自他具德失故。……顯示自他具德失者,若離假立有情差別,唯說諸法染淨相者,是則一切無有差別,不可了知如是身中如此過失若斷未斷,如是身中功德若證未證,是故建立補特伽羅。

其中「言說易」、「順世間」、「離怖畏」可以說是佛教的方便,最後一點「顯示自他具德失」才是重點。也就是說,如果沒有某種程度上的「我性」或主體性,會導致沒有解脫主體和業力主體的困難。《成唯識論》也有類似的主張,「一切有情,各有八識、六位心所、所變相見分位差別及彼空理所顯真如。識自相故,識相應故,二所變故,三分位故,四實性故。如是諸法皆不離識,由此建立三界唯心、萬法唯識。」

這也就在某種程度上承認每一個人都有相對的獨立性和主體性,都具有個人自己的五位百法。或者說,每一個人具有自己獨特的宇宙。《雜集論》的分析最為透徹,它將緣起論的基本原理「此有故彼有,此生故彼生,此無故彼無,此滅故彼滅」和緣起論的基本代表十二緣起,分別分判為三種「緣生」。其中說:

此有故彼有者,顯無作緣生義,唯由有緣故果法得有,非緣有實作用能生果法。此生故彼生者,顯無常緣生義,非無生法為因故,少有所生法可得成立。無明緣行等者,顯勢用緣生義,雖復諸法無作無常,然不隨一法為緣故,一切果生。

所謂「無作緣生」其實是省略的說法,應為「無作者緣生」。即緣生是一種真實存在的現象,而其中並沒有「作者」這樣的實體。「無常緣生」,

則意在強調緣生之間的業力不失的連續性。最重要的還是「勢用緣生」。「勢用緣生」在於表明十二因緣之間的十二個基本環節乃是沒有作者並且沒有恆常的前提下仍具有某種單線性，這仍然是某種我性的特殊說法。

王恩洋指出我有兩個內涵，「一者主宰真常，二者自他差別。由主宰真常之體無故佛說無我，由自他差別之相不無故亦說有我。……自橫一面言則相應相屬合為一聚，自縱一面言則相似相續因果成流。」所謂無我，無的是「主宰真常」的我，而不是用來區別自我和他者（自他差別）的我。

這個判別特別重要。如果獨斷的堅持無我，就沒有辦法說明眾生之間的業力因果的差別和凡人聖人的差別，也沒有辦法說明眾生自力解脫的依據。他在分析業感緣起時特別強調，業感緣起之中有「各個有情因果相續、各自成流」的重要內涵。這就取消了緣起論和無我論之間表面性的對立，使人更容易理解緣起無我的基本內涵。

其二，緣起有用。在沒有主宰真常自我的前提下，緣起論承認某種自他差別之相對性的自我隨著業力的作用而流轉和還滅。佛教經論常說眾生「從業所生，依業出離」，從業所生是解釋眾生流轉，而依業出離則是說明眾生解脫的根據。兩者的根據都是在於業力，可以說業力貫穿了佛法的現象性流轉、心性論解釋、解脫論根據等諸多環節，這和緣起論正好重複。王恩洋認為必須把業力觀和緣起論兩者結合起來思考，或者說業力觀實際上就是某種緣起論，質言之業力觀就是「業感緣起」之中「因果通三世」。

所謂三世，就是佛教所謂過去世、現在世和未來世。業感緣起的因果關聯是在三世之中的因果關聯，也就是「異熟」不同生命形態之間的因果必然性。緣起性的這種「業力不失」可以說就是「緣」的因果業用，這個因果業用並不因為無我而取消，而是具有因果的必然性。該因果必然性極為重要，這是解脫論的根據。傳統的解脫論在唯識宗中就稱之為「轉依」。

王恩洋認為，能否轉依，要從緣起論的基本原理因和緣的角度來找尋依據，不能從法界、真如等去求根據。按照《成唯識論》的說法，轉依有兩種，一是轉捨雜染轉得清淨，一是轉捨遍計所執性轉得圓成實性。這和傳統佛教以及儒家的心性論不盡一致，儒家本心性善和佛教的真如清淨心等思想實質

上試圖在眾生之心的層面確立某種心性論的依據。從緣起論的角度看，這是錯誤的。解脫或轉依，乃是緣起之用上不斷修證的結果而不是某種本心或清淨心甚至真如等本體起用的結果，這在唯識宗就稱為「多聞熏習，如理作意」。王恩洋認為「法界緣起」、「真如緣起」為錯誤的緣起論，以此為根據來建立心性解脫的根據違背了緣起論的基本要求。他認為，轉依的緣起論根據並不需要真如、法界來引發，而是要靠業力或緣起的業用來達成。

或謂若不建立法界緣起，豈不但有雜染緣起而無清淨緣起耶？曰有。多聞熏習如理作意，法隨法行戒定智慧，輾轉增上，引生無漏，斷障現觀，至得清淨菩提涅槃。或謂多聞熏習依法界等流正法為因，此非真如法界緣起耶？曰：若了實義，我亦許然。言真如者，二空真理、諸法實相，諸佛證此，次宣正法，即是三藏十二部經。正法為因，多聞熏習，次第輾轉，成無漏道，依所緣緣亦可說為真如緣起。此但聖教，非謂世間，亦不為種為因，起業造作。能證能說，實為正智；能聞能思，有情善根；所引所生，無漏淨種。皆非一真法界轉變時間，次還清淨。

王恩洋將緣起無我和緣起有用兩者結合起來，稱之為「無神無我的業感緣起論」。我們可以將他的觀點總結為六點：

1. 佛法否認神權而主張業力；否認主宰而建立緣生，故它是無神無我的業感緣起論。

2. 業感緣起是通於三世不斷不常的相續長流，此相續長流是每個有情自他差別各成系統的。

3. 業感緣起以惑－業－苦的公式相續下去，它是雜染是流轉。

4. 雜染流轉是可厭逆的，因而有情的歸宿是修習聖道還滅涅槃。

5. 菩薩乘為最終極果。

6. 出世而能入世的無住涅槃，依於自性涅槃而建立，自性涅槃依於一切法自性空而建立，一切法空依緣起、緣生而建立。

由此可知，緣生無我貫穿於整個佛法。王恩洋在諸書中反覆申說，佛教的精要最簡單的可以用《維摩詰經》的一句話表示，即「諸法不有亦不無，一切皆待因緣立，無我無作無受者，善惡業報亦不失。」

以此為基準，王恩洋對於中國化佛教的各種緣起論進行了破斥。他認為，中國化佛教中的法界緣起、天臺宗和華嚴宗性起緣起等，乃是「參雜己見，糅以異說，真如法界具可為緣起，一念三千凡聖等齊，實大背於我佛有為無為緣生實性因果正理，則其義彌難相從者也。」

二、因和緣的解析

緣起論從某種程度上看，就是因果論、關係論。任何事物都是一種結果，同時是一種原因。這推廣開來，就成為內在關係論，事物與事物的關係總是具有某種決定性的、本質的關聯。這種思維可以向兩個方向發展，一個方面從宇宙大全的角度看宇宙是一個有機的統一體，宇宙大全和個體的關係是體用關係；另一方面單獨地審視每個侷限於有機關係網絡中的個體，則個體只是緣起網絡中的一個環節，這個環節固然有承前啟後、縱橫連接的作用，然而相對於有機統一體的大全本體來看，只是無足輕重的一環、是稍縱即逝的無自性的非存在。

個體不斷地分化自身，否定自身，虛無化自身。然而，從個體來統攝一切存在，則個體的認知結構和視域有限制地構成世界。個體是認識建立世界的條件和機括，同時它對世界的感知無疑受到了此認識機制的限制。從本體往下投射，當然可以舉一御萬，將一切存在收攝歸於某一個阿賴耶識。從阿賴耶識來看，也可以收攝所有存在的現象。現象的背後一無所有，各個賴耶所建構的世界各個不同，每個賴耶單獨地構建自己的宇宙。然各個賴耶由於種子的共同性並不沉浸於各自的宇宙之中，而是有所重疊，形成客觀的宇宙。這客觀的宇宙背後一無所有，現象就是一切，它對於賴耶的關係，不能叫做體用關係，如果一定叫做體用關係，則此處的體只是某種原因。

緣起論也稱為因緣論，那麼有幾種緣，有幾種因，有幾種果？緣起法說的是一切有為法。具體來說，一切有為法包括色法、心法、心所法。無為法，

不是緣生法，只是從緣所顯現的法。緣起論也稱為因緣論，在佛教中因、緣二字使用起來有廣義和狹義之分。從因的角度看，可以分為十大原因，從緣的角度看可以分為四種緣，十因和四緣之間是相通的。

（一）四緣

緣生的緣，是指四緣，即因緣、等無間緣、所緣緣、增上緣。我們首先順著王恩洋的思路對四緣的一般概念進行解析，再來揭示王恩洋四緣解析中的特色，及其和其他唯識學家的不同。因緣在唯識學中並非如平常所謂直接原因這樣簡單。據《成唯識論》的定義，「謂有為法，親辦自果」，「此體有二，一種子，二現行」。可見，能夠作為因緣的必須具備兩個條件，其一為有為法，而非無為法；其二對於其結果有直接的親自引發的作用，而非間接的輔助。符合這兩個條件的是，種子和現行兩者。所謂種子，指「本識中功能差別」，即藏於阿賴耶識之中的具有潛在的功能能夠生起諸有差別相的法的親因。

據此定義，種子的要義雖多，然可略說為三，其一，種子為本識阿賴耶識之中的種子，區別於經驗的可以眼見的植物種子等，乃是精神性的種子。其二，種子是潛存的功能，其功能處於潛存的狀態，還未發揮，然並不失去其能力。其三，種子生發其結果是有「差別」的，不是一種功能生一切結果，而是具有因果類別上的同類性。從因果性質上看，「一因生一果，自類因生自類果，是因緣法。」從因果順序上看，種子生果，即種子生「俱起自類現行」，也生「異時後念種子」，也就是說其果為同時的現行，或者是他時的種子。不僅種子是因緣，現行也是因緣。

《成唯識論》云現行「謂七轉識及彼相應所變相見性界地等，除佛果善、極劣、無記，餘熏本識生自類種，此唯望彼是因緣性。」相對於種子的潛存來講，現行即顯現而生起的法，心法、心所法、色法在現起之後都叫做現行。除了極善、極惡不能再被熏染外，其餘現行熏染阿賴耶識作為習氣留存。習氣即種子。也就是說，人們的日常行為的善惡等之所以能夠對人產生影響，在於他們作為習氣或說種子留存在阿賴耶識之中。

等無間緣，據《成唯識論》「謂八現識及彼心所，前聚於後，自類無間，等而開導，令彼定生。」由此定義可見，等無間緣的緣本身，是指八現識和八現識的心所，不是無為法，不是種子，不是色法；八現識和八現識的心所為緣所生的法也是八現識和八現識的心所，而非色法等。其中「自類」強調的是同類相續，八現識及心所作為緣只能生起自類的八現識及其心所，如眼識為緣只能生眼識而非耳識等。無間，強調因果之間的關聯性的緊密，前後兩法應該中間沒有間隔。那麼如何算是沒有間隔呢？對法認為「中間無異心隔亦名中無間隔。」《成唯識論》也說，無心、睡眠、悶絕等情況下，意識雖然有間斷，但當接續起來的時候，仍然是以睡眠等前的識為緣，所以仍然可以說是無間。所謂「等」，窺基解釋為兩種情況，一功用等齊，二體相同等。

所緣緣，《成唯識論》說為「所緣緣，謂若有法，是帶己相心或相應所慮所托。」其中要義有以下幾點：

其一，有法。有法表示是真實存在的法，即不是無法。比如龜毛兔角就是無法。有法就包括了有為法和無為法。

其二，有法為心或心所作所緣緣。這就是說有法作為所緣緣，不是色法、不相應行法和無為法的所緣緣，只是心或心所的所緣緣。

其三，有法並非為一切心和心所作所緣緣，而是只對帶己相的心與心所作所緣緣，這個所緣緣的功能就是作為帶己相的心和心所的所慮、所托。何為帶己相？即帶有法的相，否則有法和心與心所沒有聯繫，就無所謂緣。所慮，即所思量了別的對象。所托即依託有法而得以生起。所慮和所托，缺一不可。比如龜毛兔角也可以為心和心所所思量，但心和心所不能托之而起。因緣等緣，能作為心和心所的依託，但非所慮。其中帶己相，在唯識宗中有著巨大的爭議，容第三章再論。

增上緣，《成唯識論》云「謂若有法，有勝勢用，能於余法或順或違。」增上緣的法體也是有法，即包括有為法和無為法。有法對於除自體之外的其他法，具有順承或違礙的作用，即為增上緣。此處可堪注意的是，無為法也可以做增上緣，增上緣包括或順或違。既然無為法的內涵是無功能不轉變，則應該沒有勢用，怎能作增上緣。王恩洋引用窺基述記的觀點認為，「此用

非是與果等用，但不障力」。從不障礙的角度看，無為法不障礙其他法的生起，是隨順因。那麼，順指的是順令增長，違緣怎麼能作增上緣呢？

王恩洋以為，有法的勝勢用指的是兩種，一者是同類法的隨順因，一者必然是對於異類法的障礙因，有法對於同類為順就意味著對於異類為違。然而，這個解釋很牽強，《成唯識論》的說法並非指的是異類法，順文義來看，恰好是指同類法。作為唯識學家的唐大圓，在批判王恩洋《大乘起信論料簡》的時候，一語中的：他指出王恩洋主張「諸法增上緣，必為同類同性隨順增益者，始能招感引發諸餘法果」，這根本上曲解了唯識宗的增上緣的定義。「料簡他義尚多可原，唯此說則違唯識、背自宗，一錯到底，毫無可諱。」他舉例說，佛陀覺悟眾生，這就是善業改變惡業。唐大圓所謂違背唯識的原文是對的。然而，王恩洋的解釋雖然牽強，但是順理。

（二）十因五果

對於「因」的分析，以《瑜伽師地論》為最全面和精細。該論將因分為十因，這為《成唯識論》所繼承。十因是隨說因、觀待因、牽引因、生起因、攝受因、引發因、定異因、同事因、相違因、不相違因。

依《瑜伽師地論》，十因的設立，依據在十五處：

一依據語依處，設立隨說因。

二領受依處設立觀待因。

三習氣依處，設立牽引因。

四潤種子依處，設立生起因。

五無間滅依處，設立無間緣。

六境界依處，設立所緣緣。

七根依處，設立心心所所依的六根。

八作用依處。

九士用依處。

十真見依處。

（依據五六七八九十，設立攝受因。）

十一隨順依處，設立引發因。

十二差別功能依處，設立定異因。

十三和合依處，設立同事因。

十四障礙依處，設立相違因。

十五不障礙依處，設立不相違因。

那麼十因設立的根據何在呢？

隨說因，據語言而言說諸法。

觀待因，根據苦樂不苦不樂三受而立。

三牽引因，是表示未成熟的種子走向成熟的過程。

四生起因，表種子成熟隨時能生果的狀態。

五攝受因，指等無間緣、所緣緣、俱有依增上緣和作者、真實見。攝受因範圍極廣，可以說除了自種以外的一切法都可以做攝受因。

六引發因，指善染無記三性的各種行業。

七定異因，表示牽引因、生起因、攝受因、引發因，各因只對於自果有用。

八同事因，也非獨立的原因，而是表示觀待因、牽引因、生起因、攝受因、引發因、定異因，共同起作用的狀態。

九相違因，是指能障礙的法。

十不相違因，意思很含混，有三種說法，其一不相違因指無記法、無體假法或無為法，其二觀待因，其三相違因未起作用時即不相違因。

根據《瑜伽師地論》卷五的看法，十因總分為二因，即能生因和方便因。能生因為親因，方便因為外緣。然而其《菩薩地》又說，牽引種子、生起種子名為能生因，其他都是方便因。《成唯識論》則更有別的說法，認為牽引因、

生起因、引發因、定異因、同事因、不相違因中的種子都是能生因,引發因、定異因、同事因、不相違因中的具有能生種子的現行法也可以稱為種子,也是能生因;方便因通遍十因。

十因和四緣的關係如何呢?十因和四緣是否能夠相通呢?據《瑜伽師地論》卷五云:依種子緣依處施設因緣,依無間滅緣依處施設無間緣,依境界緣依處施設所緣緣,依所餘緣依處施設增上緣。生起因即因緣,攝受因是等無間緣、所緣緣、增上緣。能生因是因緣,方便因是等無間緣、所緣緣、增上緣。《成唯識論》則持不同的看法,而說「此種種子即是三、四、十一、十二、十三、十五,六依處中因緣種攝。又,四現處亦有因緣,辦自果故,如外麥等亦立種名。言無間滅境界處者,應知總顯二緣依處,非唯五六,余依處亦有中間二緣義故。」這表示,四緣通遍十因。

十因是否都是真實的原因呢?王恩洋主張「十因,二因唯實,一者生起,二者攝受。余隨所應義說假實」。他認為十因之中只有生起因和攝受因是必然真實的。其他的原因,從某種程度上看,都是假立的法。隨說因,是根據語言而設立的,是名言的施設假有。定異因、同事因、不相違因、相違因,也是假有。所謂定異,不過是表示生起因和攝受因所產生的結果和其他必定有差異的狀態。同事因,則表示觀待因、牽引因、生起因、攝受因、引發因、定異因六因共同起作用的狀態。相違因,不能產生自己的結果,不能生果的原因其實不是原因。不相違因,其實是隨說因、觀待因、牽引因、生起因、攝受因、引發因、定異因、同事因的相加。所以說,生起因和攝受因,因為能夠生起結果,所以必然是實有,其他皆可說是假有。

因此,他分析後認為十因之中生起因和攝受因最為重要。同時,也可以說,諸法的生起必需生起因和攝受因,其他的則不是必要條件。比如隨說因,有無言說,並不影響因果諸法的必然性。相違因,則是必須遠離相違因才有果生。不相違因,則基本屬於虛設。生起因和攝受因,就是四緣,四緣生諸法,所以二因為必有,其他皆不必定有。

那麼,十因之中的八因豈不都屬於胡亂增加嗎?也不是。最根本的原因是生起因和攝受因,然而,只有兩種會帶來理論的困難。生起因也就是因緣,

103

不是自然有,應該還有其因緣,是故設立牽引因。牽引因就是要表示因也必然有其因。生起因作為原因生起現行以後,現行總會消滅,消滅以後並非一無所有,而是又熏習為習氣或說種子保存下來。所以,結果並不是沒有用處,而是結果還能生結果,這就是引發因。引發因就是要表示結果也必然會尤其進一步的結果。

因此,牽引因是追溯原因的起始,而並無始;引發因是表示結果的終極,而後後無終。再從因果之間的關係看,因果的性質差別具有必然性,種瓜得瓜種豆得豆,善惡果報必然,從而設定定異因。以上四因之間互相依待的關係,需要加以說明,於是有觀待因,表示諸法的生起不是無因生、自然生。緣起法則的根本是反對獨因不生果,遂立同事因。同事因表示眾緣共同起用,這就破除了不平等因生果,比如梵天、上帝創生。相違因和不相違因的設定,在於啟示眾生應戒慎恐懼,遠離障礙,培養順緣。佛教於此因輾轉而說,並離戲論,則是隨說因。

因此,十因和四緣是從不同的角度來解釋緣起,都有其重要性:「不知四緣之義者,不知佛法之真正堅實;不窮十因之義者,不知佛法之廣大甚深。」

交代完原因,那麼結果是什麼呢?分為五種,等流果、異熟果、離繫果、士用果、增上果。等流果,表示同類善惡無記性質的法引發的同類的結果。王恩洋認為,等流果「生起、引發二因,因緣、增上二緣所得。」這是說,首先,等流果即自類等流,等流果只依十因中的生起因而生,四緣中的因緣而有。其次,人們趨善而得善果,下品的善引發中品的善果,中品的善引發上品的善果。因劣果勝,這屬於引發因的範疇,是增上緣。異熟果,由於前世諸業力的作用而產生的異世而成熟的果報。

《瑜伽師地論》認為,異熟果是由牽引因而有。唯識宗,則以為生起因、定異因、同事因、不相違因,都能夠具有招感異熟果報的能力,屬於增上緣而有。離繫果,遠離煩惱障礙繫縛的果。這屬於佛教解脫的境界,離開煩惱繫縛即涅槃、擇滅無為。按照《瑜伽師地論》,離繫果是依靠真見依處而有。成唯識論解釋為五因,即攝受因、引發因、定異因、同事因、不相違因,都有證得離繫果的功能。在四緣之中,為增上緣的引證作用。士用果,士夫原

義即人,士夫作用所產生的結果。士夫可以是人或法,比如人從事農作或書畫所產生的結果。士用果爭論較大。增上果,廣義上就是所有結果。

四緣十因五果的關係,按照《瑜伽師地論》,「順益義是因義,建立義是緣義,成辦義是果義」。因、緣、果三者的設定都有其獨特的用處,「為顯諸法必仗外緣、無主宰故,建立緣義;為顯諸法染、淨、因、果決定造善惡事功不空故,建立果義。」

三、緣生法的本質與相狀

王恩洋《大乘起信論料簡》,更進一步建立緣生法的七義六相。

所謂緣生,緣生的緣,指的是四緣,即因緣、等無間緣、所緣緣、增上緣;緣生的生,總分為二種,其一因緣緣生;其二,增上緣生。王恩洋基於因緣和增上緣生,建立緣生七義。可以說緣生七義是對法相而言說法相之生起的必然律則。

緣生七義,指七條必然性的律則:

1. 諸法的生起必有因緣,沒有因緣不能生起。

2. 諸法的生起必有增上緣,沒有增上緣,獨有因緣不能得生。

3. 諸法因緣只生自己的果,不相雜亂。

4. 諸法增上緣必為同一種類同一性質。

5. 因緣和增上緣具備,必然生果。

6. 因緣之中的種子具有種子周遍、現行對礙的特點。

7. 緣生法中,能生和所生,性質必然平等。

以上七條律則,是佛法和其他學說的根本性區別。與此相反的有,無因、自然因、多因、共因、邪因、斷見、邪見、不平等因等。可以看出,緣生七義,完全是根據因緣和增上緣而建立的。其中,1、3、6 從因緣得出,2、4 從增上緣得出,5、7 為從因緣和增上緣和合得出。本來,唯識宗的阿賴耶識緣起

論是對於原始佛教和部派佛教的發展,雖然阿賴耶識和十二緣起之中的「識」有著一定的關聯,但是並不能絕對等同。

這就是說,阿賴耶識緣起論的唯心論的特色,只是原始佛教緣起論的應有之義而不是本有之義。如果以阿賴耶識緣起論為根據來判別佛教其他教派的緣起論的當否,難免會有派別的偏見。但是,王恩洋對於緣生實義的總結不是根據阿賴耶識緣起論的唯心論特徵,也避免使用「所緣緣」和「等無間緣」兩個層面的只有部派佛教和唯識宗所有的緣。這樣歸納出來的緣起論就具有通遍大小乘佛教的共法的特徵。也就是說,違背了該緣生七義就違背了佛教的基本宗旨。

王恩洋的緣生論主要是依據唯識宗的觀點而建立。這種觀點和中觀是否相通?為什麼般若中觀說一切皆空呢?空和緣生相是什麼關係呢?從緣生七義,他更推出緣生法的六種基本相狀,即緣生六相。

緣生六相,緣生法的基本相狀:

1. 無主宰相。

2. 不自在相。

3. 無常相。

4. 不斷相。

5. 不一相。

6. 不異相。

他認為,般若經論和中觀三論,表面上是破除緣生,實際上是為了顯示諸法的真實本性。空的內涵是「空者,空彼所執自性,非空此依他幻有之法相也。」他的根據是般若中觀學派的《掌珍論》。比如《掌珍論》說:「一切有為法,如幻緣生故;無為無有實,不起似空華」。又說「空言遮止為勝,但遮於有,更不表無。」所以,緣生為因,表示出生起的有,如幻則表示非空無,這就是說空只是空除自性。這和《解深密經》「相有、性無」的宗旨一致。是以,他說「謂一切皆無,是誤解般若宗意」。

王恩洋又從般若中觀學派的根本論《中論》進行了分析。《中論》說，「諸法不自生，亦不從他生，不共不無因，是故知無生」。這就是表示「一切法皆從緣生，故無自性。」、「無生，蓋謂諸法無我，待因及緣如幻而有，是正合法相唯識依他生、無自性性、真實緣生義也。」般若中觀和法相唯識的區別僅在於：「般若宗遮實有性故說為空，今瑜伽宗為表有相故說為有。彼就性言，此就相言」。般若中觀從性空的角度說，瑜伽宗從法相的角度說，兩者乃是一致的。

第三節 正智緣如論

　　緣起論貫穿到佛教的解脫論中，就是正智緣如論。支那內學院和太虛武昌佛學院之間論辯《大乘起信論》的真偽，其實質是真如能否緣起諸法。具體而言，支那內學院主張真如是正智的疏所緣緣，而太虛等主張真如為因緣或者增上緣、次第緣。這是兩種截然不同的正智、真如觀，決定了他們在佛教根本義理上的分歧。

　　正智緣如是支那內學院的根本主張，也是他們和《大乘起信論》派、現代新儒家熊十力派論爭的依據。「正智緣如」是指正智以真如為疏所緣緣，並且唯有「正智」以「真如」為「疏所緣緣」，「真如」只能作「正智」的「疏所緣緣」。他們的經典理據是《楞伽經》、《瑜伽師地論·瑜伽真實品》和《成唯識論》等瑜伽唯識學的經典。《楞伽經》把五法即相、名、分別、正智、真如和三自性相結合，分析出兩重認識論，一為相、名、分別三者的認識，二為正智對真如的認識。歐陽竟無根據五法，更加注重正智和真如的「非一非異」性質，強調正智和真如絕非同一。

　　這就將正智與真如視為認識論、真理觀和解脫論的法相範疇，將真如還原到五法之一。再結合《瑜伽地論》、《瑜伽真實品》（簡稱《瑜伽真實品》，後同。）中的四重真實和《成唯識論》中的三自性，他們得出了「正智以真如為疏所緣緣而非其他緣」的主張。據此，他們提出只有修成正智才能證悟真如，故在解脫修行論上，要求「多聞熏習、如理作意」；真如只作正智的疏所緣緣，而不作為親因來緣起正智，所以在緣起論上，他們主張賴耶緣起

而非真如緣起。正智緣如，是支那內學院王恩洋批判大乘起信論的根本理據，也是呂澂與熊十力爭辯儒佛性覺與性寂的關鍵線索。這對於我們瞭解近代儒佛之辨，有重要的意義。

一、正智與真如的定義

「正智緣如」是支那內學院的根本主張，是他們批判《大乘起信論》的依據，也是他們與現代新儒家辨別「性寂與性覺」、「聞熏與外鑠」的依據。支那內學院王恩洋與太虛論辯《起信論》真偽，呂澂與熊十力論辯儒佛根本問題，均與此有關。因此，正智與真如的關係，是疏解支那內學院法相唯識學及其與別派論爭的關鍵。當代學者對支那內學院與別派的爭論比較關注，然而存在著探討《起信論》論爭則主要探討真如與緣起的關係，探討性寂與性覺則多從分析「心性本淨」內涵入手，不免於一偏的問題。實則，要探討真如而不討論正智，則違背了支那內學院五法必歸三性的法相學；要探討性體而不及正智與真如關係，則違背了支那內學院真如是體、正智是用的體用論。

「正智緣如」的最早討論始於支那內學院研究會第七次討論會，文見《內學》第一輯。參加者有歐陽竟無、呂澂、王恩洋、陳真如等支那內學院師生。討論主題是「真如能否作疏所緣緣」。此所謂疏所緣緣討論的是「眾生與真如」的關係，即眾生能否以真如為疏所緣緣而得解脫。「眾生與真如」的關係按照《楞伽經》「五法」來看就是「分別」與「真如」的關係；按照「三性」來看，就是「遍計所執性」和「圓成實性」的關係。

他們提出了三種不同的觀點：

第一，黃居素（黃樹因）、陳真如（陳銘樞）主張「實性真如」不能作疏所緣緣，「法相真如」可作疏所緣緣。

第二，呂澂主張「後得智真如」為疏所緣緣。

第三，王恩洋主張法相真如不能為疏所緣緣；實性真如可為疏所緣緣，然而只是方便假說而已。

各種主張都有依據。黃居素以為真如是無為法，無為法不在疏所緣緣之列。陳真如也認為，疏所緣緣的必要條件之一為有「質」，所謂質是有體法即從地水火風四大種生的法，而真如非有非無，所以不是本質。故兩人主張，從真如的絕對意義來看，真如不能作疏所緣緣。

呂澂則以為，唯識學是以識為主，且主要以能為主，「所緣既帶真如之相，真如又非無體，則此時雖欲不居疏所緣緣之地位而不能，亦即雖欲不謂真如為疏所緣緣而亦不能也。」

王恩洋主張從五法與三自性相攝的法相學來看此問題。從前三法「名、相、分別」來看，「所緣不外於名，能緣不外於分別，與如如無關。」這就是說，在眾生的角度看，眾生的識性根本不以真如為緣，既非親所緣緣亦非疏所緣緣。因此，「法相真如得為疏所緣緣，其義可商。」反而，從實性真如超言絕慮的角度看，真如雖無本質，但可以方便地說為疏所緣緣。

這番討論，歐陽竟無當時並未給出標準答案，僅指出此問題有待繼續探討。此後數十年歐陽竟無及其門人王恩洋等對此問題更有較為深入的探討散見於其論著中，但未集中發表。我們可以根據歐陽竟無、王恩洋等的後續著作，提煉出來。

支那內學院此次討論，問題的梳理並不明確。其一，正智與真如各有多種，諸人所述含義各別。其二，「真如為疏所緣緣」可分為「分別」的疏所緣緣和「正智」的疏所緣緣，後者為眾生見道以後的境界。因支那內學院後來一致的意見是「正智緣如」，故我們的探討限於正智緣如義的辨析，「分別」能否疏緣真如意義自現。

要想辨明支那內學院正智緣如義，我們首先討論「何謂正智與真如」，其次討論「何謂疏所緣緣」，然後分析「真如是否滿足作正智之緣的條件」。最後我們對「正智緣如」命題的思想史意蘊加以說明，審視該命題在解決思想史的論爭上的獨特而重要的價值。

（一）由《楞伽經》五法看正智與真如

正智與真如是佛教各學派所常用的概念，尤其如是各學派的習慣用語然而內涵各有不同。將正智與真如聯結起來說，是法相唯識宗的提法，法相唯識宗以生發正智、會歸真如為佛教的最終歸趣。支那內學院對兩者關係的看法，依據在《楞伽經》、《瑜伽真實品》、《成唯識論》。

正智與真如並提，首見於《楞伽經》中的「五法」。五法為「名、相、分別、正智、真如」，正智與真如為五法之中的二法。按照《楞伽經》的看法，名、相、分別為世諦，是普通的認識，人的思維分別能力對其認識對象（相）進行了別，此了別的過程是以名取相，即使用名相概念對相進行思維構化；正智與真如為第一義諦，是超越智慧對於實相的洞察。正智是無分別智，對於真如的了別，超言絕象，即超出了名相即概念思維的構化階段，而直接呈現其對象即真如。五法的這兩層認識，並非純是認識論的，而總是伴隨著染淨的價值判斷：前者是染汙性的，而後者是清淨性的。《楞伽經》對於五法的地位，標示得極高，認為「於五法、三法相、八種識、二種無我。一切佛法皆入五法中」。

然而，仔細審查《楞伽經》關於正智與真如的界定及其關聯的說明，可以看出無論是內涵的界定還是關聯的說明都遠說不上清晰明確：

何者正智？以觀察名相，觀察已不見實法，以彼迭共因生故。見迭共生者，諸識不復起。分別識相不斷不常。是故不墮一切外道聲聞辟支佛地。大慧。是名正智。

復次大慧。菩薩摩訶薩依正智，不取名相法以為有，不取不見相以為無。何以故？以離有無邪見故。以不見名相是正智義。是故我說名為真如。

此中「迭共生」顯然是指緣起法，正智是認識到緣起法的超越智慧。正智超越名相，不執著於有、無，就稱為真如。據此，很難看出正智與真如的區別何在。

其他的法相唯識宗經典提到正智與真如的地方都較為簡短，如《密嚴經》只說到「法性名如如，善觀名正智」而已。在法相唯識宗的經論中，正智復分為三種，真如復分為三種、七種、十種。正智是轉識成智以後的超越智慧，

此超越智慧分為加行智、根本智、後得智三種。真如可以分為三真如,即善法真如、不善法真如、無記法真如。

《解深密經》則有七真如的說法,即「法相真如、唯識真如、流轉真如、安立真如、邪行真如、清淨真如、正行真如」。《成唯識論》將真如視為圓成實性,且「真如凝然,不作諸法」;更以菩薩入初地以後所得真如內容層次的高低,進一步分為十真如,即「遍行真如、最勝真如、勝流真如、無攝受真如、類無別真如、無染淨真如、法無別真如、不增減真如、智自在所依真如、業自在等所依真如」。可以看出,正智和真如的細分,無非是根據染淨的價值判斷和修道次第的先後作為標準。

據此,法相唯識宗在正智與真如的界定及其關聯方面,似乎說得不夠清楚,這也許是正智本為無分別的、超越名相的智慧而真如更是超越的理境的緣故。

歐陽竟無最先據《楞伽經》發現問題,他提出一個重要的命題即「正智、真如非一非異」。他的依據簡單而有力:如果正智和真如是同一的,那麼《楞伽經》的五法就是四法,這不符合經典對法相的劃分,同時也不符合法相不可亂的基本原則,「若謂(正智、真如)為一,法即唯四(名相分別正智),不應說五。」這就首先否定了正智與真如同一,將正智歸入真如的思路。

進而他對正智的範圍進行了限定,指出所謂正智,最明顯的標誌就是無分別,所以並非三智都是正智,正智專門指根本智和後得智。這是因為,加行智所得的是「似相真如」,還不究竟。「根本智入無分別,斯乃見道」,「無分別云者,非空除一切之謂,乃不變種種相狀相分而泯諸分別之謂也。正智緣如,恰如其量,能所冥契,諸相叵得,如是乃為誠證真如,名曰見道。」根本智和後得智的區別在於是否利他,根本智有理故能證真如,後得智有理有量既能夠證得真如又能夠遍知依他起性的一切法,故言「如理(根本智證會真如)如量(後得智遍知依他)。」可見,歐陽竟無對正智的定義並不嚴格遵循經典中的所謂三種劃分,而是嚴謹的將之限定在無分別、證悟實相的框架內。

我們由此可以判斷，支那內學院的基本看法是正智與真如無論關聯緊密到什麼程度，正智和真如終究不是同一的而是略有差別；正智總是與真如相關聯，而與五法中的「分別」不同；真如是轉識成智以後的智慧觀照對象甚至是內容；正智與真如，是認識論與解脫論的概念，而不是本體論概念。

（二）由《瑜伽真實品》四重真實看正智與真如

支那內學院對於《楞伽經》五法尤其是正智與真如二法的認識，還透過《瑜伽師地論·本地分·菩薩地·真實義品》和《成唯識論》來互釋。此二論可以說都是認識論與解脫論的思路。《瑜伽真實品》從真實、真理的角度，提出四種真實，即世間極成真實、道理極成真實、煩惱障淨智所行真實、所知障淨智所行真實。世間極成真實是世間約定成俗的相對真理，道理極成真實是依照邏輯推論等所得的非直接感官經驗的知識，煩惱障淨智真實是斷除煩惱的正智所認識的真理亦即四諦理，所知障淨智真實是無分別智所直接認識到的真如實相。四重真實，前兩者為世諦，後兩者為第一義諦。

王恩洋據《瑜伽真實品》將五法攝入四真實而推論出兩重認識論：

一是世間認識，即分別——名相，能認識為染，所認識為妄；

一是出世認識，即正智——真如，能認識為淨，所認識為真。

關於出世認識他解釋道，「正智緣如則異於此（名相分別的世間認識），智證如時，無名言想，不起分別，無異分別，直證現觀，冥契彼體，即此為得諸法真相、實際理體。此出世間無漏之認識現象也。」

從認識論的角度，王恩洋將正智視為認識能力，真如視為認識對象，正智「謂能正知諸法性相，證真如智。云何真如？謂即諸法實相、實性、離妄執理。」此中，尤其值得注意的是他對於真如的界定。他認為，「真謂真實，如謂如理，能觀之智於所觀境，正見不謬不增不減，如其所有本來體相而親證之，名曰真如。」這是從能觀的角度說的，如果從所觀之境的角度看則是不可用言說表示，「通俗言之，即是諸法本來面目也。」我們也可以說，正智對於真如的認識是這樣一種認識現象，即正智所認識到的內容與真如之內容完全同一，以致無任何區別。

第三節 正智緣如論

那麼正智的內容是什麼呢？王恩洋以為正智所認識到的內容，就對象方面說就是對象（相）的實相；此實相是相對於第一層認識所得的「名相」而言，不外就是去（我、法）執的空相；就認識主體說就是聖者的智慧；就菩薩度他施捨教法的角度講，聖智也就是法界。故云：

此之真如又名實相，是法本來真實相故；又名空相，即此實相是離我法執二空所顯故；又名實際，是一切法真實邊際故，除此更無若增可資觀察；又名勝義，勝者聖智所證境故；又名法界，諸佛證此能為有情施捨無邊教法，是教法因，名為法界；此外若無我性、空性、實性、法性等，皆真如異名。

王恩洋特別強調真如與實體、本體的區別。在他看來，真如只是真理、空理，所謂實相無非就是空性、空相，所以不能將真如視為有實體性、本體性的存在。因此，他提出真如的五個重要特點：

第一，真如是真理。「真如不是實物，而是真理。它不獨立於一切事物之外，而即住於事物之中。」

第二，真如是諸法之本性。「所謂住於一切事物之中者……非後起非外加非先有，乃即諸法內具的本性也。」

第三，真如不是法體。「雖此真如即諸法內具的本性，但與諸法體又非一。」

第四，真如無功能作用。「真如既是無為法，所以它對一切法不能有任何一點作用。」

第五，真如遍在諸法。「雖說離諸法說真如同於空華，但諸法自有其實相，自有其道理，即此實相真理於常常時、於恆恆時、遍在一切法恆住一切法。」

由此五點，我們可以看出真如的規定，首先真如須具普遍性，即遍在於諸法；真如的普遍性不是本體與現象的關係，或說真如不是潛隱於現象背後的本體；真如是無為法，故正智慧認識真如，而非反過來真如內含正智或生發正智。

他認為正智緣如也就是圓成實性的相應認識：「瑜伽宗主張心境相應，如其所如，如理如量，不增不減地觀察事物觀察真理，這便叫做正智緣如，名為圓成實。」

具體到《瑜伽真實品》中即是指「所知障淨智所行真實」：

就諸法共相說，則俱緣生故，俱無常故，俱如幻故，俱無恆常實自體故，一切外執實有之性皆空無故，即說此無有之性為諸法性，此無相之相為法實相，是故亦名空性空相，亦名實際真如，是即第四真實體性也。

以上分析，歐陽竟無是贊同的。他也從正智為能、真如為所的角度，主張真如無非就是真實不虛妄的真理。所以，從字面意義來看，「真如」兩個字都是遮詮而非表詮，即都是否定用法而非直陳式的表達，真這個字旨在否定有漏虛妄法和遍計所執性，「如」這個字旨在否定無漏法能變異和依他起性能生滅的說法。據此，認清真和如所反對的這幾種說法，那麼真如就是無漏清淨的不變異法和圓成實性的不生不滅法。

由此可見：支那內學院用瑜伽四重真實來理解五法中的正智與真如，是從認識論的思路來理解。據此，正智為能，而真如為所，真如為空理，這無疑取消了真如的本體性。

（三）由《成唯識論》三性看正智與真如

法相唯識宗的另一大論《成唯識論》對於正智與真如的界定，同樣是支那內學院的重要理據。該論的最大特點在於將正智視為轉識成智以後的智，將五法歸於三性。這兩者均具有濃厚的解脫論意味，都是在解脫實踐功夫的指向下立論。三性是唯識宗對於一切存在的本性與狀態的分析，即遍計所執性、依他起性、圓成實性。一切有為法都是緣起法，即依因待緣而生，其性質為依賴他者而生起，為依他起性。人用名言概念作為工具來識知諸法，對諸法進行周遍計度，以為諸法都是自性而起，稱為遍計所執性。圓成實性指圓滿地成就諸法的實相。支那內學院由此出發，以為五法必然歸於三自性，「三性不離五法立也。」

那麼五法與三自性的關係如何呢？歐陽竟無的表達稍顯混亂。其一，他說「依他攝四：相、名、分別及與正智；圓成攝一，所緣真如」。這是說，五法之中前四法相、名、分別和正智都屬於依他起性，而真如屬於圓成實性。

然而，其二，歐陽竟無《楞伽疏決》分析五法三性互攝又說：

諸法如幻、焰、水月，自心所現。妄分別起，根塵為相，以名顯相，決定分別。名相互客、識心不起為智。智觀名相非有非無、名相及識本來不起為如。三性八識二無我悉入五法中。相名是妄計性；依彼分別，心、心所起是緣起性；智如不壞是圓成實性。

其中名相屬「妄計性」，即遍計所執性；分別為「緣起性」，即依他起性；「智、如」則屬圓成實性。

因此，分別是歸屬於遍計所執性還是依他起性，正智是歸屬依他起性還是圓成實性，產生了混亂。這是因為，依他起性可分為染依他起性和淨依他起性。他說，「緣起通於有漏無漏，依他起法即有二別，有漏緣生曰染依他，無漏緣生為淨依他。遍計圓成二性即依依他而顯。」

王恩洋釐清的定義與歐陽竟無兩種攝法都有區別，「由相、名、分別故，遍計所執成；由正智證如如，圓成實性顯。染淨迷悟，由斯而立；虛妄真實，由是而分。」在他看來，五法之中的前三法「相、名、分別」屬於遍計所執性，真如屬於圓成實性。第四法「正智」可以歸屬依他起性和圓成實性兩個方面：

從緣生故，修習成故，亦依他起性。然屬淨分依他起也。或就無顛倒故，聖道亦名圓成實性，即此正智亦屬圓成。

亦即，正智可以從兩個方面說，從修行功夫論的角度看，正智是有為法，是依靠人的修行而達成的認識能力，是緣起法，緣起法都屬於依他起性，但是正智這個緣起法叫做淨分依他起性；從修行所達到的境界看，正智的階段已經是聖道，屬於圓滿成就真實的境界，所以也是圓成實性。

三種相攝關係的混亂是以經還是以論為根據所導致的。這種混亂源於經論中把依他起性分為染依他和淨依他。此區分有將三性歸為二性的趨向，即

染依他起性通遍計所執性，而淨依他起性通圓成實性。從三性攝五法的角度看，顯然王恩洋的論斷更為貼切。

據此，正智與真如的界定與關係，又有新意：五法必然歸於三性；正智為修習而成的智慧，為有為法，屬於淨分依他起性；真如為圓成實性，為無為法，是對依他起性的如實了知。

綜上，我們看出支那內學院的真如義始終是與正智相聯，而放入《楞伽經》、《成唯識論》五法三自性與《瑜伽真實品》四重真實的角度上來看待的。故他們以為，分別是遍計所執性，與真如無關，故不緣真如；正智為超越的智慧，是修習而成的有為法，是淨分依他起性；真如為超越的理境，是遍在諸法而不為凡夫所識唯有聖者證知的真理，是無為法，是圓成實性、圓成實理，是「所知障淨智所行真實」。

二、所緣緣與疏所緣緣的要件

以上是從概念界定的角度來看正智和真如的「不一」，但無論是經典還是支那內學院所述又都注重正智與真如的緊密關聯，即非但「不一」而且「不異」。熊十力就曾經追問道，「以正智為能證，真如為所證。雖欲拂能所之跡，而實際上究是能所對待」。按照唯識宗的理論，一切認識現象可以分為四分，即見分、相分、自證分、證自證分。自證分為識體，見分相當於能知主體，而相分為所知的對象，見分與相分的關係是見分變似相分並且見分緣相分。五法之中顯然前三法名相分別是能所、見相二分對待框架內的認識現象，約相似於西哲所謂主客二分的認識。那麼，正智緣如是否也限於主客二分的架構，真如是否是正智的所緣呢？於此，應當首先考察何謂所緣。

（一）所緣緣的定義

在法相唯識宗中，緣分為四緣，即因緣、等無間緣、所緣緣、增上緣。因緣是「謂有為法，親辦自果」，指種子親因。等無間緣是「八現識及彼心所，前聚於後，自類無間，等而開導，令彼定生」。增上緣是「謂若有法，有勝勢用，能於余法或順或違」。真如為無為法，不符合因緣和等無間緣定義之主語，故肯定非因緣與等無間緣。在廣義上，於諸法生起無順、違者皆為增

上緣，因此可以籠統地把真如視為增上緣。但正如窺基所強調的，「此用非是與果等用，但不障力。」

即這是從「不障礙」的角度而言，實則等於無用，有無此真如這無用的增上緣根本不能決定有無「果」。所以，只剩所緣緣。所緣緣，簡稱緣緣，又稱所緣。《成唯識論》界定所緣緣，說：

所緣緣，謂若有法是帶己相心或相應所慮所托。這規定了所緣緣成立的幾個必要條件：其一是「有法」，其二是「帶己相心或相應」，其三是「所慮且所托」。所謂有法是指存在，有為法、無為法均為有法。心或相應即心與心所，該有法為所緣緣，心與心所為能緣；帶己相心或相應，是指帶有有法之相的心與心所。並非一切有法均可為心心所之所緣緣，而是只為帶有自己之相的心心所作所緣緣。

為什麼能夠為帶己相的心心所作所緣緣呢？因為此有法相對於能緣之心心所來說是心心所的所慮所托。托就是托起，沒有所緣緣，能緣之心心所托不起來。慮就是思量、了別，所緣緣是能緣所思量、了別的對象。此三種條件缺一不可，無法（非存在）不能作所緣緣；雖然存在然與能緣無關者也非所緣緣；即使是龜毛兔角等無體法能夠為所慮、然而不能夠托之而生起能緣的，也非所緣緣；物於鏡子等雖然有所托，然鏡子不能慮，物於鏡子也非所緣緣。故，我們可以說「所謂所緣緣，是指一種對於心、心所有托起、引發思量作用的有為法或者無為法。」

但是，關於所緣緣的定義，在法相唯識學中有較大的爭議。此爭議主要集中在「帶己相」上，窺基《述記》提出有兩種「帶」和「相」：

帶有二義，若古西方師釋：己者，境體；帶者，是心似彼境相義。即能緣之心，有似所緣之相，名帶相狀。小乘是行相，能緣體攝；大乘是相分所攝。……正量部師般若鞠多造謗大乘論，遂破此云：無分別智不似真如相起，應非所緣緣。我之大師（筆者按：指玄奘）造《制惡見論》，遂破彼云：汝不解我義，帶者挾帶義，相者體相，非相狀義。謂正智等生時，挾帶真如之體相起，於真如不一不異，非相非非相。若挾帶彼所緣之己以為境者，是所緣故。

據此,帶有兩種,即變帶和挾帶;相有兩種,即相狀相和體相。由此,古西方師的帶己相解釋為「能緣變帶所緣之相狀為自己之相」,這遭到了正量部師的批評,不能成立。玄奘則解釋為「能緣挾帶所緣之體相為自己之相」。他們的區別在於,變帶是變對象之相狀相以為自己之相,而挾帶是不變對象之體相的帶己。用西方認識論的語言說,即所謂變帶的「變」指認識主體對於認識對象之所得為「印象」,印象和對象不必相同,即非對於物自體的認識;挾帶的不變指認識主體對於認識對象之所得即其物自體(體相)。窺基於此也明示,玄奘的意圖在否定「變帶」,否定真如為所緣,而特別提出「挾帶體相」之義。

(二)親所緣緣與疏所緣緣的區別

《成唯識論》對於所緣緣更細分為親所緣緣與疏所緣緣,論云:

此體有二,一親二疏。若與能緣體不相離,是見分等(自證分、證自證分)內所慮托,應知彼是親所緣緣。若與能緣體雖相離,為質能起內所慮托,應知彼是疏所緣緣。

親所緣緣能緣皆有,離內所慮托必不生故。疏所緣緣能緣或有,離外所慮托亦得生故。

據此可知,親所緣緣和疏所緣緣的區別在於與能緣關係的親疏遠近,和能緣體直接相關聯的為親所緣緣,間接相關聯的為疏所緣緣。此處應注意的是,疏所緣緣是間接相關,對於能緣之生起與否不起決定性的作用;雖然間接相關聯,但一定是有關聯,作為一種「質」能夠引發能緣的慮托。能緣要生起,必須有親所緣緣為依、托方能生起,不一定需要疏所緣緣。這裡似乎對於古西方師和玄奘這個「我之大師」之間關於變帶與挾帶關係做了一種消解,即親所緣緣是能緣之所變現的相分,而疏所緣緣可以是其他能緣變現、然具有一種本質、也能夠引發另外的能緣之托慮者。

歐陽竟無也作了調和,他不是肯定玄奘而否定古西方師,而是將之視為並列俱存的兩種觀點,並且主張玄奘所論的挾帶體相是親所緣緣,他說:

能緣見分，帶色等相，為所托慮，名所緣緣。帶有二義：挾帶、變帶。相有二義：體狀、相狀。所緣二義：一親、二疏。挾帶體相，名親所緣，相分逼見，無別間隔，故得親名。

又謂疏所緣緣說：

托質（質即是識，實而非虛，心外無境，而不遮識）變相，質為相隔，故得疏名。八識則他質變自，他佛身土（八識因位，托他本質，變自相分，果位他佛身土，皆有疏緣）。七識則有漏仗八，後得緣如（有漏七識無力，仗八變影，無漏七識，後得緣如，皆有疏緣）。六識則仗質為疏，不仗非疏。五識則未轉依位，依根互根（五識因位之各自依根，及其五根互用，皆有疏緣，果位則無）。

歐陽在此舉出了疏所緣緣的幾種情況，提到了正智緣如的是第七識，第七識在有漏位依託的是第八識阿賴耶識，在無漏位才得以真如為所緣，故真如為所緣緣。然第七識本身並非正智。

王恩洋的理解更加清晰、準確：

若諸境界於彼能緣、作所慮托令之生起，名心心法之所緣緣。

此復二種，謂親及疏。相分於見等，親所慮托，名親所緣緣。本質於見等，疏所慮托，名疏所緣緣。獨影之境，唯有親緣。帶質之境，必具二緣。性境或唯親緣，或具親疏二所緣緣。

對於變帶與挾帶，王恩洋的見解與歐陽略有不同。他認為所謂變帶、變似，主要在於似，這個似並不是說能緣所得的內容和對象完全一致，而是說有點相似而已：

無分別智緣真如時，既有行相，如如證彼，何乃無有變似之義！彼如無相，此智如實證彼無相。彼無差別，此無分別故。智如平等，非一非異，云何無而相似義耶？

故,在他看來玄奘挾帶的意思不能夠取代古西方師的變帶,能緣對於所緣有變似的作用。他的依據在《雜集論》:「若義是似此顯現心心所生因,彼既生己,還能執著顯了內證此義,是所緣相。」

這顯然也是對於變帶和挾帶之間意味的消解,這是指變帶相狀也有相似的一面,而非印象與對象完全不同;挾帶體相當然是所挾帶的體和物自體的同一,然也可說是絕對的相似,兩者是符合程度上的差異。王恩洋之所以依據《雜集論》而不依從歐陽、也公然否定玄奘,在於他看出「挾帶體相」有正智生發真如的可能,而他主張正智與真如僅為認識關係,「正智之於真如,但為能了因,不作能生因。」這更合乎佛教「若佛出世,若未出世,此法常住,法住法界」的基本準則。

綜上,我們可以得一結論:「所謂所緣緣,是指於變帶對象之相狀或挾帶對象之體相的能緣有托起、引發思慮作用的有法。所緣緣分親疏二種,親所緣緣的托起引發思慮作用為直接的,疏所緣緣的托起引發思慮作用為間接地,其區別是前者為變似出的影像而後者為本質。」

三、正智慧否緣如

在辨明了真如與正智的概念以及何謂所緣以後,我們可以進而判斷正智慧否以真如為緣,或正智以真如為親所緣緣還是疏所緣緣的問題。

(一) 正智通能緣、所緣

歐陽竟無說:

五法,前四為依他起,後一為圓成實。或為能緣,或為所緣。(分別唯緣相名。正智自緣正智,亦緣分別,以成一切智智,將能作所故。)

歐陽竟無認為,相名只是所緣,分別只是能緣,正智通能緣和所緣。之所以說正智通能緣、所緣,是因為正智慧將自己的能緣變成所緣,又能夠以「分別」為所緣。這個說法極為怪異。顯然,前三法中,分別為能緣,相名為所緣,這是沒有爭議的。那麼正如熊十力的追問,正智與真如二法是否也

必然陷入能緣、所緣的主客架構呢？歐陽竟無並不認為，正智為能緣，真如為所緣，而是以為正智或為能緣或為所緣。

實則，按照五法的前三法的主客架構貫穿下來，正智與真如應當是一種主客架構，王恩洋也以為「內識所變相分，或如正智親證如體，又如自證緣見等，並親所緣緣攝，能緣所緣定不相離故。」這樣的話，對於正智來講，真如為親所緣緣而非疏所緣緣，「親所緣緣從自證起，識體生時變起相見二分，即以所變為自所緣，從識生故，名內所托慮。疏所緣緣不從內識生，故名外所慮托也。」

歐陽竟無認為這都是誤解，他說：

用是生滅，體是真如，見相生滅，內二分正智緣如。若克實言之，內二分安立證義概屬正智邊；言以證自證為如、自證緣之，則自證為智；以自證為如，證自證緣之，則證自證為智云。

此即，法相宗認為構成認識作用的心識具有四個分位，也就是說心和心所法共有四類，即相分、見分、自證分、證自證分。見、相二分為外二分，自證分和證自證分為內二分。見相二分相當於西方哲學認識論所謂的主客架構，然歐陽竟無認為正智並非見相二分的範圍。正智屬於自證分和證自證分的內二分，將「證自證分」作為真如，則「自證分」為正智；以「自證分」作為真如，則「證自證分」為正智。這就是正智可以通能緣、所緣的緣故。

為什麼呢？按唯識宗，「自證分」即「自體分」，自體能夠證知「見分」緣「相分」的認識作用；「證自證分」則能證知「自證分」的認識作用。在他看來，正智是用，而真如是體，正智為見相二分之體，真如為一切法之體。故從絕對的角度看，正智與真如沒有區別，「自證與如就用有分，就體雖非是一而無分也。」作為自證的正智在以真如為所緣時，兩者無區別，「智如雖二，然無分別智為能緣，緣真如所緣時宛若如一。且智不起用時，寂然泯然與如無別。」更進一步說，真如為正智之體，正智為自證分故為相見二分之體，故正智和真如無區別。

依如為智體、智為相見體言，說智而如攝其中，且以之為體，一無別也。依智不起用時言說智而如不可離，二無別也。……自證智不起用與其真如無別，所以以之為所，而緣彼之證自證亦乃得用其所謂能者也，然其實則非真如也。

然則以智緣智耶？以智緣如耶？克言之，以智緣如不可分之智如也。就如邊言曰正智緣如也，就智邊言曰自證智緣證自證智也。

原來，歐陽竟無所界定的體用和一般儒家所謂體用不同。他的體用論，有以下要點：其一，無為是體，有為是用。無為法不待造作，無有作用，故為諸法之體。反之由造作生，有作用法，即是有為，故有為是用。其二，二重體用論。佛教的體用，歐陽分為二重體用論。體中之體為一真法界。體中之用為二空所顯真如即三性真如。用中之體為種子。用中之用為現行。一真法界作為體中之體，是因為其具有絕對普遍性，遍在於萬法，是一切行的根據。二空所顯真如為體中之用，是因為它是被眾生所證得，是所緣緣。種子為用中之體，是因為種子是一切有為法的根源。現行為用中之用，是因為現行具有強烈的現實應用性，是依賴種子生發出來的。體則性同，用則修異。其三，非生滅是體，生滅是用；常一是體，因果轉變是用。其四，在抉擇涅槃談無住一條，又特別強調，功夫論的用功處在用而不在體，「佛法但於用邊著力，體用不離，用既面面充實，不假馳求全體呈現，不期而然。」

在該文附錄《歐陽竟無先生答梅君書》中，他又從四分說的角度闡釋了正智與真如的微妙關係。其一，自證與如，就用有分，就體雖非是一而無分也。其二，自證緣如，智如雖二，然無分別智為能緣，緣真如所緣時宛若如一。他舉了個例子，這就像一個處女，處女雖然沒有生孩子但卻具備生孩子的能力。在沒生孩子時就叫做處女，實則這能力意味著她具備生孩子的現實性。其三，依如為智體、智為相見體言，說智而如攝其中，且以之為體，一無別也。依智不起用時言說智而如不可離，二無別也。

（二）正智與真如為體用關係

歐陽之所以如此煩瑣繞口，原因在於「正智與真如非異」，歐陽竟無用傳統的「體用」範疇來解釋「非異」。此體用關係，主要是指「不離」關係。

第三節 正智緣如論

此「不離」是從解脫論和認識論的角度而言。歐陽語境中的體用非一般所謂的體用，不可像宋明理學所謂「體用一源，顯微無間」那樣來理解：即他所謂體和用沒有互相生發的關係，真如之體為寂滅、是無為法、無功能，真如之體本身並沒有生起發起正智的作用，要生起正智需要依賴於「多聞熏習、如理作意」以後轉識成智。所以，可以說由用見體，但不能說承體起用。

我們可以順上兩節的分疏來看，真如是否滿足所緣緣的條件：真如即圓成實性，且唯識宗皆云「圓成實性有」，故真如為有法；又，正智以真如為唯一對象與內容，正智挾帶真如之體相為己相；這兩點都符合了所緣緣的規定。然真如是否為正智之所「慮、托」呢？歐陽認為，從由用見體的角度可以說真如為正智的「所慮所托」，即真如為正智的疏所緣緣；但從不能承體起用的角度說，不能說正智依託真如以生起。是故，歐陽嚴辨體用關係，指出所謂真如為所緣是從無漏的角度而言，修行解脫論上則不能如此說。他說：

就無漏言，真如是所緣，正智是能緣。能是其用，所是其體。詮法宗用，故主正智。用從熏習而起，熏習能生，無漏亦然。真如體義，不可說種，能熏所熏，都無其事。漏種法爾，無漏法爾，有種有因，斯乃無過。是故種子是熏習勢分義，是用義，是能義。正智有種，真如無種，不可相混。

此即將體用關係限定在「不離」、「不異」的認識論範疇，取消了真如的本體意味。在佛教中，真如要想具有本體的作用必須是因緣即要為親因、種子，然而「詮法宗用」，只能以正智為主，正智有種，也能夠為緣熏習，真如則否。

王恩洋在區別「真如為疏所緣緣」和「真如緣起論」時，更鄭重地表示：

或謂多聞熏習、依法界等流正法為因，此非真如法界緣起耶？曰：若了實義，我亦許然。言真如者，二空真理、諸法實相，諸佛證此，次宣正法，即是三藏十二部經。正法為因，多聞熏習，次第輾轉，成無漏道，依所緣緣亦可說為真如緣起。此但聖教，非謂世間，亦不為種為因，起業造作。能證能說，實為正智；能聞能思，有情善根；所引所生，無漏淨種。皆非一真法界轉變時間，次還清淨。

亦即，在所緣緣或疏所緣緣的意義上可方便地說「真如緣起」，然此真如緣起非是說真如為因緣與增上緣。在解脫論上，真如毫無作用，只能靠轉依來修成正智，方能證得真如。緣起論中，因緣與增上緣是必要條件，兩者皆具，則法必生；所緣緣並不是緣生的必要條件，更不用說疏所緣緣。

依此，所謂真如為正智之疏所緣緣的說法，只是一種方便的說法。對於真如與正智來說並沒有能緣、所緣的區別，正智乃無分別智，真如為空理之境，兩者不限於主客見相二分的架構。並且，真如於正智雖為體，然是一種虛說，真如即是真理，具有普遍性，這是指圓成實性為依他起性之本質，此所謂普遍性是理論的必然性而非現實的必然性，即對於眾生來說理論上真如遍在於一切法，對於聖者之正智來說才具有現實的必然性。真如並無使五法中的「分別」成為正智、使依他起性轉成圓成實性的動力和功用。

支那內學院對於正智與真如關係的探討，其重要性在於正智與真如是認識論範疇還是本體論的體用範疇。兩者和緣起論相關聯，所以顯得比較複雜。支那內學院的結論是：「正智緣如」，是指正智以真如為疏所緣緣，並且只有正智以真如為疏所緣緣，「相、名、分別」不以真如為疏所緣緣；真如只能作正智的疏所緣緣，不能做正智的因緣、等無間緣、增上緣。其意義是，真如原則上說，不是本體論範疇，或者至多如歐陽竟無所說是特殊內涵上的本體，而是認識論範疇。這個認識論範疇，又不同於一般的西方認識論的架構，正智對於真如的認識，不是主客關係，更不是知性、理性的「分別」認識，不屬於思維，而是「現量」，一種超越的直觀。

由此反觀他們與太虛爭辯《大乘起信論》以及批判現代新儒家熊十力的思想史爭論，其癥結就一目瞭然。後兩者的共同點是：其一，都將真如視為「無為而無不為」的本體。其二，都將真如視為內在的含有正智，或者對於正智有直接引發作用的心真如。這兩點，轉換到以上的討論中表示就是：真如是正智的因緣或增上緣或所緣緣。

以上分判，適用於支那內學院王恩洋與太虛武昌佛學院辨《大乘起信論》真偽之爭、支那內學院劉定權與熊十力的新舊唯識論之爭、呂澂與熊十力之間的性寂與性覺之爭。

第四章 儒佛辨異論

　　儒佛關係是中國思想史的重要論域，儒佛道三教關係是中國思想史的基本格局。三教關係在近代主要表現為儒家和佛教二家的關係。儒佛關係到近代也發生了重要的轉換，從唐代以來的以華嚴宗、禪宗為代表的中國化佛教與宋明理學的關係，轉到法相唯識宗和現代新儒學的論爭，其代表分別是支那內學院和現代新儒家。王恩洋是其中重要的一環，他和唐君毅細密的爭論宋明理學和佛學的比較，並對熊十力新唯識論為代表的體用論、馮友蘭接著宋明理學而講的新理學進行了批判。

▎第一節 近代儒佛之辨的基本歷程

　　本節部分內容曾以《王恩洋與近代儒佛之辨》為標題，在《中國校學史》雜誌 2014 年第 1 期發表過，略有刪減，特此聲明。

一、分期的標誌

　　儒佛之辨是指儒家和佛教之間辨同析異、辨析義理、融攝互釋的思想比較，是三教關係中的重要論域。儒家和佛教之間透過思想的比較，一方面更加彰顯各自的思想特質，另一方面又就共同的論題透過深入地互攝闡釋，得出超越儒佛壁壘的創新性、圓融性的思想。洪修平先生指出，在三教關係的研究中，應該充分注意異同的互滲。他說：「我們在分析三教之異的時候，應該充分注意其異中之同，而在探討三教之同的時候，也不能忽視其同中之異。」

　　具體到儒佛之辨，我們也就不僅要注意儒佛之「辨異」，還要重視其「辨通」。傳統的儒佛之辨更多的是儒家站在正統的立場上「闢佛」。而在近代，隨著儒家的式微和唯識學的復興，學者們更能公允地進行思想的內在溝通和互釋，辨異與辨通並進。其中，王恩洋（1897-1964）是近現代能於法相唯識學深造有得，而又深諳儒學的少數學者之一。他幾乎參與了近現代儒佛論爭的所有重大論辯，其儒佛心性論和儒佛本體論的辨通也很有代表性。

近現代儒佛之辨的歷程，可以根據法相唯識學的復興，以1918年支那內學院的草創為標誌，分為新學和現代新儒家兩個階段的辯爭。新學即康有為、譚嗣同、梁啟超、章太炎、楊文會諸人的學問。康有為著《大同書》、譚嗣同著《仁學》都有熔佛教、儒學甚至西學於一爐的宏願。此時的儒佛之辨是傳統儒佛之辨的延續，其所謂佛者仍然是天臺宗、華嚴宗等中國化佛教，不能在儒佛之辨的主題上有更為深入的辨析。

支那內學院的草創，標誌著近代法相唯識學的復興，並促成了現代新儒家的興起，雙方就儒佛關係展開了新一輪的論辯。以支那內學院為主流的唯識學者致力於批判《大乘起信論》，試圖回覆到唯識學乃至佛教的印度之源，其主旨是批判中國化佛教的真如緣起論和心性本覺論。這一批判，不僅限於佛教內部，而且涉及對隋唐佛教乃至宋明理學的整個中國哲學本體論思維方式和偏重心性的思路的反思和批判。然而，他們並非只是辨異立新，更是辨通融攝。歐陽竟無和王恩洋都是並宏儒佛的大家。歐陽晚年以《中庸》為體，融孔佛於一爐，既注意「淆孔於佛，壞無生義；淆佛於孔，壞生生義」的辨異，又強調「熟讀中庸，乃知孔佛一致，一致於無餘涅槃、三智三漸次」的辨通。

現代新儒家大多直接或間接受到唯識學的影響。梁漱溟曾專門到歐陽竟無處問學，並坦率地說：「我請大家若求真佛教，真唯識，不必以我的話為準據，最好去問南京的歐陽竟無先生。我只承認歐陽先生的佛教是佛教，歐陽先生的佛學是佛學，別人的我都不承認。」熊十力則在支那內學院親炙於歐陽竟無三年之久，後來才自創新唯識論，由佛入儒。方東美、唐君毅等也受歐陽影響，深研唯識。至如牟宗三更著有《佛性與般若》，其思想處處彰顯著他站在儒家的立場上對唯識學的反思和批判。近人陳榮捷甚至將現代新儒家稱為「陸王派的唯識論新儒家」，不是沒有依據的。

二、主要論爭

唯識學派和現代新儒家，均深諳唯識學與儒學，由是圍繞宋明理學的核心問題，更將儒佛之辨引向深入。具哲理探討意義的論辯約有以下數端：

第一,《大乘起信論》論辯。支那內學院批判《大乘起信論》,以歐陽竟無辨析「真如與正智」為端緒,以王恩洋《大乘起信論料簡》為最盛。後者引發了二十年代學界最大的論爭。太虛法師召集武昌佛學院同仁參與辯駁,於是唐大圓作《起信論解惑》、陳唯東作《料簡起信論料簡》、常惺法師作《起信論料簡駁議》、太虛法師作《大乘起信論唯識釋》,集為《大乘起信論研究》一書。太虛並刻印隋代慧遠造《起信論疏》以證明《起信論》的真實性。王恩洋復作《起信論唯識釋答疑》對太虛法師予以批駁。大乘起信論論辯,絕非限於佛教內部的義理之爭,實際上它首先是歐陽竟無和王恩洋為代表的經論佛學對中國化佛教的批判,進而是對以心性本覺思維為核心的中國化佛教乃至受本覺思維影響的宋明理學的批判。後一個批判,多為近代思想的研究者所忽略。

第二,《新唯識論》論辯。熊十力本從學於支那內學院,後不滿於舊唯識學,而自創新唯識論,遂引發佛學界批判。支那內學院由劉衡如執筆作《破新唯識論》,歐陽竟無作序,其中簡直充滿了對熊「鳴鼓而攻之」的憤慨。熊十力更以《破破新唯識論》應辯。四十年代《新唯識論》語體本出現後,王恩洋作《評新唯識論者之思想》長文以批駁。太虛、印順等也參與辯論。

第三,呂澂與熊十力之間性寂與性覺之辨,兼及功夫論上的聞熏與外鑠之辨。20世紀40年代,歐陽竟無逝世後,呂澂邀熊十力作文悼念。不料,熊十力回信稱乃師歐陽竟無的學問為從「多聞熏習如理作意」入手的聞熏之學,是孟子所謂「由外鑠我也」的外鑠之學。於是引發與呂澂之間長達數月的書信往復辯論。兩人激切地辯論性寂與性覺的學理和經典依據。近人林安梧將這些辯論書信輯結為《辯儒佛根本問題》。

第四,圍繞馮友蘭《新理學》的論爭。馮友蘭著《新理學》,本朱熹理學建構自己的哲學系統,自稱其學為「最哲學的哲學」,引發學界不滿。賀麟曾說「沒有人承認他的這種吹噓。」洪謙從維也納學派拒斥形而上學的角度,曾要求「取消」馮友蘭的新理學。王恩洋作長文《新理學評論》批駁。唐君毅作《由朱子之言理先氣後,論當然之理與存在之理》從邏輯上批駁馮

友蘭。賀麟、唐君毅在提到王恩洋對馮友蘭的批判時，都有條件地表示贊同。賀麟說王恩洋的批判「較為客觀」，唐君毅則附議其說。

第五，王恩洋與唐君毅關於「宋明理學家儒佛之辨」的討論。1946年，唐君毅作《宋明理學之精神論略》（該文後附錄於《中國哲學原論·原道篇》，標題改為《宋明理學家自覺異於佛家之道》），並就此向王恩洋請教。後者回文《評宋明理學之精神論略》予以批駁，並附錄了兩人往來的書信。他們就儒佛「為學之動機」、「生滅與生生不滅之機」、「心性與天理」、「天道、人性與聖道之互證」四條逐一辯駁，辨析入微。

以上論爭，就其主題而言可分為兩大論辯：一是儒家天道論與賴耶緣起論之辨，為本體論論辯；二是佛教種性論與儒家心性論之辨，為心性論論辯。

與傳統儒佛之辨相比，近現代儒佛之辨在論辯主體上有所轉變，在主題上更加深化。傳統儒佛之辨，其主體是以禪宗為代表的中國化佛教與以宋明理學為核心的儒學的辨析，其主題是心性之學。近現代儒佛之辨，其主體是以法相唯識學為代表的印度佛教與宋明理學、現代新儒家為核心的儒學之間的辨析。

如果說現代新儒家是「陸王派的唯識論新儒家」，那麼以支那內學院為代表的唯識學在儒佛之辨上則是「唯識派的原儒新佛家」。他們並不反對孔孟儒學，而是反對宋明理學家，試圖回歸孔孟之源。歐陽竟無說：「自孟子外，宋明儒者誰足知孔？」甚至說「宋明諸儒不熄，孔子之道不著。」他認為宋明理學家的弊端在於不能體認孔孟寂靜本體：「一言寂滅寂靜，即發生恐怖；恐怖不已，發生禁忌；禁忌不已，大肆譭謗。」並堅決反對以熊十力為代表的現代新儒家復興宋明理學的思路，乃至「敬告十力（熊十力）：萬萬不可舉宋明儒者以設教。」

王恩洋也說要「窮究儒佛之真以盡其精微」。他對《大乘起信論》真如緣起說和無明、正智互熏的批判，是「窮真佛」；批判宋明理學和現代新儒家是「究真儒」；前者一經轉化就成為對儒學天道本體和心性論的批判。他幾乎參與了以上所有論辯。舉凡現代新儒家的重要著作，如熊十力《新唯識論》、馮友蘭《新理學》、唐君毅《宋明理學精神論略》、賀麟《五倫觀念

的新檢討》等，他都有深入的批判與評論。其為學宗旨自己概括為「唯吾之教，儒佛是宗。佛以明萬法之實相，儒以立人道之大經」。從學緣關係上講，王恩洋與當時的法相唯識學家和現代新儒家都是誼兼師友，他曾先後師從梁漱溟和歐陽竟無，與熊十力為同學，與唐君毅為友，在唯識學重鎮支那內學院求學從教共七年，後來又在巴蜀先後創立儒佛並宏的龜山書院和東方文教院。從儒佛辨異的角度講，他對宋明理學和現代新儒家的批判，直入「性與天道」的鮮明主題，展開哲理討論；從儒佛辨通融攝的角度看，王恩洋以唯識學融攝儒家人性論、解構儒學天命觀，有助於我們更深入地理解、重構儒佛關係。

總體來看，近代儒佛之辨呈現出以下特點：

第一，從儒佛之辨的主體看，傳統儒佛之辨是以天臺華嚴和禪宗為主體的中國化佛教與宋明理學之間的辨析；近現代儒佛之辨是以法相唯識學為主體的印度佛教與宋明理學、現代新儒家、先秦儒學之間的辨析。

第二，從儒佛之辨的構成看，傳統儒佛之辨以儒家為主，以佛教為輔；近現代儒佛之辨，以佛教為主，儒家為輔。正如洪修平先生所說，傳統三教關係的基本格局是「以儒家為主，以佛道為輔」（《儒佛道三教關係與中國佛教的發展》，《南京大學學報》2002 年第 3 期）。而在近代，卻呈現出以唯識學為主、以儒家為輔的全新格局。支那內學院與武昌佛學院為主體的唯識學，一時成為學界主流，自不待言。即便所謂新儒家也無不深研唯識學，以致陳榮捷稱之為「陸王派的唯識學新儒家」。

第三，從儒佛之辨的主題看，傳統儒佛之辨的主題在天道宇宙論和佛教緣起論，近現代儒佛之辨的主題在天道本體論和賴耶緣起論、佛教種性論和儒學心性論、性寂和性覺。

第四，從儒佛之辨的形式看，傳統儒佛之辨是宋明理學家以正統自居以「闢佛」的形式出現；近現代儒佛之辨是以唯識學者和現代新儒家之間的「論辯」、「論學」的形式出現。

第五，從儒佛之辨的成果看，傳統儒佛之辨以三教合一的形式圓融地成就於宋明理學；近現代儒佛之辨是以回歸印度經論佛教本源和孔孟原儒思想之源的本根、本源方法為主。

第六，從佛教中國化的角度看，近現代儒佛之辨是區別於格義佛教、玄學化佛教、心性佛教的全新形態。在某種程度上可以說，近現代儒佛比較從唯識學的角度看，幾乎取消了以往儒釋之辨的成果，取消了佛教中國化的成果，而從頭開始尋求佛教的印度之源和儒家的孔孟之本。

第二節 王恩洋對唐君毅的批評

宋明理學與佛教的關係是宋明理學的主題之一，宋明理學家多信佛、道而又無不闢佛。黃宗羲在總結明代思想時曾不無自豪地說道明儒的理學之精微，云「有明文章事功，皆不及前代，獨於理學，前代之所不及也，牛毛蠶絲，無不辨析，真能發先儒之未發」，同時稱道其闢佛的功績說「二氏（佛老）之學，程朱闢之，未必廓如，而明儒身入其中，軒豁呈露。用醫家倒倉之法，二氏之葛藤，無乃為焦芽乎？」這裡所謂理學就是性理之學、心性之學，黃宗羲以為宋明理學在心性論上、在盡精微上完全超越了佛教。這與當時佛教界的看法是一致的，有個和尚比對著唐代闢佛的韓愈說出了宋儒闢佛的精深，「闢佛之說，宋儒深而昌黎淺，宋儒精而昌黎粗」，所謂深和精表現在「宋儒所闢，明心見性之佛也。」

然而，在近代，這一極盡精微的心性論體系隨著佛教法相唯識學的復興而受到了強有力的挑戰，佛教這一葛藤不僅沒有淪為焦芽而且呈現出了蓬勃發展之勢。王恩洋對於宋明理學的心性形而上學以及近代熊十力新唯識論、馮友蘭新理學，都展開了清理。他的批判，對於當代以新儒學為主流的現狀，具有借鑑意義。

一、論辯過程

（一）唐、王討論的過程

第二節 王恩洋對唐君毅的批評

1946年，後來成為當代新儒家領軍人物的唐君毅，著有《宋明理學之精神論略》。這篇文章旨在說明，宋明理學家自己認為和佛教之間的區別，及宋明儒學相對於漢唐諸儒的創新之處。後收錄於《中國哲學原論·原道篇》附錄，標題改為《宋明理學家自覺異於佛家之道》。同時附錄的一篇文章是《由朱子之言理先氣後，論當然之理與存在之理》，此文主旨是批判馮友蘭和金岳霖關於朱子之理的邏輯分析。該文的寫作時間與前文相差無幾（發表則在次年）。兩篇文章，一在釐清儒佛關係，一在分辨儒家正義，有內在的關聯，在唐君毅的學術中也佔有比較重要的地位，有學者即根據此文來探討唐由佛入儒的原因及他對儒佛關係的基本看法。

這兩篇論文都曾經呈請當時的法相唯識學家王恩洋批評。王恩洋對第一篇文章作了批判，題為《評宋明理學之精神論略》，並附錄了兩人往來的書信。這可以說是近代法相唯識學復興以來，一流的法相唯識學者與新儒家代表人物之間關於儒佛關係的對話。與此還有關聯的是，同年的早些時候王恩洋剛剛寫了《評新唯識論者之思想》一文對唐君毅的老師熊十力進行了無情的批判。唐君毅在給王恩洋的信中實際默認了王對熊十力批評之合理。

更值得注意的是，王恩洋早在三年前就對馮友蘭的新理學提出了批判，題為《新理學評論》。另，王恩洋在批判唐君毅的同期另有一篇2.7萬字的長文《論歷代儒學之演變及當來儒學之重興》（上）總結了儒學之演變及其存在的問題，約半年之後又寫出「當來儒學之重興」下6.3萬字的長文《儒學中興論》詳盡地表述了用法相唯識學解決儒學內聖之學的內在思路。這兩篇論文，直接延續了對於唐君毅的批判，並提出了自己關於儒釋融合的解決途徑。

從唐、王二人的對辯和背景材料中，我們可以總結出儒家和佛教學者對於宋明理學與佛教關係的基本看法，及其融合之道。這是極有價值的對話，至今鮮為學界所知或未引起足夠的重視。他們辯論的問題，在唐君毅的後續著作中仍時有表現。

（二）王恩洋的儒學研究及其與唐君毅的關係

王恩洋雖然是相唯識學家，但一直注重儒佛融合，儒佛並弘。在支那內學院任教結束後，他回到故鄉南充老家辦龜山書房，後在重慶內江聖水寺辦東方文教研究院，發行東方文教叢書與文教叢刊，宏化巴渝一帶。他著作宏富，根據黃夏年統計共 200 餘篇（部），450 多萬字。從《王恩洋先生論著集》來看，其儒學研究甚至超過佛學內容而占了一半以上的比例。他的為學宗旨是「唯吾之教，儒佛是宗」，其論學則始終以當下為旨歸以博大之心胸並宏儒佛，其有言曰「今日講學，既當窮究儒佛之真以盡其精微，又當擴充融化攝受一切學說之量以致其宏通之大，庶乎本末兼賅，得挽救當今之大亂」，「故欲興中國，必自中興儒學佛學始」，而其有別於以往儒釋融合的特色在於他的溝通主要在用佛教法相唯識學來詮釋儒學心性內聖之學。

王恩洋與民國儒學界有著廣泛的交往與學術討論，曾經師事號稱最後的儒家的梁漱溟（但並未及門），與新儒家代表人物熊十力為同學，曾著文批判過熊十力《新唯識論》語體本、馮友蘭《新理學》、唐君毅《宋明理學之精神論略》等。在儒學著述方面，著有《儒學大義》、《人生學》（中篇）、《論語新疏》、《孟子新疏》、《孔子學案》、《孟子學案》、《大學新疏》、《荀子學案》、《儒教中興論》、《周易之哲理》、《論詩經之藝術》、《論歷代儒學之演變及當來儒學之重興》、《詩經新疏》等著作與論文。

他與唐君毅可以說極為有緣：唐君毅 1926 年 17 歲上北京大學，也曾聽過梁漱溟的「東西文化及哲學」的演講。1927 年，由北京轉到南京中央大學哲學系學習，其轉學原因是為了陪伴父母之追隨歐陽竟無，其時王恩洋恰為支那內學院歐陽竟無的左膀右臂。唐君毅在中央大學師從湯用彤，並聽過熊十力之演講。與歐陽竟無、熊十力、呂澂過從甚密，歐陽竟無和熊十力都想納其為弟子。王恩洋與唐君毅二人有著許多共同的師友，梁漱溟、歐陽竟無為其共師，而熊十力是王的同學，唐的老師，呂澂則是王恩洋尊崇的師兄、唐君毅之師友。在南京期間，王恩洋與唐君毅就相識，唐君毅時為實在論者，每有疑於歐陽竟無講座之唯識論而請教於王恩洋。抗戰時期在重慶，唐君毅曾經邀請王恩洋講學，並有不止一次地面談論學。

從其學理來看，兩人具有許多共同關注的論題：唐君毅最早期發表的論文有三篇，分別是 1924 年《荀子的性論》發表於《重慶聯合中學校刊》，1926 年《論列子楊朱篇》發表於《旅京重慶聯中同學年刊》，1929 年《孟子言性新論》發表於《中央大學半月刊》1929 年 1 卷 6 期。他晚年回憶說，「十五歲時，見人介紹唯識論之文，謂物相皆識所變現，即以為然。其時又讀《孟子》、《荀子》，遂思性善性惡之問題，以為人性實兼善惡，並意謂孟荀皆實信性有善惡」而王恩洋最早寫出的論文是《唯情論》、《善惡論》，並自謂早年「獨性與天道夫子罕言，涵義界說莫之有定，故孟荀以降迄於宋明，言善言惡，疑莫決焉。」可以說他們具有一定的共同知識背景與人生關懷之問題，共同的知識背景是法相唯識學與儒學，而共同之問題是儒家人性論的問題。後來，唐君毅成為新儒家而王恩洋成為堅定的法相唯識學家，則是其學術與人生選擇之走向的不同。之所以不同，在二人學術與心目中自有一番對於兩家之學的比較。

（三）討論的層次

其內在思路的比較與融通，我們選取以唐君毅《宋明理學之精神論略》為焦點展開。或許會有學者疑此不足以作為唐之觀點的代表，因為唐一再聲稱他是述而不作。然而，唐實際上是有述有作；王恩洋之批判表面是完全批判唐君毅，而實際上是批判宋明理學家與唐君毅。唐君毅之所以在後來更改題目，是為了凸顯該文的客觀性，即表明是宋明理學家自己覺得和佛教的不同之處，而非其本人的看法。

然而，「天道篇」收錄該文的目的，又是為了表明，中國的天道論並非至隋唐佛學而達到極致，宋明諸儒於性與天道實有超出佛教的地方。這就是說，該文一方面是唐君毅對宋明理學家本身之儒佛之辨的看法，另一方面同時也是唐君毅本人對於宋明理學與佛教之關係的基本看法。所以，唐君毅本人對該文下的兩個標題都不甚符合原文，原文應該包括兩個部分，一是「宋明理學家自認為的宋明理學與佛教的關係」，一是「唐君毅認為的宋明理學與佛教的關係」。

兩者的區別是，由於理論背景知識的不同，前者關注的是宋明理學與禪宗等中國化佛教的關係，後者關注的實際上是宋明理學與整個佛教尤其是法相唯識學的關係，但是，兩者又有聯繫，後者可以包括前者，即連「宋明理學家自認為的與佛教的關係」，也是唐君毅先生透過綜合而得出的宋明理學家的「自認為」，只不過他儘量站在客觀的立場上從思想史的角度來寫出而已，具有客觀的成分。其中最大的區別是前者的主張唐君毅不一定贊同，從文中看實際上大多都不完全贊同，也就是說他不認為宋明理學與佛學有這些區別，他把這些區別完全歸於宋明理學家本身。

因此，此文有三個層次：一是宋明理學家本身認為的與佛教的區別；二是唐君毅所綜合的宋明理學家自認為與佛教的區別；三是唐君毅本人對宋明理學與佛教關係的看法。這個區分非常有必要，學者們在研究唐君毅的儒佛關係時多未注意到這個差別，如唐端正與李玉芳、張云江都是從本書來看唐君毅由佛入儒的原因，有將客觀的思想史總結和個人學術見解混淆的地方。

由此，王恩洋批判的對象實際上也相應地分為宋明理學家和唐君毅二者，而其內容則分為三類；一是唐君毅對於宋明理學家之自覺的與佛教之區別的梳理與研究是否符合思想史；二是宋明理學家理解的儒家和佛教是否符合儒釋二家的本義，三是唐君毅對於宋明理學與佛教的看法的批判。

所以，我們在梳理兩人的討論時，對象可設定為三方即宋明理學家、唐君毅、王恩洋三方的辯論，宋明理學家的發言由唐君毅代表。三方的辯論，可以區分為兩層的儒釋之辯，一是宋明理學與禪學之辨；一是宋明理學與法相唯識學之辨。前者是學術史的梳理，而後者是哲學層面的梳理。

二、宋明理學與禪學、法相唯識學之辨

（一）宋明理學家的理學與禪學之辨

唐君毅以為宋明理學家關於儒佛之辨可歸結為四個要點：「一、為學之動機，二、生滅與生生不滅之機，三、心性與天理，四、天道、人性與聖道之互證」。他強調，這四點在宋明理學家是「自覺的」，所謂自覺是與禪宗和漢唐儒學相對而言。唐認為宋明理學是禪宗發展的必然趨勢和內在要求，

更是一種「根本之轉變」，從禪宗對於世間和人生的間接肯定到「積極之肯定應許」。

而與隋唐儒學之不同是「在自覺的追求倫理、政治、社會之道的形而上學、心性論的根據，緣是而自覺的重新提出儒家人生理想，而自覺的肯定種種倫理政治社會之道。此種種之自覺，則可說為由佛家思想之刺激，與佛家思想相對照而後引起者。」這就是說宋明理學家的特色在於，相對於漢唐儒學對於儒學心性論問題的不敏感不自覺，他們具有強烈的把握儒家本質特色的自覺能力；相對於禪宗來講，他們自覺到要對禪宗所討論的問題進行儒家式的建構並作根本性的轉變。

在唐君毅看來，宋明理學家所闢之佛主要為禪宗，所以這四點區別可以視為宋明理學與禪宗之區別。宋明理學家自覺地區別於佛學的首要特點就是為學動機，所謂為學的動機指的是做學問的入手處和目的。宋明理學家認為佛教的動機在於求解脫和涅槃，此目的的前提是世界為無常、無常故苦、生死事大；而反觀儒家，把無常視為變易，而變易的主要內涵為生生，生生富含生機是快樂的，所以他們在學問人生上追求如何成就自己的德性，在成就德性的過程中蘊含著快樂，故儒家是德樂一致。

「儒佛之辨，可說在：一以生死之苦為首出之問題，一以如何成德為君子為首出之問題。……漢唐儒者皆未能提出孔孟之此種精神。然自經佛學之輸入，宋明理學家復興儒學，則首提出儒家之批判精神。故理學家本成德為人生目的之態度，斥佛家之求自生死解脫，不免於自軀殼起念之私心。」從為學動機上講，我們可以把這個區別總結為成德之教與解脫之道。

進一步審視儒家和佛教為學動機不同的原因，主要在於他們的宇宙論上的不同，即「生滅與生生不滅之機」。在宇宙論上，佛教把宇宙看作生滅的場域，而儒家把宇宙視為生生之實在的場域。「宋明理學家之自以為其對宇宙看法之根本不同於佛家者，即佛家以當前之現實宇宙為空，而宋明理學家則多以之為實。」生滅和生生不滅具有的價值內涵是不同的，生滅是佛教所謂流轉的層面，而生生不滅、生生不已，蘊含著實在的追求，生滅推到最後

為空為虛無，而生生推至最後為實在的價值。這個區別可以總結為「空實之辨」。

在此宇宙論的觀照下，對心性和天理的關係佛教和儒學有著完全不同的看法，「宋明理學家自覺儒之異佛者之第三點，為謂佛氏知心而不知天命，知心而不知性。此乃在宋明儒程朱一派，最喜以此闢佛。」此即所謂「本心本天苦爭辯」。宋明理學周張程朱諸人都從天命之謂性直接肯定性為人物共具，內在於心而外在於萬物。

張載說「釋氏不知天命，而以心法起滅天地，以小緣大，以末緣本。」、「釋氏妄意天性，而不知範圍天用，反以六根之微，因緣天地，明不能盡，則誣天地為幻妄。」朱熹說「吾儒本天，釋氏本心。」又答人問儒釋之辨說「只如說天命之謂性，釋氏便不了。」朱熹的思路是心為虛靈不昧之明覺，這個明覺中具備萬理為其性，說「吾儒心雖空，而理則實，吾以心與理為一，彼以心與理為二。彼見得心空而無理，吾見得心雖空，而萬理咸備也。」羅整庵專門就這一點論佛說佛教「有見於心，而無見於性。」所以，從心性與天理的角度來講，這個區別可以總結為本心本天之辨。

最後，宋明理學家由對宇宙生生不已之真機的體認和自身身心性命的踐履證成天道和人性的互證，此即性與天道為中心的心性形而上學。他們肯認天道和人性為至善，並且「以聖道證人性，以人性證天道」。宇宙為恆久的生生不已的真實世界，人生為繼善成性、純亦不已的道德修養過程，由心性上升為一種道德形而上學，是儒家的終極歸宿。

（二）唐君毅的理學與法相唯識學之辨

對宋明理學家以上四辨，唐君毅同意儒佛之辨中的成德之教與解脫之道之辨，對其他三點都進行了修正，修正以後使其闢佛的對象由禪宗轉換為法相唯識學。他認為，成德之教和解脫之道之辨對宋明理學家起了十分關鍵的作用，宋明理學家自覺地講明這個問題，顯示出一種純理的興趣，進而產生了純粹的哲學。這種純粹的哲學就是講明聖人的心境，進而建構一套詳細闡明心性之學的心性形而上學。

第二節 王恩洋對唐君毅的批評

　　唐君毅以為宋明理學實際的動機和歸宿都在於講明這個聖人的心境，所謂聖人的心境主要指孔孟這些聖人所體驗到的「萬物皆備於我，與天地合德之一種通內外、貫物我的心境」。圍繞這個心境，宋明理學家要說明心境所體驗到的宇宙觀，從而形成了形而上學；說明聖人心境的心性之根據，從而建構心性論；說明聖人心性與天道的互證以及具體修行過程，而形成一套功夫論。很顯然，他以為宋明理學雖然是受到佛教的影響而講心性之學，然此心性之學是回覆到先秦孔孟儒學的大系統內來講的，所以其動機有根本區別。

　　在空實之辨上，唐君毅不同意傳統宋明理學家主張佛家是空、儒家是實的說法，「今謂此為儒佛對宇宙看法開始點之一種不同，似不無可疑。……宋明理學家謂佛家知空而不知實，誣天地為幻妄，似未可謂為得佛家意，不可持以辨儒佛。」

　　他敏銳地看出，宋明理學家語境中的空是「斷滅空」是虛無，這恰好是佛教所反對的，並不是佛教本身固有的缺點。在這個意義上，空實之辨不成立。但是，他進一步分析法相唯識學，發現即使是法相唯識學所謂的空和緣起論也不具有能夠保證宇宙不斷滅的理論必然性。他認為，從緣起論上看，佛教的緣起論交代了諸法生起的原因，但並沒有交代諸法能夠持續即宇宙的恆久不息之保證。緣起論以種子為因，但種子之生起必靠外緣，所以有緣還是沒有緣，種子自身不能決定。相反，儒家生生之機具有內在的「不容已」，此不容已就是自身永遠不能停止（不斷滅）的必然性。所以，他說「儒佛之宇宙觀之出發點，終可謂有不同，其不同亦有可以空實之義辨之者。蓋佛家言諸法必待緣而生，而未嘗言諸法必待緣而滅。」

　　他看出，佛教所謂的空是指空執、去執，所以圓成實性和依他起性的區別在於無執和有執，而不在於圓成實性能夠保證宇宙的生生不已的必然性。是故，從終極和絕對的角度看，法相唯識學在宇宙論上最終仍然歸於虛無。反觀儒家，儒家的生生不已保證了宇宙的恆續的必然性，卻沒有法相唯識學所批判的「執常」的執性，因為執常是執著於恆常而生生不已是不斷地向上趨進而不止不已。「是儒佛之義，畢竟不同。佛雖未嘗謂緣生法為無，然就其未嘗肯定宇宙之本性為生生不已，在理論上未說明宇宙之必不斷滅恆久不

已之根據言,則其宇宙觀仍可說為空觀,而非實觀。」這裡,唐君毅實際上把儒佛之辨由空實之辨提升到緣起論與儒家天道論之辨的高度。客觀地講,唐君毅超出了宋明理學家把空理解為「斷滅空」、「惡取空」的膚淺,同時他也超出了他的老師熊十力把空理解為「本體」、把佛教的圓成實性和依他起性理解為體用論的誤解。

對於本心與本天之辨,唐君毅也不盡贊同,說「夫謂佛家知心而不知天命,不知性理,亦可謂之不當之評。」但是,他進一步分析佛教和儒家所謂的實性實理,而指出他們的具體內容仍然有別,佛教的實性實理仍然可以說是空性空理,不如儒家所謂性理有其具體的實在的內容。佛教所謂的諸法實性、諸法實相說的是空性,所謂菩提自性指的是心的空性。空性是空其所執、去掉執性,唐君毅認為這樣空性不外乎是指「心之虛靈不昧、無所執著之本然狀態。」這和謝良佐所謂「釋氏所謂性,乃吾儒所謂心」的看法一致。反觀宋明理學所謂的實理,外在於客觀宇宙為生生不已的天理,內在於人之心為具體的實在的性理,都是客觀普遍的,所以是實理。

對於宋明理學家的形而上學,唐君毅極為欣賞,但是他仍然不能完全贊同。所謂「仁者以天地萬物為一體」指的是心境上的境界,是道德形而上學,要由道德意識之省察進入形而上學的圓融之境,而不是一種宇宙論或本體論意義上的形而上學。這一點是唐君毅很大的發明,也可以說是他和宋明理學家甚至熊十力最大的不同。他說:

竊以宋明諸師之言一體,其論證實為一本於道德心境之論證。(即由仁者之以天地萬物為一體之心境上立論)故於其言,徒以倫理破之尚不足。……毅在此尤多感觸。唯自學問上講,則此種頗多委屈。熊十力先生承理學之緒,其理論根據當亦在仁者之心境上。然其書則直自本體論上入,故自成一家言。實則其所言皆是在此心境中乃有意義。離此心境去談一體或看人之所談一體,便均成無意義,或自相矛盾之言。毅近作一朱子道德形而上學之進路。一面略關馮友蘭等之說,一面證明此種形上學多是自道德意識之體察入。自以為有得於先賢之真。

三、王恩洋對宋明理學家和唐君毅的破斥

王恩洋對於宋明理學家和唐君毅都進行了批判。他認為宋明理學家本身的佛學修養都比較低，其闢佛的對象主要是禪宗，「宋明儒者對佛學實未深下功夫，其對象乃多為禪宗，尤其對佛教最精深最嚴密之唯識法相略無所窺」。而在佛教中，禪宗是「獨覺乘之氣味獨重，甚少菩薩精神」。宋明儒學從來沒有比較過「大悲無畏不捨有情之佛菩薩精神」和聖人的境界。理學家受到佛教的影響，也限於禪宗，「但為鞭辟入裡切重身心性命之態度與夫語錄之論學，而對於佛法大悲精進一切智智及唯識因明有系統嚴密思辨之偉大學說亦概夫未聞。則其所受之影響，仍為禪宗之影響而已。」

更可怕的是，宋明理學並非孔孟嫡傳，「宋明理學家之形上學多非孔孟之所有。」他和唐君毅對於宋明理學和佛教儒學關係的看法迥然有別，唐君毅是把宋明理學作為近承禪宗遠述孔孟的高明的理論體系，而王恩洋是把宋明理學當作繼承佛教末流之弊違背孔孟真精神、毫無邏輯規範的理論體系。

王恩洋是法相唯識學家，它的特點是以法相唯識學來涵容一切佛教，所以他在批判宋明理學家和唐君毅時是以法相唯識學為基礎的。他的批判順著唐君毅的思辨而進行，幾乎對唐君毅所有的觀點都進行了駁斥。批判的方法是把事實和價值分開，把道德心性趨向形而上學的進路隔斷。具體可以分為成德之樂與苦之解脫之辨、緣起與本體之辨、體用邏輯謬誤之辨、儒佛心境相通之辨。

（一）成德之樂與苦之解脫

王恩洋並不反對宋明理學家將儒學總結為成德，將佛教總結為解脫之道，但是他反對由成德之教推出儒家為樂而由解脫之道推出佛教為苦。他追問了以下問題：死是不是苦？生是不是樂？儒者之樂是什麼？佛教有沒有樂？

第一，生死是不是苦？首先儒家並不以死為樂，其喪禮至為隆重；其次，以死為終為完成，那麼成德就有終結和完成，這就使得成德不是生生之「不已」的過程而是有「已」。所以，儒者認為生死是苦。

第二，生是不是樂？王恩洋以為所謂生生之謂易、天地之大德曰生，並不是以生為樂的證明。周易乃是憂患之書，「從不謂宇宙之生為純善而快樂。」、「故吾謂不經人生之憂患者，不能讀易，不深於人生之憂患者，不能深於易。易之為書，正欲人於人生艱難繁變中求得其因果感應之定理，於人之所以越度艱難趨吉避凶之正道，及人恐懼修省以安命立身之恆德。其學在以人定勝天、盛德大業、自強不息、厚德載物中來。誠不謂有現成之宇宙，有善美之人生，足以供人生之享樂也。且亦必如是乃以見儒者之學問、聖人之經綸。」這裡反映出對於儒家經典《周易》的詮釋上的重大區別，新儒家們無論是宋明新儒還是當代新儒家無一不將周易的生生與德行的不已相聯繫，而另外對於周易的解釋則重在其中的憂患意識的一面。對於生生之謂易，唐君毅認為這是儒門善的來源，繼善成性，而王恩洋以為，周易是憂患之書。

第三，儒者所樂到底是什麼？「儒家之樂在學在德在道在仁而非在生。」

第四，儒家聖人是解脫生死之涅槃境界。

第五，佛教解脫生死，到底是以生死為第一義，還是以善惡染淨為第一義？應當是以善惡染淨為第一義。

第六，真正懂佛教的人有樂。這是儒佛之同，而非其異。

王恩洋關於為學動機的追問主要在於兩個方面，一是苦的現實存在的事實問題，二是樂的價值判斷問題。他實際上贊同成德之教和解脫之道的區分，但認為解脫之道高於成德之教。在他看來，無常的世界是一個事實問題，是不爭的事實。儒家之所以不討論生死的問題，表明儒家是世間的學問，缺乏生死智慧，顯示了儒家的不足而非高明。佛教由苦進而求解脫，為出世。儒家之態度，「知其無可奈何而安之若命」。「因之遂取消此一問題，而另盡力於道德之成就。不問死去會如何，但應生前應如何。故儒家精神唯在求善，不在求真；唯在成德，不在脫苦，此兩家根本不同處。」

然而對於唐君毅由成德推出儒家是樂由求解脫推出佛教是苦的結論，王恩洋指出了此種的錯謬，認為這個價值判斷是錯誤的，儒家可以德樂一如，佛教的解脫亦可以涅槃與樂一如。王恩洋著有《人生學》一書，分為四篇，

首篇為人生的原理和實相的說明；把儒學安排在第二篇的世間論，認為儒學是世間學，是說明人生正道的學問；第三篇論小乘佛教是出世道，相當於這裡所謂解脫道；另外還有大乘佛教的大菩提論，不住涅槃不捨世間的大乘精神。由此可以看出，他以為儒學為世間道，小乘佛教為出世道，大乘佛教為世間道與出世道的合一即出世即入世，絕非只追求解脫涅槃的自私學問。

（二）緣起與本體之辨

王恩洋回答必然性問題，說：「既有種為生因，然必待外緣者，此則事實問題，別無理由也。」我們可以說，法相唯識宗本來是對宇宙萬法之現象學的分析，有則說為有，無則說為無，並不探討從哪裡來到哪裡去的本體論問題。且緣起論本來就是反對宇宙論和本體論的學說。如果這是事實問題，那麼這就是真，所以佛教的緣起論和空之實相為真為充實的實理；反之，宋明理學之性理反而成為空談、玄談而無實際內容的空論。

王恩洋總結了佛法的緣生理論，緣生理論包括幾個部分。

第一，種性熏生的自性緣起。非斷非常為緣生正理。這就是說佛教的緣生論既不是斷滅論也不是恆常論，非斷非常就是緣生法，非斷非常同時也就是空。這可以有效地駁斥宋明理學家將佛教的空理視為虛無、把佛教的生滅視為斷滅的看法。

第二，愛非愛緣起和清淨緣起。愛非愛緣起，即由所造的善和不善的業，而引發愛和不愛的果。內心的不善種子為因緣，所緣境界為增上緣，兩者結合而造業，造業必然受果（即異熟果）。這解釋了有情眾生的善和惡之別的來源。愛非愛緣起說的是人的一生的生死，自性緣起解釋的是剎那生滅；由愛非愛緣起所言則業力招感無窮，宇宙人生流轉相續而無窮盡，所以這也是一種「必然性」。但這種必然性是流轉的必然性，是惡的必然性。

緣起論並非是空洞的和斷滅空，而是終極真實，「言緣起則生無自性，宇宙無主宰，人身無人我。……如此乃為真實，乃透徹宇宙人生之實相，是故言空。空也者，即緣生實相以言空，非斷滅以為空也。」他認為，要談儒家和佛教的會通，應該以佛教的緣起論為根據，「故以緣生之理言，佛法乃

為最有條理、最客觀而內容最充實者,實足以補正儒言之所不逮。」、「蓋儒家本來不多講宇宙論而側重人生之道。

漢宋諸儒多根據道家自然說及陰陽家氣化說以解釋宇宙,而皆出於幻想,或時出於藝術的直覺的體察,內心覺得天地萬物之渾然而無差別之狀態,因之以建立其一元論。其實,甚空洞而少實際,不足恃也。」

他認為佛教的緣起論是真理、實理,而儒家所謂的生生不已之真機等是玄想。「如就宇宙萬法之生起言,宋明儒者之所言實屬於玄想,而未有充實的內容,遠不如佛法之言為客觀為具體。宋明儒者以生生之機歸於太極、太和或理、良知,只有空洞的名詞而已。此太極、太和等之何以會生生不息,亦無有說明。」宋明理學關於生生不已的宇宙沒辦法說明。為什麼呢?王恩洋認為儒家的問題就在於本體和本體論的思維,儒家老是以為在現象的背後還有超越的神祕的本體,此神祕的本體為現象的依據,現象世界是本體界的發用流行。是故,儒家最難解決的問題是體用的關係問題,體即作為生生之機的太極,用即是宇宙萬物。

王恩洋追問道,第一,體和用為一為異?假如太極本體和宇宙萬物為一,則宇宙萬物即是太極本體,不需要另外設立多餘的太極本體作為宇宙萬物的說明。假如太極本體和宇宙萬物為異,則宇宙萬物為本來就有,不需要太極本體來生成之。

第二,太極本體生成宇宙萬物是自身流變而成,還是假借其他材料而生成之?其一,假如太極本體自身流變而生成宇宙萬物,則太極本體自身為一,一體的太極本體不能生成宇宙萬物的複雜現象之用;太極本體自身不應該有內在的矛盾衝突,其所生成的宇宙萬物也不應該有內在的矛盾衝突,然事實上宇宙萬物有善惡、水火等矛盾衝突。假如說太極本體不是一體而是本來就是具許多矛盾衝突之體,則宇宙萬物各有其太極本體,即無共同的太極本體。其二,假如太極本體生成宇宙萬物是假借其他材料而生成之,則太極本體為有主宰意志之上帝的人格神,成為神學。

第二節　王恩洋對唐君毅的批評

第三，體用論合不合乎傳統儒學？傳統儒學，《易經》講陰陽剛柔吉凶，並不說宇宙萬物為一真善美之境界，而是終日乾乾。「充宋儒之理想主義，不但不合乎宇宙之真相，又且不合聖人修己治人之道。」

王恩洋的幾個追問，前兩個運用的是佛教邏輯，後一個是儒家原典。對於儒家原典的理解可以見仁見智，確實很難分辨清楚。但是前兩個追問是頗有力度的。他的根據可以追溯到他的名作《大乘起信論料簡》。王恩洋的佛學是從緣起論貫徹到底的，其特色尤在用緣起論破除本體論。他在總結「緣生相」時提出了緣生相具有「無主宰相」、「不自在相」、「無常相」、「不斷相」、「不一相」、「不異相」六大特點，而本體論之本體的最大特色則在於能夠有主宰能力、自己獨立存在、永恆存在、絕對。他破除佛教中尤其是中國佛教中把真如作為緣起萬法的本體的說法，提出真如不是一個實物也不是諸法的本質更不是諸法的功能；真如即無為，而無為法既不是能生之因也不是所生之果；實相就是真如，實相就是緣起法。我們看到，王恩洋對於本體論的破斥是不遺餘力的。

（三）體用邏輯謬誤之辨

王恩洋在否定了本體論以後，更提出儒家所謂的心性與天理的溝通、宇宙本體與大用流行的發用之體用論都存在邏輯上的謬誤。他認為，在佛教和儒家的理之內容有別的情況下，討論空實是沒有必要的，最重要的是看誰是誰非。「蓋同異是一問題，是非又為一問題。」是非如何判斷呢？是非端在於符不符合邏輯。

在王恩洋看來，儒家為本體論的思維方式，而佛教是緣起論的思維方式，緣起論可以貫徹到底而形成邏輯圓融的體系，儒家體用論則存在不小的邏輯謬誤。佛教的邏輯就是因明邏輯，即具有極為嚴格的比量、現量、聖言量。法相唯識學有幾條必然遵守的法則公理，即「凡有不離所知」、「凡所知皆不離能知」。「心之所知，非即外境之真像，而皆托彼之相而另變一相以為所知之對象耳。」進而分為能知為見分，所知為相分，變生見分與相分的為自證分的識體。

143

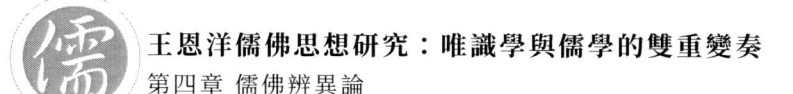

反觀宋明儒，則自身邏輯悖謬到處存在，他具體分析了張載、朱熹等人的命題。

張橫渠說「性原為太虛與氣之合，心為性與知覺之合，心之作用唯在知覺。」

王恩洋用公式表達為：

性＝太虛＋氣

心＝太虛＋氣＋知覺

他認為這兩個公式不通。太虛是零，所以性＝氣，所以根本就沒有性了。

再看朱熹的命題「性是實理，而心則虛靈不昧之明覺。而此明覺中則具備萬理以為性。」

性＝實理

心＝明覺

性＝萬理

心虛而理實；心與理為一

心＝虛

理＝實

心＝理

故，虛＝實

所以王恩洋指出宋明理學家在概念的明晰和邏輯推論上有著嚴重的缺陷，「吾常常覺得宋明儒者其立身制行步步踏實，其說理論道語語蹈虛。蓋內證之功不足，而邏輯之學不講。以想當然爾夢寐見之之知識與境界言心說性論太極論陰陽論天命論理氣。」

王恩洋以為宋儒說的理性為空洞的格式。

宋儒之言理言性也,若以為生生之大源,則應為宇宙之總生命;若以為靈明知覺之根本,則應為宇宙之大心;若以為萬物成形成器之原質原料,則應為原子電子即所謂氣。然而宋儒之言理性也,乃又別與心與氣與生命對立……乃但為空洞無所有之格式而已。

如果是空洞的格式,則必須要上帝這樣的主宰。然而「宋儒又未嘗確立一上帝天神以司其重職,然而又未嘗不許有主宰。」宋儒不足以建立形而上學,「其根本思想之所在,則曰宇宙本源,人我一體,宇宙實有,如是焉耳。此有合於常情,亦有合於道德家泯人我一宇宙之境界,非無好處,然欲以之建立形而上學難也。」

王恩洋進一步指出,宋明儒不僅不能夠合乎邏輯地建構一套形而上學,而且假如順其形而上學推論則會推出虛無主義的人生觀。他認為宋明理學家所謂「本天」是把宇宙視為存在的全體,而其他生命心靈為對此宇宙大全的分有,生從宇宙生,死還歸於宇宙。如果這樣,宇宙為生生不已的總體,人就不能夠超出宇宙之流的束縛而得以解脫生死。所以儒家成為「知其無可奈何而安之若命」的順命論者。而佛教不承認宇宙為客觀存在的全體,而是把宇宙天地視為「自心所現之境相,業力所感之依報」,不是天地生人而是心生天地。如果這樣,則境隨心轉,人們隨著業力而流轉輪迴,但也隨著清淨業力而向上解脫,流轉與解脫也完全由人自心而掌握,這就是佛教的本心。

(四) 儒佛心境相通之辨

王恩洋認為心性和道德不能夠通達形而上學,原因是前提不足。如果要從道德推論到形而上學,至少要滿足三個要件,一是人性為至善,二是宇宙是無苦的宇宙,三是生命為常而非無常,這三個要件無一能夠滿足。

吾故始終承認人心不盡善,宇宙不盡美,生命不盡樂,作聖之功全在克己復禮,治世之道全在撥亂反正,由有終生之憂始免一朝之患,至於耳順從心不踰矩,乃是聖人德成以後之事,非一般初學所能企及。

他贊同唐君毅提出的「心境說」,認為「渾然一體天下歸仁之境界,是即所謂道德之心境。依此心境以說,不但不背於儒亦且冥契於佛。……然吾

人當知，此等境界乃善的境界，而非即真的境界。」佛教真的境界是說，如實的審視眾生，有善也有惡，於是就有善果和惡果，「若自真的境界而言，則因果善惡凡聖尊卑，各自成流。非但堯舜桀紂，不可混言一體，即舜與商均鯀與大禹父子之親，亦不可混言一體。」

因此，一體本來就是道德境界，也只能限於道德範圍，如果試圖超越道德而進入形而上學則必然錯誤。其理由是一個是善的境界，形上則為真的境界；道德不能夠進入形而上學。「宋明儒者如以道德的境界闡揚道德的心情，則一體何害！且正以能攝他以自，截然異體者能使之渾然一體，而後見道德境界之高。然若即以是而建立一體一元之形而上學，則踰越範圍，不可以為訓矣。」

從以上宋明理學家、唐君毅和王恩洋的論辯之分析中，我們可以看出，對於宋明理學和佛學的關係他們的分歧主要集中在：本體論、心境論和緣起論中。宋明理學家的哲學體系的建構尤其是兩宋理學家多重形而上學，甚至直到現代新儒家的代表人物熊十力，也是先從形而上學的本體講下來。唐君毅對宋明理學的形而上學是頗有微詞的，他認為宋明理學家所追求的其實就在於對聖人心境的理論說明，形而上學的建構應該是由心性通達形而上學，他稱之為道德形而上學。王恩洋同意唐君毅的心境論，認為從心境上佛儒有相通之處；但他也敏銳地注意到道德形而上學的心境論是善的境界，而非真的境界。這無異於說，是把宋明理學思想壓製為一種道德修養的倫理學說。按照唐君毅的意見，道德形而上學是由道德的進路進至形而上學；按照王恩洋的意見，道德的進路完全停留在人的道德境界中，並且這個境界不能夠達到真善的合一。

第三節 支那內學院對熊十力的批評

一、支那內學院批判《新唯識論》的基本歷程

支那內學院對法相唯識學的推動引起了多重法義之爭。比較著名的有支那內學院王恩洋與以太虛為首的武昌佛學院《大乘起信論》真偽之爭，和支

第三節　支那內學院對熊十力的批評

那內學院與由佛入儒的弟子現代新儒家代表人物熊十力之間《新唯識論》和性寂性覺之爭。與此有關的還有學界沒太注意到的王恩洋對熊十力《新唯識論》的批判。這些問題關係到中國化佛教真常唯心系、現代新儒家的體用論、心性論成立與否的問題，同樣也關係到支那內學院法相唯識學合不合乎契經和義理的問題。

關於支那內學院和熊十力《新唯識論》的分歧，自 1980 年代學界關注海外新儒家以來，探討的文字已經很多。學者們主要關注了兩個論爭，一是劉衡如和熊十力的論爭；一是熊十力和呂澂的函稿辯論。後一個論辯和王恩洋批判熊十力緊密相關，本書以後者為主。

呂澂和熊十力之間的函稿辯論，是指 1943 年兩人通信辯論性寂與性覺的問題。對此，學界已有諸多探討。郭齊勇站在儒釋之辯的立場上稱讚熊十力的唯識學解讀為「創造性的誤讀」。周貴華、傅新毅、劉成有等則從中印佛教比較的角度，追溯了「心性本淨」在原典中的意義轉換和思想史脈絡，認為心性本淨到心性本覺為佛教的內在思路的必然方向。周貴華更得出結論說「種子緣起與真如緣起亦並不矛盾」。

劉成有以為呂澂是基於對中國佛教弊端而做出的解讀，似乎呂澂也有一種對印度佛教的「創造性的解讀」的故意。《大乘起信論》之爭則至今不休，只不過法相唯識學血脈不濟，以致發不出聲音；主張《大乘起信論》論者雖反覆申論，卻也喪失了對手。這讓思想史學者葛兆光看了笑話，認為支那內學院諸公「有時不免混淆了是非與真偽」，太過較真。這笑話未免太過火，支那內學院批判《大乘起信論》是分考證上的作者偽、譯者偽和義理上的佛理偽三方面，而經典為聖言量，義理為比量，是非和真偽自然合一。他們本未必真以為真偽即是是非。

由於支那內學院諸子的唯識學水準過高，問題很難再推進，故學界只不過默認了真如緣起與賴耶緣起為中印之間、佛教學派內部之間的一種差異，坦率地接受了性寂與性覺為佛儒之判的一個既成事實，不再強分高下、明辨是非。中國佛學和現代新儒家也正好由此挺立了「特質」，作為獨立的哲學流派得以延續，並且特質一般來說都具有優越的意味。更有意思的是，這兩

147

個支那內學院的「對頭」還有攜手並進之勢，現代新儒家的代表牟宗三一口肯定了《大乘起信論》為中國人所作，並認為「一心開二門」是個跳出心性論困局的高級的公理公式。台灣與香港佛學研究者則更較真一些，霍韜晦本其嚴正的法相唯識學批評熊十力誤讀佛書；吳汝鈞試圖對賴耶緣起進行理論的疏通和修正，最後竟有些沮喪地放棄了唯識轉入龍樹中觀。他們均受到現代新儒家牟宗三、唐君毅的影響，異口同聲地認定賴耶緣起沒有成佛必然性的保證。

若從爭論主題來看，雙方的爭論都是大是大非的問題：王恩洋和太虛爭論核心是真如能否緣起、真如能否熏習；呂澂和熊十力爭論的是性寂還是性覺、「多聞熏習，如理作意」是不是外鑠（以熊十力的說法簡稱聞熏是否是外鑠）；王恩洋與熊十力爭論的問題是體用論成不成立、性智成不成立；王恩洋與唐君毅討論的是法相唯識學對對宋明理學心性論的批判，唐君毅以法相唯識學不能有宇宙恆續的保證，王恩洋以宋明理學天道本體論和心性論為謬誤，更進而批評宋明理學為禪宗影響下的雜交品種，根本不符合孔孟儒學的正統。這些爭論集中在本體論（緣起論）和心性論兩個問題上。爭論的結果，中國佛教仍然堅守著真如緣起論的建構，現代新儒家也堅定了「心性形上學（道德形而上學）」的體系，並附帶著對中國哲學包括儒家和佛教兩者心性論作了細微梳理。

學界對這些問題的探討，緊緊圍繞著本體論和心性論兩個核心來展開，辨析《大乘起信論》之爭則嚴辨真如與賴耶；辨析性寂性覺則深入探析「心性本淨」的思想史淵源與依據及其轉化過程。不過，儒佛之間兩條路線的辨析常常是不搭界的，《大乘起信論》之爭被算作純粹佛學內部之爭；而本為儒佛之辨的性寂性覺之爭也只被視為佛學「心性本淨，客塵所染」的義理之辨；熊十力新唯識論則又被視為純粹的新儒學。這種不相交，帶來的不是問題的深入，而是辯論的不可開交和支離破碎。

其實，支那內學院的批判都是有其「一貫之道」的。如果我們從真如緣起的本體論批判來看性寂、性覺，又轉過頭來從性寂、性覺的心性論辨析來看本體論之爭，反而會一目瞭然地看清支那內學院的主旨。這是因為，事實

第三節 支那內學院對熊十力的批評

上在支那內學院諸子，兩者本身是一個問題，具有本質性的內在關聯而不可分割。此即支那內學院「正智緣如義」。以正智來解釋真如，則真如為空理、圓成實理，是疏所緣緣而非親緣、增上緣、等無間緣，故真如不能緣起諸法，《大乘起信論》真如緣起說為大謬不然；以真如作為正智之疏所緣緣來看性寂與性覺，則真如內涵正智為性覺，正智疏緣真如為性寂；再以真如作為正智之疏所緣緣來看聞熏是否是外鑠，則真如不含正智、正智依二轉依而得即為外鑠，心本具正智之種子、本有體悟真如之大本則不為外鑠而為固有。熊十力所謂「淨種習成，不過增上」，即指此正智淨種、無漏種是修習而成則為增上緣，增上緣對解脫並無決定性的作用，因此，成佛不具必然性。如果淨種從實相發生，乃為固有。

之所以能夠如此疏通，是因為在支那內學院看來佛法不過二諦，世諦與勝義諦，世諦是緣起法，勝義諦是真如空性，而為緣起法的本質。緣起法貫穿本體論、心性論、解脫論，諸法依因待緣而生，人「依業流轉，依業出離」。故應該整全地審視支那內學院歐陽大師、呂澂、王恩洋三人對《大乘起信論》和熊十力《新唯識論》的批判，以正智緣如義破除本體論、心性論辯上的困局。破局以後誰是誰非，標準也很明顯，一在支那內學院的證據是否恰當，此為契經與否；二在支那內學院的義理是否失當，此為邏輯融貫與否。支那內學院太頂真是因為他們追求是非，現在人不頂真是不計較是非，計較與不計較與心量無關，是非終究還是是非。

熊十力是現代新儒家最重要的代表人物，他是海外新儒家牟宗三、徐復觀的精神導師，和唐君毅也有著密切的思想聯繫。熊十力著《新唯識論》在現代新儒家之中拋出的最早，影響最廣泛，爭議也最大。該書書名《熊十力造》，又名其書為《新唯識論》以區別於舊的唯識論。在佛教中，只有菩薩可以「造」論。這種以菩薩自居、自居佛教之上的傲慢態度，在法相唯識學為佛教主流的近代，自然引發了廣泛的關注和批判。加之，熊十力早年為支那內學院歐陽竟無大師的弟子，這種離經叛道、背叛師門的行為自然引發支那內學院諸子的不滿。以下首先比較全面地總結支那內學院和熊十力之間論爭的歷程，進而以王恩洋、呂澂對熊十力的批判為核心來評定他們的分歧。

熊十力與呂澂同出於近代法相唯識學重鎮支那內學院，卻又分別代表了儒家和佛教在近代的開展。熊十力是現代新儒家的代表人物，呂澂則是法相唯識學復興以來最有貢獻的佛教學者之一。因此，兩人在 1943 年的十六通論學函稿就顯得極為重要，是儒家和佛教在近代的典型對話。

學界對該通函稿在佛教心性論上的重要性已有所重視，然而其中的意蘊還未充分的探討，存在以下問題：

其一，該通函稿不是佛學內部問題的討論，而是儒佛之辨的主題式討論。學界大多視函稿的辯論為佛學內部問題之辨，為中國佛教與印度佛教的判別，未免有偏頗。實則該辯論是儒佛之辨。臺灣學者林安梧將該通函稿稱為「辨儒佛根本問題」實在深有見地。

其二，該通函稿的主題不僅是性寂與性覺一端，而是有聞熏與外鑠的儒佛論辯、性寂與性覺的本體論論辯、返本與革新的功夫論論辯三重主題。儒家核心問題是性與天道，可分為心性論、心性修養功夫論、天道本體論。佛教以境行果而分判，可分為可觀理境、修行功夫、解脫境界。兩者對觀，正顯示出儒佛之辨的根本差別。

其三，該通函稿不能孤立地看待，而是需要還原到歐陽、呂澂、熊十力的原始文本甚至是唯識學與現代新儒家的整個辯論歷程的思想史語境中予以解析。必須注意，函稿是坦誠的交流，但並非完善的闡釋，兩人在函稿中的辯論不無言不盡意、互相誤解之處。

我們有必要重新梳理該函稿辯論的思想史線索與基本脈絡。

1943 年 2 月，歐陽竟無在四川江津逝世，支那內學院門人大多前往弔唁，包括呂澂、王恩洋、熊十力。會上支那內學院諸人公推呂澂為院長，呂澂沒有同意；同時決定在百日紀念大會上時著紀念專刊。不久，呂澂致信熊十力邀其寫一篇紀念先師歐陽竟無的文字。3 月 10 日，熊十力覆信委婉地推卻。他說，紀念冊一般多是「諛頌之詞」，是「時俗」，沒有作的必要。並坦承「吾事師之日淺，又思想不純為佛家。即為師作文，恐難盡合。」他主張由呂澂

作一行狀,「弟狀成後,吾或略跋數行」。該信並附上《與梁漱溟論宜黃大師》的書信一封。

在該信中,他對歐陽竟無作了評斷。總結起來有幾點,第一,歐陽竟無後期試圖融唯識學、般若學、涅槃學為一體,融通儒佛,融通都不足,其根底仍然是法相唯識學而已。他說「竟師之學,所得是法相唯識。其後談般若與涅槃,時亦張孔,只是一種趨向耳,骨子裡恐未甚越過有宗見地。」

第二,歐陽竟無之所以融會不成,原因是「從聞熏入手」是「外鑠之學」。熊十力並以「經師」稱歐陽竟無,甚至評到老師的境界說歐陽「內裡有我執與近名許多夾雜,胸懷不得廓然空曠,神智猶有所囿也。因此而氣偏勝,不免稍雜伯氣(霸氣)。其文章,時有雄筆,總有故作姿勢痕跡,不是自然浪漫之致也」。

第三,自我表揚。熊十力說:「吾新論(指《新唯識論》)一書,根本融通儒佛,而自成體系。其為東方哲學思想之結晶,後有識者起,當於此有入處。」並說明自己和歐陽竟無的關係,正像是「白沙之於康齋也。」

在歐陽竟無新喪之際,如此坦率地置評師座,確實不太合乎常理。熊十力在六天之後,立刻又給呂澂去信表示懺悔,說「十日一信,附上論及師座語,旋知僭妄,幸勿示人」,並承諾在寫完手頭稿件之後來寫一篇「祭師之文」。不過為時已晚,由此開始了呂澂和熊十力之間長達四個月的書信往還論戰。

1944年5月1日,江津舉行紀念歐陽竟無百日大會。王恩洋、陳真如等支那內學院弟子均前往弔唁,唐君毅、黃艮庸等也前往致祭。熊十力顯然並未前往,而是派弟子黃艮庸為代表。是年,熊十力將《新唯識論》語體本改寫完畢。

歐陽竟無對熊十力《新唯識論》的批判由來已久。1932年,《新唯識論》文言文(也稱新唯識論原本)本問世,熊十力的新唯識論體系正式為學界所知。支那內學院弟子劉衡如不久就著《破<新唯識論>》對熊十力新唯識論進行批判,論文發表在支那內學院的院刊《內學》第六輯。這一批判或為歐

陽竟無授意，歐陽在該文序中說「六十年來閱人多矣，愈聰明者愈逞才智，愈棄道遠，過猶不及，賢者昧之。而過之至於滅棄聖言量者唯子真（指熊十力）為尤，衡如駁之甚是，應降心猛醒以相從。」熊十力並未從命，而是立即著《破＜破《新唯識論》＞》予以反駁。

1937 年 4 月 2 日，歐陽竟無回覆熊十力的書信中，再次批評熊十力對佛教的誤解。歐陽說熊十力對佛教三性的批判是「依凡夫妄心，而批評神聖立教」，並說明了其原因和後果：

> 五法三自性八識二無我，釋迦一代設教，具有深意。五不可四，淆智如於一；三不可二，撥依他於無。智如淆一，如不獨尊；如不獨尊，趣歸無路，行果大亂，學何可為？依他既無，染於何托？無托何舍，無舍何取？一任流轉，而無還滅，教何所施？滅教禍世，無有窮極，可勝痛哉！

這揭示出熊十力和支那內學院對佛法的理解的根本分歧。歐陽竟無主張：

其一，五法中的正智和真如，是兩個法不是一個法，兩者是認識論的範疇，不是本體論的範疇；正智是行，真如是果，將正智和真如等同則行和果將不存在。

其二，三性中遍計所執性、依他起性、圓成實性，是三個性不是兩個，不能將依他起性和圓成實性相等同。依他起性被取消，則不能解釋染和惡的來源，更談不到捨染取淨，就沒有終極境界的涅槃了。

1939 年 7 月 10 日，歐陽竟無又致信陳真如並令代轉熊十力，闡明儒佛融合的根本途徑。在此之前，顯然陳真如和熊十力有過辯論，陳真如對熊十力做了批評。歐陽再次批評熊十力對佛教的誤讀，說熊「自既未得真甘露味飫人饑虛，縱橫恣睢，好作一往之辭，墮入謗十二部經、謗般若波羅蜜而不自覺」；乃至批評熊十力對儒學也是誤讀，他說「宋儒乃有流行命令偏解，而十力泥之。又拘解繫辭生生之謂易之義，而不盡其妙。遂乃不知孔學根本於寂滅寂靜也，是則錯也。」

並大聲疾呼「敬告十力：萬萬不可舉宋明儒者以設教也！」這通書信，陳真如作為師兄以「十力我見極深，乃至與諸佛爭勝」並未轉示熊十力。歐

第三節 支那內學院對熊十力的批評

陽竟無則無奈地表示「十力究竟不算豪傑,雜毒已攻心矣,我亦奈之何哉!」這可以算函稿辯論的前因。

呂熊函稿辯論時隔半年以後,1944年1月,熊十力在《哲學評論》雜誌發表《新唯識論問答》,文章長達四萬多字。該文無疑是和呂澂之間函稿辯論的進一步公開回應和總結,其中幾乎根據論辯的主題來設問並作答,其中多處不具名地引用到了呂澂的書信原文,惜乎探討函稿辯論的學者並未顧及。3月,《新唯識論》語體本正式出版發行。劉天行著《新唯識論書評及質疑》文,發表於佛教主流刊物《海潮音》。熊十力《新唯識論問答》和劉天行的書評,不久為王恩洋看到,故1945年2月,王恩洋在《文教叢刊》第一期發表《評新唯識論者之思想》對熊十力予以全面批判。該文實際作於1944年。

而在1944年,歐陽竟無逝世之後,呂澂和熊十力函稿辯論期間,王恩洋多次往返支那內學院蜀院並被選為蜀院的理事,是呂澂最重要的輔助者,他極有可能見到或者聽聞呂熊二人的辯論。王恩洋在該文後記中回憶了和熊十力的同學關係,並說「子真……作新唯識論。支那內學院友人,曾為文破之,未有以服其心也。」因此,王恩洋對熊十力的批判也可以說是繼呂澂之後支那內學院學派批判的繼續開展。

二、呂澂與熊十力函稿論辯

歐陽竟無、呂澂、王恩洋三人對熊十力的批判,各有偏重,又有內在的關聯。歐陽竟無的批判主要集中在三性和五法上,實際內涵是體用論;呂澂的批判主要是心性論;王恩洋的批判在體用論與緣起論、種姓論與儒學心性論的比較。我們審視支那內學院對熊十力的批判,應有評判的標準,標準不外乎兩點:其一,有理;其二,有據。所謂有據,就是熊十力對經典的解釋是否符合原典,有其經典依據;有理就是熊十力建構的體系是否有其邏輯性和真理性。

支那內學院對熊十力的批判,首先是批判熊十力對唯識學和佛教的誤讀,進而才批判他誤讀了以後創造出新唯識學。那麼就要評判新唯識學是否有理,新唯識學的核心為體用論發散為心性論、功夫論,這就要一一評判其正誤。

從有據的角度看，熊十力的佛理根據確實不足，這已經為前人所指明。歐陽竟無、呂澂、王恩洋、太虛、印順、霍韜晦等唯識學大師，其內部雖然不無派系之爭，但均一致對熊十力的唯識學理解讀提出了異議。印順批評熊十力誤讀了性相兩個基本範疇：「《新論》（《新唯識論》），此為熊十力對《新唯識論》的簡稱。分辨性相與體用，貶抑佛家，是非常錯誤的。不知性與相的對立說明——以相為現象，以性為本體，在佛教經論中，不是一般的，唯有在『能所證知』——認識論中，才有『以相知性』，『泯相證性』的相對意義。在一般的因果體用理事真俗中，或說性，或說相，二者可以互用，並無嚴格的差別。」

霍韜晦也說熊十力的本體一詞，沒有佛理依據。他說：「熊先生之所以如此煞費苦心：破佛家之說，另建新唯識學，其實只有一句話：本體即能起用，所以非離自心而外存。」、「熊先生認為佛家是談體而遺用，又說佛家體用截然分離，這並不恰當。」霍韜晦是用三性來解釋的「唯識三十頌云：依他起自性（依因緣而生萬法之謂），分別緣所生；圓成實（即真如）於彼（依他起），常遠離前往，故此與依他，非異非不異。由此可證。所不同者，佛家於真如上，的確不可以置流行二字；因為依照佛家的意見，一置流行兩字就是談用，而不是談體。」引用了歐陽的話「真如超言絕思，本不可名，強名之為真如。」因此他下了斷語，說「依我看：如果不是熊先生誤解佛家的體用道理，就是雙方對本體一詞所下的定義不同。」就連認同現代新儒家的學者郭齊勇先生也不得不承認熊十力對唯識學是「創造性的誤讀」。當然這就引出一個問題，是否對佛教的誤讀恰好符合了儒家？

從學理上看，歐陽竟無和熊十力的分歧仍然在對於真如的理解上。歐陽竟無主要是從五法和三性來分析真如，而熊十力則主要將真如視為本體論範疇。無論佛教的哪個派別都承認真如是佛教的最高概念，他們的爭論焦點是：真如是一個認識論的概念還是一個本體論的概念？抑或是一個心性論的概念？顯然，真如如果是一個認識論的概念，則真如相當於我們平常所謂最高真理。真如如果是一個本體論的概念，甚至說是一個宇宙生成論的概念，真如就是一個實體，而且是一個超越於緣起論之上的實體。進一步，就該考慮

真如這樣的實體和現象世界之間的關係。真如如果是一個心性論的概念，則必然要考慮從哪種心性的功夫達至真如，真如和人心的關係為何。

從這個角度看，歐陽竟無的表述容易引人誤解，他實際上是將真如視為認識論的概念，但沿襲了傳統的體用論範疇來作表述。關於真如，歐陽堅持「真如和正智非一非異」的主張。真如和正智非一，這是從法相不可亂的法相學基本原則推出來的。《楞伽經》對於唯識學的理論總結為五法三自性八識二無我，五法是相名分別正智和真如。五法體現出兩重的認識論，一是眾生透過名來分別相，二是聖者透過正智來發現真如。因此，首先正智和真如非一，因為他們是兩個法，而不是同一的；其次正智和真如非異，因為只有正智慧夠通達真如，分別思維不能明了真如。

從三性來看，也是一樣，三性是遍計所執、依他起和圓成實性。圓成實性就是真如，是圓滿成就真實的性，這和遍計所執是不同的。這都是認識論的路數來理解，即真如的發現、實現需要有相應的智慧即正智。將正智趨歸真如的認識論過程反轉過來，就是體用論，即真如能否自動引發正智？按照佛教的十二緣起論，眾生起於無明，無明的眾生如何能夠從無明中覺醒而得到超越於無明的智慧呢？並且，佛陀教說法界常住，真如常住。真如不待佛陀的證悟而本有。則佛陀對於真如，不是發明而是發現。歐陽強調，真如無種，正智有種。種就是親因，或者說四緣中的因緣。可見，真如對於正智來說不是因緣，不是一種激發正智的直接原因。正智有種，正智是需要因緣的，它的因緣卻不是真如，真如只是正智的一種疏所緣緣。由此，我們就可以看到熊十力和大乘起信論在歐陽看來犯的是同樣的錯誤。

歐陽竟無將熊十力的哲學視為混淆三性、混淆真如與正智等法相的結果，熊十力則把歐陽的哲學視為一種孟子所批判的聞熏為主要功夫入路的外鑠之學。這正是呂澂和熊十力的辯論主題之一——聞熏是否是外鑠。熊十力與呂澂的函稿辯論，有三個主題：一聞熏與外鑠之辨，二返本與革新之辨，三性寂與性覺之辨。按照儒家心性論的劃分，聞熏與外鑠之辨是心性論論辯，返本與革新之辨是功夫論論辯，性寂與性覺之辨是本體論論辯。當然依熊十力的意思，功夫即本體、即體即用、心性即天道，則三者自然可以合一。按照

佛教境行果的劃分，聞熏與外鑠之辨是種性論之辨，返本與革新是解脫論或轉依論之辨，性寂與性覺之辨是空性論論辯，則三者為緣起論上的一貫。

　　整個辯論是由熊十力批判老師歐陽竟無之學為聞熏之學而起。他的意思，歐陽大師的學問是從聞熏入手，是孟子所謂外鑠之學。而他認為學問的真正功夫要先立其大，要知道自家寶藏，要切己自反，首要的是把握本體、本心。所謂外鑠，來源於孟子「求則得之，舍則失之，是求有益於得也，求在我者。求之有道，得之有命，是求無益於得也，求在外者也」。「仁義禮智，我固有之也，非有外鑠我也。」鑠的原義是以火銷金，外鑠是借用引申過來批判心性本無而從外而來的。孟子的意思就是要發揮自己本心本性的善端以擴充之。本心本體也就是禪宗所謂自家寶藏，孟子和陸九淵等所謂先立其大的「大」。熊十力以為有宗（瑜伽唯識宗）就是聞熏，而聞熏就是外鑠。他以為，歐陽竟無從有宗這種外鑠的學問作為根基，就不能夠理解空宗、禪宗和宋明理學。

　　熊十力把歐陽竟無的入路總結為聞熏，是正確的；但他把聞熏等同於外鑠則需要討論。歐陽竟無為學的方法是「假聖言量以為比量，多聞熏習，如理作意，以引生其他日之無漏」，又曾自己註解說，「多聞熏習（他力），如理作意（自力）」。

　　這是歐陽竟無給支那內學院學生上課的講稿，熊十力當時正是學生之一。「多聞熏習，如理作意」一句，來源於唯識宗的經典《攝大乘論》。從經典依據上看，是沒有問題的。聞熏是否是外鑠，則基於兩種不同的心性論和本體論的思路。在熊十力的語境中，聞熏是外鑠，意味著聞熏沒有心即理的根據，意味著心內無理。心即理的思路認為，人心具有一種明覺、清淨的基底。人心的混亂，在於認識能力、心理生理慾望的牽引而導致的混亂，由是人心背離了它澄明的基底。心的本來面目被障蔽，但並沒有失去其靈明。

　　呂澂的看法恰好相反，他從修辭學的角度重新闡釋了所謂心性本淨的實質，淨是指無法被染汙的白板。呂澂在4月2日信說，聞熏並不等同於外鑠，聞熏是瑜伽論說「淨種習成，不過增上」，大異乎外鑠。所謂淨種習成不過增上，其最終歸趣為般若實相，「本非外求」。

熊十力對此不能理解，在他看來，「習成」而非本有，「增上」而非「自足」，這就是「外鑠」。熊十力4月7日回信，重新界定了外鑠，「力之意，則謂必須識得實相，然後一切淨習皆依自性發生，始非外鑠。今入手不見般若實相，而云淨種習成不過增上，此淨種明是後起，非自實相生，焉得曰非外鑠也？淨種增上矣，而後歸之般若實相，得非實相本有所不足也？又由淨種增上，得歸實相，是實相為偶然之獲也。」

熊十力表達了三個意思，其一，所謂外鑠是指非由實相自生，而靠外來經驗達到實相體悟，這就是外鑠。其二，聞熏就是淨種習成不過增上，淨種乃是習成而非本有，淨種乃是增上而非本有之擴充。這也就是外鑠。其三，外鑠的結果是，這種達到實相的過程沒有普遍必然性。

實際上，兩人爭論的是，真如、實相、法界、本體的內在，能否有自動的能力，有作為引發人覺悟解脫的能力。熊十力以為，本心就是實相，實相能夠有引發萬行的能力。這種辯論容易使我們想起哲學上經常辯論的自我意識或說深層自我的問題。在表象的法相學區分的自我之下，是否有自家寶藏、本來面目或說真正的深層的自我存在，這樣的自我的發現決定著我們人生的行為的整個方向，它的回歸意味著一種本質性生命生活的重現。

按照唯識學的看法，這根本是不可能的。所謂人心指的是八識，深層的心指的是阿賴耶識，而阿賴耶識是儲存種子的倉庫，決定阿賴耶識性質的不是阿賴耶識而是種子。所謂人性指的是種子的性質，而種子並非單一的實體，而是多樣種子的共存。它的性質是無記性，但無記性主要是因為它是一種潛能，從其成就行為和業力的能力來看，它具有染淨和無記的多重屬性，並且染汙的性質更多一些。

呂澂在和熊十力辯論前後演講支那內學院佛學五科時，特別點明佛學不是外鑠之學。《支那內學院佛學五科講習綱要講記》中，呂澂主張「心性本淨，客塵所染」是佛學根本之根本，是佛法成立的依據。他也承認學習佛學要「先識此心」。這兩點好像和熊十力一致，實則內涵有重大的區別。其核心要點具引如下：

佛學亦名心學，即本此義而立。……心者即指一切眾生當下之心，因被客塵所染，居於染位，故名眾生。但其性（質地）則淨（淨字，梵文原為光明不著之義，非與染相對之淨，可以寂字形容之），而於客塵不著，如鏡之明、日之光，原與煩惱不相應也。以此一義示眾生當下之心，佛法全立基於此，故吾人講習佛學，須先識此心，尤須識得此心非他，而為自己者。若於此當下自覺此心本淨，則能發見賢思齊之用，而自躋於聖賢之域矣。然此心一現，猶不足為憑依，須繼續保任，令之不失。如此心存而後學存，則佛學實從內發，有異於外鑠也。

這裡應該注意：

第一，心性本淨的「淨」字，是「寂」和「不相應」之義。呂澂從梵文原義考證出，淨不是和染相對的淨，而是寂。其實，「寂」也極為抽象。心性，可以說是心的基底；淨是說心的基底和後來附著於心上的煩惱「不相應」。這就是說，眾生所具之心沒有被煩惱改變。

第二，在呂澂看來這個「淨心」只是引發的作用，仍然「不足為憑依」，並非如熊十力所謂先立其大本則小者不可奪。

這樣，由聞熏和外鑠的辯論，很自然地就需要探討真如、實相、法性的問題，這就是本體論的性寂與性覺的論辯。心性本寂與本覺屬於傳統哲學中的心性論範疇。一般來說心性論是關於心、性以及心性關係的學說。談心性論不可避免地要述及本體論與功夫論，這是呂澂與熊十力在通信辯論中不斷地問題轉換與糾纏的所在。本體論可以說是關於宇宙和人生的根本問題的總體看法。兩人辯論過程中，熊十力過多地涉及了本體論，而且他的本體論是心性論或說本心的基礎。

此處所謂本體論，是指儒家的天道生生本體和佛教真如法性論。而呂澂是以佛教的緣起論為根據，緣起論在嚴格意義上說不能算作本體論，因為緣起論的第一要義就在於取消本體，實際上緣起論是一種現象學的理論，具體到呂澂所依據的唯識宗和瑜伽行派看主要是一種內在意識現象學。呂澂反對將真如法性稱為本體，不過為了方便言說仍不妨稱之為本體論。無論在儒家

還是佛教，本體論都具有重要的意義。本體的性質如何、本體和發用的關係如何、本體在心性上如何體現、心如何證悟本體，是本體論的核心問題。

歐陽竟無對體用做了詳細的限定：「無為是體，有為是用」，「無為法不待造作，無有作用，故為諸法之體。反之由造作生，有作用法，即是有為，故有為是用。」基於此，他分出兩個層面的體用，「體中之體」為一真法界，「體中之用」為二空所顯真如，「用中之體」為種子，「用中之用」為現行。歐陽的體用論遭到了熊十力的反對，熊十力指斥為二重本體。

呂澂和熊十力辯論的焦點就是真如和正智的關係，他嚴格地辨析了正智的來源。兩人都能夠同意一切有情皆有佛性的判斷，但是什麼是一切有情皆有佛性呢？呂澂看來這不過是說一切有情都有成為佛的可能性，此可能性要變成現實性需要正智，正智並不是本具。而熊十力看來一切有情不僅具有成為佛的可能性，還有必然性。必然性從哪裡來呢，在於正智。此正智就是真如的寂寂生生，寂而不動感而遂通。熊認為要講明成佛的必然性問題。

什麼是必然性？必然性是指不僅能夠如此而且絕對如此，必然由可能性達到現實性、由應然達到實然。性寂乃是形式的圓具，性覺是形式的圓具和現實的圓具之結合。此現實的圓具指的就是由形式走向實體的過程，依賴的是正智。呂澂所謂煩惱與眾生平常之心不相應、不相順，指的是一種形式上的圓具。在現實中，眾生平常之心總是妄心總是分別心，總是染汙心，這是無始時來的。去妄還淨，並不是去掉一個妄心找回一個真心，那個心其實就是本來的眾生清淨之心。去掉的是障礙和蓋纏和分別。什麼是成佛的必然性保證？佛意味著覺悟，超越於無明的階段。成佛必然需要由無明到覺悟的過渡。

無明如何成為覺悟，無非內外兩種。其一，人的內心具有將無明變更為覺悟的內在動因。其二，有一種外在的教化力量，促使人的無明之心向超越無明的覺悟進發。前者為性覺說，後者為外力拯救說。這兩種都不合乎唯識宗的宗旨。唯識宗不認為兩種力量能夠共存於人的內心即賴耶，無明和正智是截然相反互相排斥的，不能共存於一處。這就像水火不能相容一樣。由是

則賴耶為染而非淨,由染趨淨需要轉捨轉得的轉依過程。轉依何以可能?其轉的動因何在?如何轉?唯識的答案是,多聞熏習如理作意。

這在新儒家熊十力看來,無疑就是外鑠功夫,多聞和熏習都是外力的外因的,而非內在的自動的。可見性寂與性覺之辨的思想史淵源根本在於正智與真如。心真如如果內涵正智,則為性覺;如果不含正智,則為性寂。支那內學院將正智獨立出來,視為淨種捨染取淨所成就的結果,自然不允許真如自發正智。然而,真如卻又遍在眾生,本體遍在發用。熊十力的觀點很明確,即功夫所至即其本體。他說:

用功夫的是誰?實相是什麼義?須知實相即本心是;功夫者,萬行之都稱。一一勝行,皆從本心發生。所以用功夫的,即是本心。非可不見本心而靠有漏心來用功夫。靠有漏心來用功夫,雖發之為有漏善,終不能引發得本心出。……真功夫須從自實相生也。若問此識此見從何而來,識本心的即是本心自識,別無他心來識本心。見本心的,即是本心自見,別無他心來見本心。離卻功夫,不可得本心,哪有前後?本心與功夫,非是二物,如何說關合?此事反求即得,云何無著落?依有宗說,眾生無始以來,只是賴耶為主角,自家真主角(本心或實相)明明存在,他卻不肯承認,而說唯是染分,卻教依靠經論來做正聞熏習。功夫做到熟,也只是義襲而取。入手不見實相,往後又如何合得上?……宗門自標教外別傳,直指本心,此義未可忽。

功夫所至即其本體,是宋明理學尤其是陽明學的基本命題。熊十力用儒佛的範疇結合個人體悟,進行了重新闡釋。依照他的看法,本體乃功夫的絕對前提、依據和保證,如果沒有本體論的前提,則功夫無論如何用都不能達到本體;本體又是功夫的絕對目標,功夫所指向的唯一目標就是本體;功夫所至即其本體,功夫純熟達到終極自然與本體符合無間。照此來看有宗,他以為有宗是把功夫和本體打為兩截,最重要的是有宗的功夫沒有本體論的保證。

這裡,說有宗沒有本體論的保證,並不是說有宗沒有本體,而是說有宗的「性寂」本體或者呂澂等支那內學院學派理解的性寂本體存在問題,不能

產生出有用的功夫。他不同意佛教是性寂而非性覺的結論。為避免誤讀，我們也將熊十力的原文照引如下：

> 般若實相，豈是寂而不覺者耶？如只是寂，不可言覺，則實相亦數論之暗也。佛家原期斷盡無明，今冥然不覺之寂，非無明耶？而乃謂自性如是，毋乃違自完乎？吾以為性覺、性寂，實不可分。言性覺，而寂在其中矣。言性寂，而覺在其中矣。性體原是真覺，易言之，即覺即寂，即寂即覺。二亡，則不見性也。主性覺，而惡言性寂，是以亂識為自性也。主性寂，而惡言性覺，是以無明為自性也。即曰非無明，亦是枯寂之寂，墮斷見也。……覺對障而得名，障盡（二障俱盡也）性顯，非般若實相而謂之何也？治經論是一回事，實究此理，卻須反在自身找下落。……從宇宙論的觀點而談法性，只見為空寂（空非空無之空），而不知空寂即是生化者，是證到一分（空寂），未識性體之全也。……從發明心地的觀點而談自性（自性即法性，克就吾人當躬言，故云自），只見性寂而惡言性覺，其失又不待言。覺者，仁也。仁，生化也。滯寂而不仁，斷性種矣。吾於此理，確是反己用過苦功，非敢與諸佛立異。所見如是，所信是。

其中的要點是：

第一，實相如果是寂而不能覺，則實相等同於外道的實體說。

第二，實相如果是寂而不能覺，則不能對抗轉化無明。

第三，性寂就是性覺，兩者渾然一體不可分。

第四，體悟實相，不能僅僅靠經論的考證分疏，而應該從個人體驗入手。

呂澂認為熊十力完全誤解了佛教的性寂說，他全面論述了他對於性寂和性覺的看法：

> 前函揭櫫性寂與性覺兩詞，乃直接指出西方佛說與中土偽說根本不同之辨。一在根據自性涅槃（即性寂），一在根據自性菩提（性覺）。由前立論，乃重視所緣境界依；由後立論，乃重視因緣種子依。能所異位，功行全殊。一則革新，一則返本。故謂之相反也。說相反而獨以性覺為偽者，由西方教義證之，心性本淨一義，為佛學本源，性寂及心性本淨之正解（虛妄分別之

內證離言性，原非二取，故云寂也）。性覺亦從心性本淨來，而望文生義，聖教無徵，訛傳而已。

呂澂此信的內容，熊十力幾乎不能理解。熊十力提到呂澂性寂與性覺「能所異位，功行全殊」的話，此段話確是關係重要。

……自性涅槃、自性菩提，如定要分作能所會去，定要分作所緣緣境界依、因緣種子依會去，是自性可分為二也。豈不是將自性當做外在的物事看去？迂陋之見以為說自性涅槃者，只形容自性之寂的方面，說自性菩提者只形容自性之覺的方面，斷不可因此硬分能所也。拙著新論每談到證量處，只說是性體呈露時，他（性體）會自明自了，就怕分成二片，此豈是迷談耶？前函說性體，原是真寂真覺云云，如何可當作濫調？若如宗門所云見自本心，當不以此為浮談也。此等境界，至少須有日月至之功，才得發現，不是浮光掠影得來。又來教「能所易位，功能全殊」云云，吾亦有所未安。自性涅槃既是所緣境界依，此處原不容著力。所以佛氏總是勤發菩提心，分明是要在自性菩提即性覺上致力。果如尊論，分說能所，則性覺是能，性寂是所。從能上著功，自是不易之理。如判性覺為偽說，則以偽說為可尊也。

又說自信「為學期以真理為依歸，求諸心，信諸心，而後即安。則一生所持也。」熊十力接著18日繼續給呂澂寫信，強調鵠懸法界與反求諸己的區別。他說：

至宗門，直指本心，則已一變而反求之。而所謂至高無上圓滿無虧之大本，乃在我而非外。……但此中吃緊處，卻在追求不已。……要是拚命向外，終不返本。此之流害，不可勝言。真性無外，而虛構一外境，乖真自娛，其害一。追求之勇，生於外羨，無可諱言。外羨之情，猶存功利，惡根潛伏，知所極，其害二。返本則會物歸己，位育功宏。外羨則對待情生，禍幾且伏，如何位育？……其害三。外羨者，內不足，全恃追求之勇為其生命。……來教所謂無住生涯無窮開拓……畢竟虛其內而自絕真源，非真開拓，其害四。

足下前兩函，吾覺其甚可怪。何故將性寂（自性涅槃）、性覺（自性菩提）分別乃爾？又何故於吾新論菲薄乃爾？今得此函，似已略識足下用心所在。

蓋尊見或即以涅槃為所懸之鵠，由此引起功行，即不息其追求而已。主性覺，則是返本。此乃足下所極不滿，宜其視新論如無物也。

宇宙本體，即所謂萬化之根源，斯人之真性，萬物所資始者，此非僅恃科學知識可以得到。由是而窮究本體之學，乃絕不可無。人生不能以知識為滿足，必欲發展其虛靈無礙圓明不滯的智慧。亦不可恃外羨之情，縱其追求，以無饜足而為開擴。本體之學，所由不得不講。而足下竟以俗見斥之，不審高明何為乃爾。

新論講本體，原是舉體成用，即用見體，故體用不二。此根本義，須先識得。夫本體具備萬法，含藏萬化，本無所不足者也。人的追求有兩種，一是向上，一是向下。

追求略判以二，曰向下，即物慾的追求是；曰向上，如祈依神帝（宗教），注想真極（哲學家向外覓本體者是）。及來教所謂鵠懸法界，皆是也。上下雖殊，向外則一。外則離本，雖存乎上，而浮虛無實，與下同歸。故吾新論獨持反本之學，唯求見自性（即本心或本體）。有本才得創新，創新亦是返本。……識得本體已，不可便安於寂。要須不違真宰（謂本心或本體），勇猛精進，如箭射，箭箭相承，上達雲霄，終無有窮極。吾人以知本而創新，創新而返本。到得返本，恆是剛健寂寂，何至有陷身惰性之事乎？吾老矣，念挽此危，唯有對人向日用踐履處提撕，使人斂其心於切近，養其氣於平常。

此處，熊十力的解讀和批判，完全誤解了呂澂的意思。之所以有此誤解，一是熊十力本體論思維作祟，自信甚高；二是他對呂澂的學術成果並不瞭解，呂澂的書信確實也語焉不詳。以下我們透過兩人通信前後呂澂的講稿來補足呂澂的意思。

實際上，呂澂的意思完全不同。他是說，由能所分別所緣境界和因緣種子有以下幾種意義：

第一，能說的是因緣種子，所說的是自性涅槃，此能所並不等於內外之別。按照唯識的理解能所實際上都是識，一個為見分一個為相分。這裡不是外鑠。

第二，能所異位，功行全殊。這裡說的是由所依到功夫的轉變，功夫在呂澂的語境中無疑就是轉依，轉依的根據為所依，不能夠以種子為所依，只能以自性涅槃為所依。

第三，兩種所依的差別具體到功夫上的表現就是兩種走向，轉依以自性涅槃為所緣境界就是革新，所謂革新就是不斷地開創改變自身的種子地地升進不斷向上超越；而第二條走向是返本，就是回歸到因緣種子即自性菩提，種子並不等於菩提，這是重大的區別，人的心性只能說是菩提因。

呂澂4月13日接著寫道，「功行全殊」句下要加入「一則革新，一則返本」八字當作點睛之筆。

唯其革新，故鵠懸法界（說的是第三週，凡聖交互），窮際追求。而一轉折間，無住生涯，無窮展開。庶幾位育，匪托空談。此中妙諦，未可拘拘本體俗見而失之也。唯其返本，故才起具足於己之心，便已畢生委身情性，縱有安排，無非節文損益而已。等而下之，至於禪悅飄零，暗滋鄙吝，則其道亦既窮矣。

革新是指變革種子，透過轉有漏種為無漏種的過程，人從煩惱障蔽的狀態轉變為清淨覺悟的狀態。返本，則是以本體為功夫的理論前提，以回歸本體的本源為最終歸宿。在他看來，所返的「本」並不足憑依。

這一點，參考呂澂的講學稿就一目瞭然。他在《試論中國佛學有關心性的基本思想》仔細分辨了性寂和性覺。

印度佛學原以寂滅寂靜的意義解釋心性，中國佛學則以靈明知覺之義解之，所以一為性寂說，一為性覺說。印度佛學在原始的階段，即為了確定實踐的依據，提出心性明淨這一原則性的說法。……他們由此推論人心終於能夠擺脫煩惱的束縛，足見其自性（本質）不與煩惱同類，當然是清淨的了。──這樣構成了明淨為心性的思想。

心性本淨在印度的發展，是發展出佛性、如來藏和賴耶識。佛性是自性清淨的人心視為凡人據以可以成佛的質地。如來藏是如來的胎藏。藏識是說賴耶識含藏發生一切認識和一切行為的潛在的能力即所謂習氣。這樣似乎心

性本淨就從消極的意義轉到了積極的意義，但是「以為人心自性不與煩惱同類的那一基本觀點是始終未曾改變的。」《大乘起信論》所代表的中國佛學心性基本思想是：人心為萬有的本源，此即所謂「真心」。它的自性「智慧光明」遍照一切，而又「真實識知」，得稱「本覺」。此心在凡夫的地位雖然為妄念（煩惱）所蔽障，但覺性自存，妄念一息，就會恢復它本來的面目。

這樣，在實踐上也只要用返本還原的方法，而談不到實質的變革。真心本覺說最重要的特點是真心為覺，所以息妄即真。佛教則是只具有可能性，這個可能性就是種子。這裡重要的是佛教的心性論實際上是性論，即他指的是一種價值判斷或者說本質，心的本質為淨。這在儒家學說中最初表現為兩種學說，一種是人性論，一種是心性論。人性論就只是對人性的價值判斷；而心性論包括了道德的創造性之源和功夫論兩個層面。

性覺說屬於後一種。在佛教的人性論中，心是外在於性的；在儒家心性論中，心性是合一的，心體就是性體。前者是革新，所謂革新就是從染轉淨的所謂轉依，一旦說道轉依就成為一種功夫論。後者是返本，返本是返回到本源。人性論沒有本源，他並不是在說源頭是清淨的，本來是清淨的，而是在說可以是清淨的。這一點極為重要，呂澂說由此「可以辨別中國佛學有關心性的思想和印度佛學的根本分歧之點」。他嚴格界定了性寂說和性覺說的概念：

印度佛學對於心性明淨的理解是側重於心性不與煩惱同類。它以為煩惱的性質囂動不安，乃是偶然發生的，與心性不相順的，因此形容心性為寂滅寂靜的。這一種說法可稱為性寂說。中國佛學用本覺的意義來理解心性明淨，則可稱為性覺之說。從性寂上說人心明淨，只就其可能的當然的方面而言；至於從性覺上來說，則等同現實的已然的一般。這一切都是中國佛學有關心性的思想所有的重要區別。同樣，1943 年 4 月，呂澂和熊十力辯論的同時，給學生講課的講課稿《楞伽如來藏章講義》中說：性寂的性字說的是潛存，寂字說的是不生不滅、本來寂靜、自性涅槃。

性寂者，即經云不生不滅本來寂靜自性涅槃也。若非境界離一切分別之相，有何寂之足云？若非染位，又何性之可言？故說性寂者，乃由果推因之

談，以能成佛推其本來清淨也。此種境界，有知乃見，無知亦存，以其不待知而成，故以寂字形容。寂者原來與一切分別無涉也。原來如是，故謂之如。以是，如來藏者豈異心哉，即現在在吾儕所有具此淨相之心而已。知此，方得本心，方是學佛初步。

自己註釋「無相即無所惑亂而自顯真，故云寂也，寂非不動之謂。」這是對如來藏思想的闡明。

呂澂的性寂說同樣是功夫論的根據：我們的當下之心，總是起執成染，但是表面是染而在深處其淨猶存。

依此能趣無上覺，亦即於此安立如來藏名，而後眾生與佛乃有徑路可通，此點極要。由是，用功之道應使淨相日現，以引生正智日明。此非可由揣摩正智下手，更不可誤解原來具有此智而漫談返本。淨相之現無別方便，多聞熏習而已。（大乘小乘、般若瑜伽，凡真正佛說，無一非聞熏入手。般若功夫始終不離善友，始終聞法無怖，始終較量功德……非是瑜伽乃說聞熏也。正智絕非憑空可以自發，法華明佛之知見，必有待於開示悟入，非自發也。）凡佛聖說，無非闡明淨相，藉此聞熏逐事實踐思維顯發（思即反求，所以求者，謂聞聖說，而所求者，般若云一切智智也），長養其智（瑜伽說正智從真如所緣緣種子生，亦即此義。……輾轉增勝，所謂淨相日現，正智日明也。）故以淨相為樞紐，最後證等正覺而法界顯現，則心之徹底發露也。

這段話極為重要。呂澂從如來藏思想入手，說明如來藏只是說眾生在心的表相之下還有淨相，眾生有成佛之可能。這裡說的可能，並不是說眾生已經具有「覺」即正智，更不可以以為自己具有正智而談返本，返歸自己的正智之本。眾生平常之心的淨相，想要使之顯現，只能靠正聞熏習，多聞熏習就是法華經所謂的開示悟入，並不是只有瑜伽才說多聞熏習。也就是說，從心性的角度說人具有此性，但是人沒有能力自覺此性，而要靠外在的聖言之引發。

和熊十力函稿辯論之後，很可能受此辯論的刺激，呂澂特別著《禪學述原》分析了禪學的心性論。呂澂把禪學分為楞伽禪、起信禪、般若禪三個系統。楞伽禪，以慧可、僧璨為代表，依據經典為楞伽和勝鬘。起信禪，以道

第三節 支那內學院對熊十力的批評

信和弘忍為代表,依據經典為起信。般若禪,以慧能為代表,依據金剛經七句義釋。楞伽禪源出楞伽經,本來是和大乘相通的,但是慧可誤解了楞伽「自覺」一詞,楞伽經自覺聖智指的是佛教的親證實相的現證,慧可理解為「自性覺悟」。

故呂澂稱慧可系楞伽禪為「此方謬種」。道信繫起信禪,以大乘起信論為根據,起信論本來就是偽論不足為憑,所以起信禪是以訛傳訛。慧能般若禪本源於大乘瑜伽,但仍是「謬傳」,其錯誤就在於本覺的思想,特點是「自性本覺,起唸成妄,返本即是,別無巧妙,故其實仍是本覺思想。」總之,呂澂認為中國禪學均為誤解佛教經論所致,以致統一以本覺、性覺為思想主流,純粹為一種佛教的異端思想。他說:

吾儕學佛,不可不先闢異端,以其訛傳有損人天眼目之危險也。如從本覺著力,猶之磨磚做鏡,期明何世?眾生心妄,未曾本覺,榨沙取油,寧可得乎?即還其本面亦不過一虛妄分別而已。……本覺絕不能立。

熊、呂之共同處是都反對外鑠之學,而承認內學。都承認人之現實需要超越,而達至另一個境界。聞熏本身是一個功夫問題,即是聞熏還是反求自家寶藏;所謂聞熏是一個心性問題,即聞熏之根據何在,反求諸己之根據何在;心性為何,心性本淨是一種價值判斷,說的並不是一個實體、本體、本心,而是說心的躁動、染等等並不是心的本來的樣子。實相法性等都是無為法,並沒有能生的勢用和功能,不能夠把實相作為實體本體本心來加以揣摩,更不可以以之為起點作擴充的功夫。熊十力所謂的本心,是道德能力的開拓之心,也就是所謂良知。他以為先立其大就可以小者不可奪。呂的看法則是除了眾生當下的心並沒有另外的心,本心和真心則是在心外另立一個對象,恰好就是外鑠。而熊的看法實際上是,當下之心為習心,人們沒有反觀本心。本心和習心什麼關係呢?是一體之兩面。那麼,他就有用一個心取代另一個心的傾向。

這個心性本覺的思想根源就在《大乘起信論》。呂澂《大乘起信論考證》指出《大乘起信論》根據佛學的基本原理心淨塵染,構成了一種似是而非的真心本覺說。「它認為眾生的心原是離開妄念而自有其體的,可稱真心;這

167

用智慧為本性,有如後人所解『昭昭不昧,了了常知』一般,所以看成本覺。」《大乘起信論》的真心本覺說在修行方面影響很大。

依著中國先立乎其大者的傳統,當時有許多家都想循著它的途徑去把握真心作為總源頭。……從把握真心而入,並且由悟而修以達到恢復原來面目為目標。而依據真心的本來具足功德,將修行方法看作是可以取給於己,不待外求。這些都使學人走上返本還原的路子。……可是,這種說法與印度佛學的主張完全背道而馳。印度的大乘佛學解釋到心淨塵染這一原理時,都用本寂的實相做註腳。像龍樹說『諸法實相如涅槃』(寂滅之義。見中論);無著世親又強調實相的「自性涅槃」(見攝大乘論等)。他們從認識上著眼,以為眾生一向來由於迷妄,錯誤的認識,都得不著「諸法實相」,但這實相自存,並不因錯誤認識而有所改變,所以視為寂然。這又意味著諸法實相仍是可以認識到的,認識還是可以改正的。如此說心性本淨,就只有規範的意義,舉出了可以是又還應該是的標準,並非就已經是那樣了。

真正的修為方法應是革新的,而不是返本的。眾生之心原沒有清淨過,如何由不淨改變到與規範一致的清淨,這要有新式的成分加入,逐漸地改革,最後才面目一新。並不像舊來所說「明鏡晨昏,拂拭淨盡」就可得之的。中國隋唐的佛學,受了《大乘起信論》似是而非的學說影響,不覺變了質,成為一種消極的保守的見解,並且將宇宙發生的原理,籠統地聯繫到真心上面,而有如來藏緣起之說,又加深了唯心的色彩。這些都喪失了佛學的真精神。

性寂不是心性層面的價值判斷,自性清淨,此清淨不是相對於染而言的,染淨是一個價值判斷,此價值判斷為後設的。自性清淨是表,從遮的角度講是心性與煩惱不相應不相順,那麼和什麼相應呢,就是和清淨相應。比如一面鏡子,雖然表面上蒙上了灰塵,但是灰塵並不是鏡子的本性;但同時要注意的是清淨實際上也不是他的本性;其自性就是鏡子而已。性寂並不具有能動性,同時他不保證人是佛,他是說人可以像佛一樣清淨,他沒有說明這個能力從什麼地方來。而性覺說的是一個實際判斷,他的意思是說一旦把握了這個心性之體就是解脫。這裡的區別是後者具有能動性。

由此可見，熊十力順承宋明理學而主張功夫所至即其本體，歐陽竟無和呂澂則將功夫放到轉依上。人性和功夫的關係是，性和功夫不能打為兩截，如果完全沒有性則就沒有做功夫的基本前提；性和修（功夫）又不能是同一的，如果同一，則完全不需要功夫。

除此以外，熊十力的功夫論太過偏重個人體悟，動不動以反觀本心而後得之的態度教人。這也遭到了呂澂的批評。呂 4 月 12 日回信。呂澂對於熊十力動不動就表現出一副自得本體他人皆非、只有自己識得自家寶藏他人都是言下轉的態度極為反感，他說：

論齒兄則十年以長，論學弟實涉歷較多。人世艱虞，家國憂患，傷懷哀樂，又異尋常。而刻苦數十年，鍥此不捨者，果無深契於身心性命，而徒尋章摘句以自娛乎？弟切實所得處，殆兄所未及知。而據弟所謂切實，反觀尊論稱心之談，亦只時文濫調而已。

同時，呂澂說明了什麼叫做反己功夫（在呂澂看來反己不等於返本，反己恰恰是革新、創新。）

學問所貴乎反己者，以聖佛之心為心，理同心同。而心又不可以分分析之也（呂澂的意思是心是整個的，不可分開的）。尊論反己，獨異乎此。謂以聖說印心，有同不同，未應捨己（呂澂的意思，要心同理同，是去同於聖人之心與理而非固守自己，所以是捨己之化同。熊十力則有以本人之心來同化、比照聖人的意思，故叫凡心格聖）。是則無心同之可言，不過以凡心格聖說而已，是心果何心哉？索處冥思，見聞所及，無非依稀彷彿之談。訛傳偽說自易入之，由是鑄一成見，謂之曰吾心。則得此心之所同者，自唯有訛傳偽說矣。此所以尊論與偽說二而一也。故尊論說到一究竟處，不過一血氣心知之性，而開口說化，閉口曰仁，正是芻狗萬物，天地之大不仁。此明眼人一目瞭然者，又豈掇拾佛言濃妝豔抹，遂可自矜新異乎？

由足下之功夫，而聞鄙說性寂、性覺，宜其牽合寂而常照、照而常寂一類濫調文章糾葛而不可解。他再次表明實得於己的自信，總之，弟所得者，心教交參，千錘百鍊，絕非如兄想像治經論三字經便可了事也。

一性覺說由譯家錯解文義而成，天壤間真理絕無矣於錯解而能巧合者。二道理整個不可分，性寂說如覺有一分是處，即應從其全盤組織全盤承受，絕不能嘗鼎一，任情宰割。三佛家根本，在實相證知，以外絕非神祕，應身心體認得之。

熊十力在 5 月 21 日信中說，「我所自信無疑者，實物是沒有的，是依大用流行的跡象而假立。至所云大用者，即是本體之呈現。就用上言，是分殊；就體上言，是絕待。因此不能外吾之本心而去找體。我相信此理如是，非不如是。」熊十力 6 月 3 日「你讀書誠多於我，但吾於此理，自有真見處，豈無以自信者也？」熊十力 6 月 21 日說呂澂「天上地上，唯我獨尊」。在來信的封套上加「性覺要認得」五個字。熊十力 7 月 19 日又說「我對於佛，根本不是完全相信的，因此，對於偽不偽的問題，都無所謂。我還是反在自身來找真理。」

由上可見，熊十力有些泯除了學術和個人體會之間的界限，這開闢了現代新儒家以直覺為根本方法的弊端。應該說，「自得、自信得及、反求諸己」等是個人體驗、甚至是不能交流的體驗、交流了別人不一定能信服的體驗、交流了別人信服但不一定能重複的體驗，這在很大程度上依賴於主體間的共認，已經超出了論學的界限。

三、王恩洋對熊十力的批評

呂澂對熊十力的批判主要還是以佛教經論為依據，批判熊十力對於佛教名相概念和思想的誤讀。王恩洋的批判則主要集中在學理上。他的批判，是依據熊十力《新唯識論問答》和劉天行《新唯識論書評與質疑》而作。《新唯識論》語體本，王恩洋並未看到。熊十力《新唯識論問答》實際是收錄關於《新唯識論》的書信和語錄等加工而成，多為剖析有宗錯謬而證成己說的文字。這可以視為熊十力對呂澂和佛教界質疑的總回應，距以上辯論僅半年的時間。其主旨在於證明，《新唯識論》是融會儒佛的高峰，他說「新論之旨，本出入儒佛，而會有其極。（極，謂理之至極而不二也；觀眾理之極，而會其通，則不二。）」

第三節　支那內學院對熊十力的批評

熊十力幾乎將真如、法性、空等一系列範疇都稱之為宇宙本體，如說「法相即指宇宙萬象而言，法性猶云宇宙本體」，又說「法界猶云萬有之實體，真如即法界之名」，「真如一名，大乘舊以為本體之形容詞」，「法相，亦省云法，相當俗云現象界或萬有。法性之性，作體字解，猶云萬法實體，亦名真如」，「夫圓成實即真如之異名。（圓者，本來圓滿，無虧欠故；成者，亙古現成，非所造故；實者，絕對的真實，無倒妄故。）真如若非萬法本體，（萬法猶云萬有），則真如一名所目者是什麼？」。進而，他對於《楞伽經》所說的相名分別正智如如五法之中的正智和真如的關係有著自己的看法。他將正智與真如的關係視為能所關係，「以正智為能證，真如為所證。雖欲拂能所之跡，而實際上究是能所對待」。

熊十力進而將真如本體的本體論思想貫徹到心性論之中，主張真如本體也就是心之本性，他說：

實體本體性相：佛書，凡言相者有二義，一者相狀，二者體相；凡言性者（性字多與體字互訓）有二義，一者自性（亦云自體），二者實性（亦云實體，猶云本體）。實性者，具云諸法實性（省云法性），即是真如，亦云圓成實等等。自性則隨舉一法，皆有自性可言。如說青則有青之自性，以其不同於黃赤白等原故。乃至說真如，即真如有自性，真如不即是諸法，而是諸法之實性，故說真如有自性。……由此可知，自性與實性二名，大有區別：即自性一名，隨所指目，全不固定；而實性一名，卻是專目萬法本體。

他將之視為當然的事實，凡稍有哲學頭腦能讀佛書者，當知法相一詞所目者，有其一定之範圍，易言之，即真如法性不在法相一詞所目之內。（真如亦名法性，經論有明文，此中以真如法性合用為複詞）。謂真如法性是一切法相之實性，則是；謂真如法性亦名法相，則大悖。真如是識之實性，此中性字，與作體相解之相字，本可互訓，真如亦名萬法之實相（猶云實體）。經論皆有明文，但絕不可與相狀之相字互訓。又，實性一名，克目萬法本體，與自性一名之全不固定者，截然不容混視。

這樣的本體論、心性論落實在心性功夫論上，自然成為即功夫即本體、功夫所至即其本體的宋明理學式的思維。他說：

殊不知，淨法流行，雖非妄習，然在佛家並不謂此淨法即是真體。智與真如，猶分能所故。新論，於流行中識主宰，即功夫即本體，與空宗猶自不同，有宗更無論矣。

正是在以上本體論、心性論打為一體的基礎上，熊十力批判唯識學的種子說乃是外鑠。他認為阿賴耶識作為人的主體，其種子純粹是有漏種，從心性論上看賴耶種性論也就是儒家所批判的性惡論，「賴耶含藏一切染淨種子，而賴耶自身卻是染性。雖含有淨種，而不得發現，據有宗義，吾人的生命，只是染種所生之賴耶」，「有宗染種與賴耶之說，其不悟真性，與荀卿同。」甚至是善惡二元論，或者說是儒家批評的「善惡混論」，「有宗以種子為現行界之因，而其所謂種子，卻是個別的，是多至無量數的，故是多元論。至其種子自體，則分相見兩類，又有二元論的意義；又言種子性通染淨，復成善惡二元論。」究其根源，就是在於唯識宗不能直視本體、體悟本體，「有宗不見本體，直妄構一染性之神我，當做自家生命，此其大謬。若證見本體，即知我所以生之理，與天地萬物所以生之理，原來無二無別。」

從這個角度看，唯識宗的心性功夫論雖然也講一切智智，但是不敢說一切智智乃是人之本有本具，難免成為外鑠之學，「一切智智，為是修所顯，抑是熏習始起，修所顯者，即智即性，非智與法性為二也；熏習始起，則此智由外鑠也。」

可見，《新唯識論問答》是熊十力將與呂澂的函稿辯論體系化以後的系統闡發。

王恩洋將熊十力對唯識宗的批判總結為七點：

1. 一切眾生同一本體，本來一心不應分析以為八識五十一心所，且謂眾生各有八識等。

2. 不應分析心心所法以為見相二分。

3. 不應謂心心所法各有種子，更不應謂相分見分各別種子。

4. 不應言種子性通染淨。

5. 既立本有種，不應更以現行識之習氣亦名為種。

6. 既立本有種子為現界之因，已是諸法實體，又承認諸佛菩薩相傳之旨說法性即真如。然不說真如與種子之關係，直成二種本體論。

7. 不應立阿賴耶識以為眾生本命。

從以上七點出發熊十力認為唯識論存在著諸多內在矛盾，「唯識論名為唯識論，實為多元論、心物二元論、善惡二元論、二種本體論，名為無我，實為有我論，可謂支離破碎矯亂不通之極矣。」

王恩洋對熊十力的批判有評本體、評現象、評性智、評熊氏對佛法唯識般若兩宗之謬解、評熊氏思想與周易之不同幾部分，前兩者是體用論的批判，評性智是心性功夫論的批判，後兩者是對熊十力誤讀佛儒原典的批判。

（一）批判體用論

王恩洋將熊十力的思想體系總結為「一元的唯心論」。一元論可以分為唯物的一元論、唯心的一元論、中立的一元論。唯物的一元論以物為本體，唯心的一元論以心為本體。元就是體，一元就是一個本體。一元的本體論認為，本體是單一的，發散而為現象，所謂「一本萬殊」。王恩洋認為一本萬殊的思維不符合邏輯，這裡的邏輯指佛教的因明學。他說：

汝之本體心不應成汝現象物體、象相違故如水與金器、金與海漚。

第二，心物均為本體的現象，為何心高於物；為何某部分現象如心可以作為本體，其他部分不能作為本體。現象既然是多，本體也應該是多。

第三，本體的一如何發散為萬殊的多的現象世界。

本體和現象的體用關係，有兩種學說：王恩洋歸納為兩種，其一是外動他動說，其二是內動自動說。所謂外動他動說，指本體之外的某些東西推動本體發動，比如《大乘起信論》的「無明風動而有不覺」，本體的性本來是本覺，由於外在的無明之風的推動而不覺。內動自動說，就是《新唯識論》的體用思維。《新唯識論》的說法是：「本體寂滅湛然，而即是恆轉生化之體，至圓而至妙，至健而至神，即此神妙而變化之體，自是常動恆轉的，故

名功能，顯現萬法。」王恩洋批判說，如果體就是神妙變化的，則體就是用。既然有用的體是神妙變化的，那麼有用的現象也應該是神妙變化的。列為邏輯表示：

汝之本體應非一，象有多故，如象。

汝之本體非唯心，象有物故，如物。

汝之本體不能生翕，常流轉故，如闢。

汝之本體不能生闢，本常闢故，如闢。

評現象：

汝之本體應不清淨

現象不清淨故

如現象

或者

汝之現象應唯清淨

執體唯淨故

如體

或者

汝之現象應非汝本體之所顯現

染淨互違故

如馨香不顯現於狗糞

熊十力為了解決這個問題，繼承了宋明理學天命之性和氣質之性的劃分，認為從天命之性看人人皆善，但從氣質之性看人難免受到氣質稟賦的影響。在他看來，儒家的性字有材性和天性兩個截然不同的意義。材性就是氣質之性；天性則指人生本原也就是本體。他說「天性即本體，本體之流行哪有一毫雜染，但其流行也不能不翕而成物，否則無所憑籍以自顯。然翕也者，

造化之無有作意而一任其自然之機，非有定準可為之齊一也。」王恩洋認為熊十力的所有論證都無效，「實全無法解釋至善之本體何以顯現為惑染之人生」。

（二）心性功夫論

性智是相對於量智而言的，在熊十力性智是他創造《新唯識論》的「實證」智慧。在《新唯識論要旨述略》中，他綜述是書要旨第一項就是「歸本性智」。性智是實證本體的智慧，熊十力《新唯識論》說「吾人如何才能知道本體，只須憑著性智的自明自覺，反求諸己。」在答謝幼偉書中說「性智是本心之異名，亦即是本體之異名。」、「本心元是圓明昭澈無有倒妄，又曰性智」。王恩洋認為，依照熊十力的定義，性智就是本心，本心就是自性，自性就是真如，真如就是本體，則所謂內證本體的功夫無非是「性智自證性智，本心自證本心，自性自證自性，真如自證真如，而本體自證本體。」這從邏輯上看，等於什麼都沒說。

進而，將心分為本心和習心，本心為本體之顯現，那麼習心是否是本體之顯現呢？如果習心也是本體之顯現，則本心和習心沒有區別，習心就是本心；如果習心不是本體之顯現，則有非本體的顯現之物，體用論就不能成立。熊十力將習心的來源歸於氣質之性，同樣不能解決問題，這就需要問氣質之性是否為本體之顯現。氣質之性不是本體之顯現，那麼就有非本體之現象了。

本體論、一本萬殊思維最大的問題，在於它認為「生命同源、心理不二」，這樣就沒有辦法說明現實世界惡的來源和差異的問題。王恩洋認為這會成為現實人生的「決定論」，即萬物一體，同一本源，則萬物不異，從價值上無分高下。同時，「一人解脫，一切解脫」。

王恩洋認為熊十力的本體論、心性論、功夫論打為一體實則是互相矛盾。他用一系列因明公式表示如下：

汝執萬象應不自覺，性常覺故，如性。

汝執性智應自不覺，象不覺故，如象。

汝執眾生應頓成佛，與佛一體故，如佛。

眾生與佛應不同體，覺迷異故，如商臣、尼父。

設謂商臣、尼父天性本一體自同者，則應尼父應非聖，許體性同商臣故，如商臣。

商臣應非凶人，許體性同尼父故，如尼父。

商臣、尼父氣質應是一，執彼體性唯是一故，如彼體性。

對於熊十力所謂性智內證，王恩洋更是大加批評。他說「以云讀經，尚且未能解了文義，更何與於性智內證也耶！實有真空，茫然無知，而敢云冥證真如耶！是豈反己體認，直意之耳！」

小結

王恩洋主要是從佛教唯識學的角度採用佛教因明學的邏輯來對熊十力的本體論和心性論進行批判。熊十力雖然採取了唯識學的範疇，但是從根本上說他具有根深蒂固的宋明理學「一本萬殊」的思維。這遠承《中庸》「天命之謂性」的本體論和心性論合論的思維。王恩洋則秉承著佛教緣起論的基本原則來進行批判，其中「因果同類」、「因果平等」等，決定了兩者具有尖銳的對立。

第四節 王恩洋對馮友蘭的批評

在現代新儒家中，馮友蘭是新理學的代表。他很自覺地試圖建構一個哲學的系統。他說有「照著講」和「接著講」兩種哲學的方式，很明顯他是試圖接著程朱理學而講理的。1930、40年代他所著的《新理學》、《新事論》、《新世訓》、《新原人》、《新原道》、《新知言》等一系列哲學著作，合稱「貞元六書」，影響甚巨。其中，《新理學》是貞元六書的哲理基礎，他宣稱新理學系統是「最哲學的哲學」。

賀麟說，沒有人承認他的這種吹噓。洪謙用維也納學派拒斥形而上學的方法，對馮友蘭進行了細密的批判。這可以說是西方哲學界的批判。馮友蘭則著《新理學在哲學中之地位及其方法》一文，回應又稱新理學為「最哲學

的形而上學」。這表明，他建構的形而上學沒有維也納學派取消掉的形而上學的內在問題。中國哲學界對他進行批判的要數王恩洋。

王恩洋的批判極為全面。馮友蘭《新理學》共分為理、氣、道、性心、道德、勢、義理、藝術、鬼神、聖人十個專題章節。王恩洋著作了十三大批判，一個章節也沒有放過，針鋒相對地一一評說。《新理學評論》分為評理氣之生物、評氣之有無、評理之有無、評真際與實際、評兩儀四象、評道與天道、評心性、評道德人道、評勢與歷史、評義理、評藝術、評鬼神、評新理學之所謂聖人，末了還不忘申說一遍自己的儒學觀，文長八萬字之多。

王恩洋完全不能贊同馮友蘭所宣稱的新理學是接著程朱理學往下講的說法，認為新理學既不是對中國哲學之延續發揚，也不是中西合璧。他說：「馮先生之新理學，既不足以繼周易，亦未足以續程朱。實乃以西洋唯物論思想為骨幹，而穿一套中國古裝者。」又將皮球踢給了西方哲學界。賀麟認為在對馮友蘭新理學的評價中，「王恩洋先生比較客觀」。以下我們按照評論的專題，分為理氣論、心性論、儒家聖人論幾個專題，來審視王恩洋對新理學的批判。

一、評馮友蘭理氣二元論

新理學，是為了承繼宋明理學，建構當代社會的新儒學。新理學主張世間的萬物，有其依照和依據。依照即理，依據即料。理是事物的所以然，料是事物依據的材料即氣。「氣之極純不與理相合者，名之曰真元之氣」。比如一座房屋，必然有其依照的理，即房屋之理。然而只有房屋之理，沒有依據的料也就是磚瓦等，不足以構成房屋。只有磚瓦等料，沒有房屋之理，也不足以構成房屋。磚瓦等料，可以進一步分析，分析到最後的不可思議不可名言的氣，稱之為真元之氣。真元之氣無形無象不可思議，稱為無極。萬物依照於理而有其性，故理為太極。

王恩洋總結馮友蘭的新理學思想為「理氣二元論」。他從理氣關係、理氣和具體事物的關係等多方面進行了批判。

（1）理氣不能生萬物。王恩洋主要從具體事物和理氣的關係來分析。具體事物不依照於理，則不成其為具體事物。但是具體事物所依照的理卻是「虛而無能的」，理不能單獨的成立事物。理沒有能力自動生成事物，則必須依賴於氣。但是，氣也沒有這個能力單獨的生成事物。這就要求，理氣相結合來生成萬物。理既然無能，故理是不能主動來主宰氣的；那麼，就必然要求氣主動的尋求和理的結合。這是何以可能的呢？氣既然是混沌一團，毫無理可言，那就沒有主動尋求和理相結合的能力。故理氣不能共同產生具體事物。

王恩洋用具體經驗做了說明。以馮友蘭所舉過的房屋的事例來看，有房屋的理，有房屋的磚瓦等料也就是氣，但是沒有人工的加入，絕對不能構成房屋。「豈彼房屋之理能驅使結構梁棟土石等以成屋！豈彼梁棟土石等能依照房屋之理而成屋哉！」從具體經驗推論到宇宙萬物，就更沒有退路。理氣二者怎樣生出宇宙萬物呢？房屋除了理氣還需要人，那麼宇宙萬物的生成除了理氣以外就需要一個上帝了。

另外，一個具體事物依照於理依據於氣而生。王恩洋追問道：那麼，事物是未成為具體事物之前「依照於理依據於氣」呢，還是已經成為具體事物以後「依照於理依據於氣」呢？假如是前者，事物還未存在就是虛無，不能說虛無有所依照依據；假如是後者，事物已經生成了，自然就具有事物之體性，也不需要這依照和依據。

最後，王恩洋斷言：「汝之理氣不能生實際的事物，實際的事物不從汝之理氣生。故如新理學者所說之理氣全無用處，無關於宇宙之真實也。」

（2）無氣。馮友蘭說「在我們的系統中，氣完全是一邏輯的概念，其所指既不是理，亦不是一種實際的事物，一種實際的事物是我們所謂氣依照理而成者也。」然而，馮友蘭又說「未有無理之氣，亦未有無氣之理。」

王恩洋認為，馮友蘭在此處陷入了矛盾，作為純粹的氣首先是和理有區別，因為一旦和理結合就是具體事物而不是氣本身了；但是氣又必須和理結合，沒有無理之氣。「氣是無極，是無性、無體、無名、無相的，而同時又是依照存在之理而存在的，依照動之理而動的，依照靜之理而靜的。」這樣會推出氣不是氣的結論。為什麼呢？沒有無理之氣，氣必然依照存在之理而

存在,那麼事物就必然有「依照」的能力。事物既然有依照存在之理的能力,也就有依照認識之理、希求之理、窮理盡性知天之理的能力。於是,氣就不是氣,而成為心、神、上帝了,因為這樣的氣能夠依照於理、窮盡於理、運用理。

(3) 無理。馮友蘭主張「純真際之理乃一切事物之所以然之故及其當然之則,是本來自有不待他成的。」這個按照程朱理學的命題說,即理在氣先。在沒有具體事物存在之前,必然是先有其理;具體事物消亡以後,其理仍繼續存在。比如圓的事物雖然眾多,圓的理則是一個。同樣,人雖然無數,但人的理也是一個。同一類的事物必然依照同一個理,這個理稱為極,極是眾多具體事物的標準和限度。這樣的理,顯然和程朱理學的理有了區別,頗具唯名論的意味。

王恩洋的批判比較冗長,可以總結為兩個問題:其一,具體事物和理的關係;其二,理和理的關係。

某種具體事物符合某種理,這並非具體事物自動自覺地去符合某種理,而是眾緣和合的結果。「因非一因,理非一理。」

比如,一個事物要成為圓的事物,要具備韌性、外力等諸多條件方成,事物自身沒有符合於圓理的自覺和自動的能力。事物如果都依照於本然之理來成立,則「物皆有心」,這就混淆了心、物的範疇。理本有,則一切事物之理均為本有,所以一切實際的事物都同時俱存。如果理存在以後,還依賴於勢,即依賴於其他條件,則理的存在就不是必然。

再來看理。馮友蘭所謂理為同一類有同一之理,相當於柏拉圖的天上的床的理念論。他的理論困難也和柏拉圖理念論相同。王恩洋作了追問。事物無窮,則理也無窮。事物的類無盡,則理也是無盡。每一事物都是個別的具各別特質的,則每一事物未生之前都有其存在的理,「馮先生未生之前,無始時來已有一馮先生之理」。每一事物都會變化,一旦變化則事物之理隨之改變,那麼同一個事物每一剎那都應該具有一個理,一個事物之理就也是無窮。因此,王恩洋主張「但有殊相,無別共理」。

馮友蘭的理氣論，號稱接著講程朱理學講而非照著程朱理學講，所以他不僅沒有克服程朱理學的內在矛盾，反而增加了理論的困難。

二、評馮友蘭心性二元論

馮友蘭的心性論是從理氣論貫穿下來的，形而上的理氣論，落實到心性論，則有義理之性和氣質之性的分別。義理之性為純善之性，氣質之性依據於氣質，所以氣質之性有不善。人性從義理之性而發的行為，就是善；從氣質之性發生的行為，就有善惡的分別。這就成為某種心性二元論。馮友蘭的這套心性論，不能算是獨創，是照著程朱理學講的。

王恩洋分析了義理之性和氣質之性。義理之性實際上就是理，理不存在，所謂義理之性也不能成立。氣質之性，是氣依據於理而稟得之性。馮友蘭以為所謂惡的根據在於氣質之性。但是，氣依照於理而存在，為什麼產生惡呢？氣本身是和理有絕對差別的，氣沒有任何性和理，如是則氣沒有不依照於理的能力或者不完全依照於理的能力。因此，在氣和理結合的過程中，不能說就產生了不符合於理的惡。因此，氣質之性也是全善的。「依作者之系統，萬事萬物既依理以成性，即世間唯有善而無惡，且無不善者，且皆至善者。」義理之性和氣質之性的區分，不能解決「惡」的來源的困難。

總體來看，馮友蘭的心性論存在著不可解決的困難，這個困難不僅是馮友蘭新理學的困難，而且是程朱理學舊理學遺留的困難。王恩洋認為理學的格物窮理必然要走入心學，「理學家窮理之極，必入於唯心論而後其學有著落。」馮友蘭的心性論完全從理氣論落實下來，實際上就沒有了心的超越性，而僅成為一種理氣二元架構下的二元人性論。所以，王恩洋總結馮友蘭的困境之根源說，「馮先生但要理學家的理與氣，而不要他的心，這是絕對不可的。……無極而太極，是『而』不出來的；生生不息，是會不生而息的。」宋明理學的理、氣、心三者共同起用，才構成宋明理學的完整架構，捨棄一端而取其片面，則理論系統就不能夠構建成完備的系統。「理也氣也心也，三者不可離者也。……要則俱要，不要則俱不要，不可一要一不要。」

三、評馮友蘭儒家聖人

觀馮友蘭認為聖人必備兩個要素,即大智和大仁。大智是說聖人的知識是超越於具體經驗之上的,是能知宇宙大全的知識,是知天的。知天的功夫,就是哲學的活動。大仁是說,聖人超越小我,渾然與萬物同體,也就是事天。事天的功夫,就是道德的行為。馮友蘭規定說,「聖學始於格物致知,終於窮理盡性。格物致知是知天,窮理盡性是事天」。他形象的歸納為「聖學始於哲學的活動,終於道德的行為。」

我們反過來說,哲學的活動是做聖人的開端,哲學的活動是格物致知,格物致知就是知天的功夫,知天就是真正的智慧。朱熹也講格物致知,但馮友蘭自覺地做了區別。按照朱熹的說法,「所謂致知在格物者,在即物而窮其理也。凡人之靈莫不有知,而天下之物莫不有理。唯於理有未窮,故其知有未盡也。是以大學始教,必使學者,即凡天下之物,莫不因其已知之理而益窮之,以求至乎其極。至於用力之久而一旦豁然貫通焉,則眾物之表裡精粗無不到,而吾心之全體大用無不明矣。」

馮友蘭提出自己的新理學和朱熹理學的窮理有兩點差別:

其一,朱熹窮的理,是「理之內容之知識」;馮友蘭窮的理,是「理之有之知識」。在馮友蘭看來,理的內容是無有窮盡的,是不可「窮」的理。他提出的理由則稍顯奇怪,他說「朱子於此,誠有錯誤,但其錯誤,不在於以理為不在心,而正在其以理為亦在心。照我們的看法,事物之理,完全不在我們心中。」

其二,朱子的理是可以窮盡的,因為朱子所謂理都是在我們心中,所以豁然貫通之後無所不知;馮友蘭說理是沒有底的,是無法窮盡的,他所謂知天、豁然貫通是知道「有理」或者說「理有」。他說:「我們的心雖不具眾理,雖不能盡知理之內容,但於其完全瞭解一切事物皆有其理,而一切事物之理,又皆系其最完備之典型時,亦可謂為豁然貫通。……至此我們可以說是已知天。」

我們可以將馮友蘭的這兩個觀點簡化的說：其一，理在心外；其二，理不可窮。

王恩洋認為，馮友蘭所謂知天實在太容易，理又完全沒有內容，所知道的最多只能說是「必有理而已」。他不無諷刺地挖苦道：「這種的知識，在著者以為最高，如此的哲學乃最哲學的哲學，其實是最低最幼稚的了。」這個批評是有道理的。理如果沒有任何具體內容，或者說他唯一具有的內容就是「有理」，那麼再沒有比這個規定更為貧乏空洞的了。進而，聖學的所謂大智無非就是最空洞的知識、最貧乏的智慧。

應該說，馮友蘭新理學在此犯了最大的錯誤。他首先錯誤地揣度朱子理的內容，混淆了朱子所說的理和具體事物的共相、科學規律的關係，進而將朱子所說的「心與理一」錯誤地修正為「心與理二」、「理在心外」。這不僅不符合陸王心學，也完全不符合程朱理學的通識。王恩洋鮮明地看出了馮友蘭「理在心外」對儒學的歪曲。理在心外，就像是說「人不過一架機器，聖人不過一架最良的機器」。

這樣，人就成了一個認知工具，「一切一切皆奉天承天而行之，何有於萬物皆備於我！何有於反身而誠！何有於至誠無息，成己成物，盡其性以盡人之性以盡物之性以位天地而育萬物哉！」這完全違背了中庸孟子的基本精神。確實，馮友蘭所說的心完全是從認識能力的認識心來規定的，由於他只堅持理氣的二元，完全失掉了心物關係的宋明理學內涵。以認識心來窮理，正是儒家所批評的「襲義於外」，王恩洋批判他道「襲義於外，而欲為聖學作聖人，為天地立心，以萬物為體，徒有空言，都無實義。故馮先生之學非作聖之學，其所謂之聖人亦非聖人也。」

再來看馮友蘭的大仁，大仁就是窮理盡性以事天，就是道德的行為。按照馮友蘭的看法，人能夠知道事事物物皆有其理，自覺充分地實現人所依照的理，這樣就可以超越自己。所謂道德的行為就是最社會化的行為，「人之行為之最社會底者，是道德底行為」。人作道德的行為，即事天。達到「其自己即是大全，大全即是其自己」就是大仁。

第四節 王恩洋對馮友蘭的批評

這些，在王恩洋看來都不能成立。首先，馮友蘭所謂道德的行為，其前提在於哲學的活動中所窮的理，然而此理不能成立，所以行為就失去了前提。其次，行為所依據的理是空洞而無內容的，依據「有理」這貧乏的理能開出什麼樣的行為呢。第三，馮友蘭將大智和大仁分開來說「聖學始於哲學的活動，終於道德的行為」，違背了知行合一的宋明理學基本命題。這無異於是在說「作了哲學家，再作道德家」。

統觀王恩洋對於馮友蘭的批判，我們可以看出，王恩洋的依據在於經驗現量、邏輯解析、儒家經典文證三個方面，其批判是有效的。喬清舉先生在《論王恩洋對馮友蘭新理學的批判及其對現代中國哲學發展的意義》一文中提出，兩人的區別是「佛學和儒學之異」、「心學與理學之異」、「傳統心學與理學分歧在現代的邏輯結論」、「道學與哲學之異」來總結兩人對中國哲學發展的啟示。本書均不能贊同。

王恩洋對馮友蘭的批判沒有立足於佛學進行批判，不是儒佛之異的辨析；他也沒有站在心學的立場上批判馮友蘭，王恩洋對心學實際上也是有不滿；兩者也不是道學和哲學之間的差別，王恩洋當然推崇聖學，馮友蘭也未嘗不是如此，否則就不會致力於建構聖人之學和天地境界。至於作者所謂「識和儒家的良知具有共同性，王恩洋正是把良知和唯識學結合在一起」，這樣的論斷不符合王恩洋思想的實際，更是沒有任何依據。儒家的良知，在王恩洋的語境中相當於唯識宗所說的「無漏種」和「無漏智」，絕對不能簡單地等同於識。唯識宗中，識專門指八識，其核心是阿賴耶識，和良知截然不同。王恩洋從未有過如此斷語。

第五章 儒佛會通論

　　佛教和儒學的交鋒與變奏，構成了中國哲學發展的基本脈絡。然而，佛學和儒學從來不是閉合的、單一的，他們無時無刻不處在異化、變動、碰撞、融合之中。宋明理學話語中的佛教，總的來說是以禪宗為代表的中國化佛教。到近代，隨著法相唯識學的復興，宋明理學的批判失去了原有的合理性。法相唯識學家，擎起瑜伽唯識的大旗，一度讓儒學黯然失色、啞然失語。以致儒學的新開展，對此必須予以回應。

　　新儒家梁漱溟、熊十力，正是一面深研唯識學，一面打著「回歸宋明儒真面目」的口號，重構儒佛的基本關聯。以至於有研究者將這種複雜的狀況繳繞地稱為「陸王派的唯識學新儒家」。弔詭的是，以支那內學院為代表唯識學家也並沒有固守法相唯識學，他們在更深的層次上融通儒佛，更高標識了「回到孔孟原儒」融通孔佛、孔佛一如的基本宗旨。我們不妨將之稱為「唯識學的孔孟新佛家」。這代表了兩種儒佛之辯的基本走向。

　　新儒家的走向，在海外新儒家的開拓之下，不斷發展。支那內學院的走向，則幾乎銷聲匿跡。然而，事實和是非不能夠混淆，正如臺灣學者藍吉富的追問，如果說熊十力在曲解佛家的基礎上恰好正確地闡明了儒學，這不能不說是讓人匪夷所思的。郭齊勇先生稱這種現象為創造性的誤讀。實則，誤讀就是誤讀，在誤讀的基礎上創造，也同樣讓人匪夷所思。

　　唯識學與儒學在性與天道上的互動有兩條走向，一是以支那內學院為代表的用佛教緣起論和種性論重構性與天道的走向；一是以現代新儒家為代表的參照唯識學進行儒學重構的走向。前者是以佛攝儒，後者是融佛入儒。現代新儒家融佛入儒的走向，早已為學界所熟知。我們主要對支那內學院以唯識學融會儒學、重構儒學的思路加以檢討，並簡要地分析其對中國哲學發展的影響與啟示。

　　支那內學院和王恩洋對於宋明理學和現代新儒家的批判，易予人以「以佛闢儒」的典範的印象，而實質上支那內學院只是批判宋明理學和「虛冒」的唯識學的結合，其內部自有一種儒佛融合說。他們的儒佛融合說，遠承楊

文會的三教觀，進而有歐陽竟無的孔佛一如觀，最為知行合一的要數王恩洋的儒佛並宏，他形成了一種儒佛融合的人生哲學。王恩洋的生性是儒家人格的，他是以學為人、以提升人的境界的目的來做佛學的。在他心目中，人應該怎樣生活，人是什麼，是第一位問題。

所以，他的佛學是富於儒家道德意義的佛學。儒家和以法相唯識學為核心的佛教怎樣從形而上學和心性論兩個層面進行溝通，是王恩洋思考最多的問題。所以，近代儒佛之辨的主題也可以說是近代唯識學視域下的性與天道。他對於兩者的批判，並不是在反對儒學，恰恰相反，他的目的是在清理批判對儒學的誤解基礎上次歸儒學的孔孟本源，並進一步融合儒佛。這個思想，和支那內學院歐陽竟無具有思想上的繼承性。

第一節 歐陽竟無的「孔佛一如」論

歐陽竟無的儒佛融攝是以唯識學為主的純粹佛教與原始儒學的融合，有別於傳統思想中以禪宗為代表的中國化佛教與以宋明理學為主的儒學之辨的融合。同時，他的儒佛融合，帶有鮮明的以儒學為佛學應世之學的特色。他的方法論是，嚴格限定儒學和佛學的內容，從而在學理上探討兩者內在思路的融攝。他批判了以天臺華嚴禪宗淨土為主流的中國化佛教，簡別了《大乘起信論》為主的中國佛教經典，重構了「內學」；他批判了宋明理學為主流的儒家，批判避談寂滅本體的儒學，也批判了剛剛興起的現代新儒學，重構了儒家。進而，他主張以「三智三漸次」為具體的方法，將儒學和佛學作深入的融合。他的儒佛融合思想，對當時的思想精英層產生了深遠的影響，有其重要意義。

長期以來，佛法一直存在著出世的超越企向和入世的社會參與之間的緊張。佛學要融入社會對知識精英產生影響不外乎兩種途徑，其一調適自身以適應社會、順應世俗，其二將佛學與世俗社會的思想、信仰相結合。前者不免導致佛教的世俗化，後者難免導致佛學的宗教化、哲學化，成為純粹思辨的理論體系。作為近代唯識學復興的重鎮，歐陽竟無支那內學院跳出以上兩重詬病，以唯識學融攝儒學，形成了孔佛一如的超越而內在的文化模式和應

世方法。這種文化模式既保證了佛教的純粹和超越的特質，又對知識精英產生了廣泛而深入的影響。相對於太虛人間佛教來說，有其獨特的價值和意義。

一、純粹佛學與拒斥現代性

近代佛教的復興以唯識學為主流，形成了歐陽竟無支那內學院和太虛武昌佛學院兩座重鎮，分別代表了居士佛教和教內佛教的思想高峰。然而兩者對於佛教的定位並不相同，太虛是以唯識學統攝整個中國化佛教包括天臺宗、華嚴宗和禪宗等流派。相較而言，歐陽更具有純粹佛學的色彩，他的佛學體現出濃郁的義學、經學式佛教的特色，其對佛學總體的把握是以般若學和唯識學為主體，以直接研讀經論為研究方法。他說：「非西域龍樹、無著之學不可學」，「今所宜闡揚者，般若、瑜伽之教，龍樹、無著之學，羅什、玄奘之文」。

他把佛教恢復到中古的名稱而稱為「內學」。所謂內，按照他的界定，指的是「無漏、現證、究竟」，這也是佛學的特質。無漏和有漏相反，漏即流轉、煩惱，無漏是清淨的超越智慧。據《瑜伽真實品》，也就是指煩惱障淨智和所知障淨智，是淨除障蔽的超越智慧。現證和邏輯推理相反，世俗知識的證成依賴邏輯推理，而佛學是佛陀對真理的現觀實證的直接體驗。究竟和不究竟相反，究竟指的是了義的終極圓融之學，體用兼備。其他學問都難免對本體的把握不夠真切，對發用的把握過於偏狹。據此他提出佛學研究方法的獨特之處在於「結論後之研究」。

以此為準繩，歐陽展開了一場純粹化佛教、淨化佛教的運動。他認為佛法晦淡有兩個原因：「佛法之晦，一晦於望風下拜之佛徒，有精理而不研，妄自蹈於一般迷信之臼；二晦於迷信科哲之學者，有精理而不研，妄自屏之門牆之外。」

他左右開弓，對佛法的「法定繼承人」佛教徒和哲學化、宗教化佛教的知識界展開批判。具體而言，有四大批判：

（一）中國化佛教批判

中國化佛教指隋唐以來形成的天臺宗、華嚴宗、禪宗等。他認為天臺宗、華嚴宗違背了內學「現證」的特質，其創立者沒有現證，比如天臺智顗自謂五品。以致指斥「自天臺、賢首等宗興盛以後，佛法之光愈晦」。禪宗末流則成為「盲修之徒」，其倡導的直指人心見性成佛，違背了佛法多聞熏習、如理作意（《攝大乘論》）的修習程式。

（二）《大乘起信論》批判

《大乘起信論》是中國化佛教的經典依據。和日本學者透過考證該書著者、譯者等入手辨偽不同，歐陽竟無的批判主要從學理展開。他提出《大乘起信論》的兩個謬誤，「渾（正）智（真如）如於一」和「真如與無明互熏」。其弟子王恩洋據以發揮成《大乘起信論料簡》，影響深遠。

（三）批判當時的佛教「方便」

方便本為佛法入世參與社會的重要途徑，但歐陽對太虛等提出的佛法參政等過度世俗化的策略進行了尖銳的批判。他說：「中國內地，僧尼約略總在百萬之數，其能知大法、辦悲智、堪主持、稱比丘不愧者，誠寡若晨星。其大多數皆游手好閒，晨夕坐食，誠國家一大蠹蟲，但有無窮之害，而無一毫之利者。」這無疑是將大多數佛教徒列入了蠹蟲的行列。他甚至提出建議，從上百萬的佛教徒中選拔其優秀者數百人精研佛法，其餘的則勒令還俗，從事士農工商。在他看來，大多數佛教徒根本無法擔當弘揚佛法的重任，不能代表佛法的精髓。

（四）批判佛法的哲學化、宗教化的現代轉化

他提出，西方宗教是有神論的、盲從聖經的、戒約森嚴的、盲從信仰型的神學形態，而佛教是依法不依人、依義不依語、重視內心自證的獨特思想。哲學是追求真理而永無止境的沒有結論的學問，其思維程式也都是佛教批判的「虛妄遍計所執」的層面。佛法則是現觀實證的真理實相。據此，他主張佛法非宗教非哲學，這無異於說佛法超越宗教和哲學，斬斷了佛法現代化轉化的途徑。

二、菩薩精神的儒家與拒斥宋明理學

歐陽竟無剝奪了僧侶的「法統」，也批判了思想界用哲學和宗教轉化佛學的可能，亦即佛法的應世不能以違背佛理為方便。那麼如何保持佛學的生命力呢？歐陽認為只有儒學能和佛法相當，「中國推至全球，唯有孔佛理義同一，餘則支離蔓衍，不可為道」。不過，他對儒學的認識並非開始就如此清晰，而是經過了漫長的曲折，可謂三變而始得其宗。歐陽最初研習宋明理學而不能得，乃轉而學習佛學，於佛學豁然貫通之後，「返讀孔子書」，方才悟道孔佛一如。

歐陽竟無所說的「孔子書」並非我們現代學人所說的《論語》，而是以《中庸》為首的包括《大學》、《論語》、《孟子》、《周易》等原始儒家經典群。在他看來，《中庸》是儒家唯一的系統性概論，儒家的寂滅本體具體呈現在中庸之中。所謂中庸，「中即無思無為寂然不動之寂，庸即感而遂通天下之故之通。……寂曰大本，通曰達道，寂而通曰中庸。」中為寂滅本體，庸為達道之用，儒學也是體用兼備之學。儒學和佛學的區別僅在於程度上的差別，「孔學是菩薩分學，佛學則是全部分學也」，即儒家重行而佛教行、果兼備。這無疑是將儒學納入到佛教的成佛序列之中使之成為一個環節，使儒學成為具有菩薩精神的儒學。

據此，歐陽竟無批判了傳統儒學對於根本孔學的背離。

（一）批判韓愈、宋明理學對於孔子寂滅本體的誤讀

他認為，儒家自古以來除了孟子以外對儒學的詮解都存在根本性的錯誤，即對於本體的把握有誤。於是，產生出對本體的三種態度，即「錯，駭，怖」。對本體不能體認，為錯；聽聞本體寂滅而驚駭，為駭；驚駭以後心生恐懼，為怖。這個錯誤從韓愈一致貫穿到宋明理學。韓愈的錯誤在於將佛教的寂滅寂靜理解為「斷滅空」、虛無，以致為了強調儒家和佛教的區別乃斷除了儒學本有的寂滅本體，「自韓歐諸文學家，誤解清淨寂滅以為消極無物、世界淪亡之義，於是千有餘年讎棄根本，不識性命所歸，寧非冤痛。」其流毒深遠，「韓愈誤清淨寂滅，遂惡清淨寂滅，並使千載至今，張冠李戴，豈不冤哉！」

宋明諸儒除了王陽明以外，都延續了韓愈的錯誤，以致特別重儒佛之辨和「闢佛」，「諸儒，一言寂滅寂靜，即發生恐怖，恐怖不已，發生禁忌，禁忌不已，大肆譭謗。」因此，歐陽對宋明理學提出了強烈的批判：「宋明諸儒不息，孔子之道不著」。對他的弟子現代新儒家熊十力以宋明理學為主融會佛學的企圖，則特別提出警告曰「敬告十力：萬萬不可舉宋明儒者以設教。」

（二）批判鄉愿式中庸

歐陽認為傳統儒學對於孔子之學不僅是學理上的誤讀，還是精神人格上的背叛。他說：「孔子真精神，嚴之以義利之界也歟」。義利之辨在人格養成、家國觀念、民族氣節等方面具有重要的精神意蘊。義利之辨就像是種子，學問思辨行就像是耕耘，如果沒有義利之辨的種子，再多的耕耘都無濟於事。「狂者進取，狷者有所不為」（《論語·子路》）的狂狷精神，能夠促成人的完善和超越，甚至直達捨生取義的高尚境界。反之，則為鄉愿，一種基於利益計較的偽善。他以此來判別真儒和偽儒，「真孔以狂狷為中庸，偽儒以鄉愿為中庸」。在他看來，傳統儒學不過是鄉愿式的中庸學，完全違背了孔子之道，必須予以批判，「二千餘年，孔子之道廢，鄉愿之教行」。

三、「孔佛一如」的文化模式

如此，佛學為淨除煩惱的智慧對真理實相的現觀實證之學，儒學為超越功利、以寂滅為本體的踐行之學。很自然地，歐陽竟無就將兩者相結合，提出「孔孟與釋迦不異」。那麼，兩者會通互攝的內在思路何在呢？

（一）一貫

歐陽竟無以為，儒佛的共通特色首要的是一貫。所謂一貫，並非《論語》中說的貫通性與天道的形上、形下體系性的貫通的一貫。歐陽所謂一貫，「一」指的是本於內心之一心，「貫」是以一心為樞紐收攝一切境行果，「一貫」也就是指以人心為可以創造性轉化的動力之源和樞紐、同時都認同人心具足內在超越的充分條件的本於自心的自得之學。他說：「直下明心，不願乎外，是之謂一；無入而不自得焉，是之謂貫。」、「般若直下明心，孔亦

直下明心。」能否「一貫」為判別學問真偽的根本標準,「道定於一尊。一則真,二則偽。孔一貫、孟一而已矣,經旨俱在,而可誣哉?」

(二) 體用

「孔道,依體之用也,行也。」、「佛法,依體之用,而用滿之體也,行而果也。」儒學和佛教的區別和聯繫在於,儒學為行為用,佛學行果兼備、即用顯體。

歐陽竟無的體用論,有別於傳統體用論,而自成體系。他的體用論分為四重:體中之體,體中之用,用中之體,用中之用。就佛法而言,分別指一真法界、二空所顯真如、種子、現行。

一真法界作為體中之體,其特質是「周遍一切、諸行所依」,即具有絕對普遍性、萬物皆具足,依則指疏所緣緣而非因緣和增上緣,不能由一真法界生出萬行。

二空所顯真如是體中之用,其特質是為人證得,是所緣緣。

種子是用中之體,其特質是種子積集於藏識,是一切有為法的因緣。

現行為用中之用,是指現行具有強盛的作用和能力,是種子之體的用。

其中,一真法界保證了眾生皆有佛性的絕對普遍性;二空所顯真如,則顯示出本體「非能生之本體」,而是有得於眾生漸漸了悟生空與法空「所證悟的本體」。種子是形象的說法,外在的樹木花草都有其種子,阿賴耶識的種子相當於精神性的種子,精神性的種子作為潛能儲藏在阿賴耶識這個藏識之中。精神性的種子遇緣則生成現行,所謂現行是現實的作業行為。種子和現行,是對人之心性的直接性的揭示。

歐陽竟無的體用論,表明只能在用中之體和用中之用上用功夫,而不能在第一重的體中之體和體中之用上用功夫。人唯有不斷地創造性轉化其種子、淨化其現行,方能使二空所顯真如顯現。

所以在《孔佛》中,歐陽竟無劈頭就說「有體,有用,有依體之用,有用滿之體。」就心而論,心體的特點是「寂」,心的用為「智」,此處的智

不是世俗智慧,而是相應於寂的智。所以寂滅之心為心體,見寂之智為心用。智寂不離,「寂靜而有為,有為而寂靜」是為「應體之用」。應體之用,也就是行。寂就有絕對普遍性,為人人皆有;然而智並非人人皆有;寂需要智才能顯發。寂和智須臾不離,則能達到觀一切無所有,然而又不捨眾生的狀態,稱為「用滿之體」。用滿之體稱之為果。儒家之道主要是重行,是依體之用。佛法則包含了依體之用和用滿之體,是行果兼備。

所謂寂,詳細言之即「寂滅寂靜」、「涅槃」、「人欲淨盡,天理純全」,這些都是對最高本體一真法界的描述。他說:「人非喪心病狂,無不知重自家本體。何為本體?寂滅是也。寂滅非頑空無物也,乃人欲淨盡,滅無一毫,而後天理純全,盡情披露。寂滅寂然,是其相貌,故寂滅為本體也。」

亦即,所謂本體並非虛無、零,而是指去欲無執的狀態。他認為,一切學問最重要的就是要把握本體,不能把握本體就不成其為學問,「不知寂滅寂靜,是無本之學。何有於學?何有於佛學?何有於儒學?」他甚至用一句彆扭的儒佛混合語來表示為「古之欲明明德於天下者,我皆令入涅槃而滅度之。」

寂滅本體的大用為心性論,「依天道性,立人道教。依天道性,雖雜染種,而隨順清淨種,由隨順趣向,而引發轉變,乃脫胎其凡家生於聖。是則教與非教之判,判之於寂滅清淨是依、流轉雜染是隨而已,而世見不知也。」由體起用,體用論運用到心性論,是「依」體而立用,所謂依是順應,順應著本體而設教。

體用論運用於功夫論則是:「性修非二,二則功夫全然不是;性修非一,一則已至,不用功夫。」這就是說,如果人性和功夫截然有別,人的修行功夫不指向本心本性,則此功夫毫無意義。然而假如人性和修行功夫斷然一致,則人已經具有此本心本性,就絲毫不需要修行功夫。

(三)宗趣唯一,法門三智三漸次

「熟讀《中庸》,乃知孔佛一致,一致於無餘涅槃、三智三漸次而已。」無餘涅槃為一切修行的最終目的,三智三漸次為修行的具體步驟。佛學理論

的最終歸宿是無餘涅槃，無餘涅槃統攝所有教法體系。無餘涅槃也就是「寂滅寂靜」、「畢竟空」、「一真法界」，三者是無餘涅槃的不同形態的描述。畢竟空，人人皆有，然而並非人人都能自覺，故稱為自性涅槃。菩薩不捨眾生不入涅槃，故表彰為無住涅槃。涅槃統攝菩提、無分別、無漏、般若、緣生等佛學體系。涅槃是菩提所顯發，「生得一分菩提，即顯得一分涅槃」。菩提是無分別智，只有和涅槃相應相順才能稱為無分別。菩提又是無漏智慧，正智緣如，對向涅槃，才稱為無漏。菩提是般若之果，般若是菩提之因，般若所觀之實相，也就是涅槃。智慧又是觀緣起的智慧，涅槃也統攝緣起論。

　　般若為地上菩薩的智慧，分開來說則是三智，即加行智、根本智、後得智。加行智是對向涅槃的智慧，根本智是無所得的智慧、不捨眾生的智慧，後得智為甚深般若是得到根本智後用之於世間的智慧。

　　據此來看中庸。中庸論功夫有二種，一則盡性，二為致曲。「曲能有誠，誠則形，形則著，著則明，明則動，動則變，變則化，唯天下至誠為能化。」（《中庸》）歐陽分析以為，曲、誠、形、著、明、動，是加行智，是有漏善種引發無漏善種的創造性淨化的過程。變，指的就是變種，由有漏種轉變為無漏種，即創造性轉化的過程。化，則是純粹無漏種的現行，是根本智，是知行合一的踐行和踐形階段。

　　以上三點，一貫之道在於總體性的會通，體用論在於根本處的內在性的融通，三智三漸次則在於教法上功夫論的融通。可以說，歐陽的儒佛融合是境行果全方面的融合。

四、以佛攝儒的淑世情懷

　　統觀歐陽竟無的儒佛互攝思想，有幾個特點：其一，義理精嚴，交參體證。其二，佛以攝內，儒以應世，極具現實關懷。

　　從義理方面看，歐陽的儒佛融攝具有鮮明的獨創性。傳統的儒佛融攝是以禪宗、華嚴宗為主體的中國化佛教與宋明儒學之融攝；歐陽的儒佛融攝是純粹的印度佛教般若學、唯識學涅槃學與孔孟原儒之融攝。歐陽晚年方才提出他的儒佛融攝思想，此時他已經由純粹的唯識學深入到轉識成智的唯智學、

涅槃學，如其所說「須知初步研唯識，二步還應唯智研，三步涅槃探果果，我常淨樂祕經傳」。進而，他的融攝可謂體用互融、行果兼備。宋明理學和現代新儒家一向以「生生不已」和「寂滅」（「生生滅滅」）來作為儒家高出佛學的特質，批判佛教導致虛無主義的人生觀。歐陽不僅闡明寂滅非斷滅空的特質，還扭頭扣在了儒家經典《中庸》的頭上，並將儒學毫無系統的教法歸併為三智三漸次的細密體系。

他說：「知孔道之為行者，說生生。生生，行也，非流轉於有漏，奔於習染也。知佛法之為果者，說無生。無生，果也，非薰歇、燼滅、光沉、響絕之無也。淆孔於佛，壞無生義；淆佛於孔，壞生生義。知生生而無生，是依寂之智，則知行之相貌有如此也。知無生而無不生，是智顯之寂，則知果之相貌有如此也。佛與孔之所判者，判之於至不至、滿不滿也，其為當理，適義一也。」

其義理的精研實在超乎反觀本心的直覺體認的新儒學之上。

從現實關懷上看，歐陽對太虛僧眾參政的方便進行激烈批判，容易使人誤以為他倡導佛法與人生脫離。他批判熊十力，又容易使人誤以為他批判儒學。實則，歐陽的為學，始終具有關懷現世的一面，也始終有融攝儒學的一面。他批判太虛，是對佛法的方便應世方法提出異議；他批判熊十力，是對熊十力以宋明理學融攝佛法提出批評。他的目的是在保持佛法原汁原味的基礎上推進佛法的入世。人們只看到他說佛法非宗教非哲學的一面，而忽略了他文章的附錄《佛法為今時所必需》的另一面。當提倡儒學而遭到非議時，他斷然指出：「孔義不但於抗戰非常，多可權借，尤於抗戰建國非常非常，足以經宗。蓋中國哲匠，狠起林立，於我大本，唯孔相符，同則取之，俾我大本之通於國中也。」其憂國憂民之關懷，其護法弘法之赤誠，又躍然紙上。

歐陽的佛學和儒學對思想界影響深遠。一時名流學者，梁啟超、章太炎、章士釗、陳三立、方東美、湯用彤等無不受其影響，其門人弟子呂澂、王恩洋、李正剛、蒙文通等宏傳於大學內外，現代新儒家的重要人物梁漱溟、熊十力、唐君毅也無不受教。梁啟超以七十多歲高齡赴南京親聽歐陽演講《唯識抉擇談》。章太炎讚揚歐陽為「足以獨步千祀」。梁漱溟專門到歐陽處問學，並

坦率地說：「我請大家若求真佛教，真唯識，不必以我的話為準據，最好去問南京的歐陽竟無先生。我只承認歐陽先生的佛教是佛教，歐陽先生的佛學是佛學，別人的我都不承認。」賀麟《當代中國哲學》則說「佛學大師歐陽竟無先生的貢獻，便在於融會儒佛。歐陽先生為人為學篤實光輝，允為一代大師。」可見，歐陽孔佛一如的文化模式雖未如太虛人間佛教對社會大眾之影響，然而對於思想精英層面的影響不可小覷。

第二節 儒佛心性論與種性論之會通

王恩洋雖然批判唐君毅和宋明理學家，然而他並不反對儒佛會通，他的目的在於反對宋明理學。從思想史上看，他認為宋明儒學受到了兩漢道家陰陽家的宇宙論的影響，宋明儒學與中國化佛教之間的界限並不鮮明。佛教由於受到了《大乘起信論》、《楞嚴經》等思想的流行而出現了中國化的佛教即華嚴宗、天臺宗、禪宗，建立真如緣起論，主張法界緣起，不變隨緣，隨緣不變。說本體和現象如海水與波浪的關係，真如不是空理，而是「有實質具萬能之實體」。這導致了真佛教思想唯識學的衰亡。這就是說，宋明理學是受到宇宙論本體論影響而產生的儒學思潮，華嚴等是受到偽經影響而形成的佛教宗派，但是他們共同點都是本體論思想。所以，他鮮明指出兩種思想的偽佛偽儒特質：

欲求本體論上兩家之異，已不易得。法界真如與天命之性略無差別，返本還源之說與明善復初之論氣味復同，則謂儒佛相同亦固其所。然自吾論之，則其所謂佛者，乃非真佛；所謂儒者，亦宋明新興之儒。

因此，他提出當代儒佛比較的基本原則是「先使儒佛各得其真，更進而企證宇宙人生最高原理與修身治世共同之正道。理一而道同，學唯求其是而已，亦何儒佛之有。」儒家和佛教在思想史發展的進程中，都不同程度地失去了原創性思想的特色。要談儒佛會通首先要回復儒佛的真精神，去除思想史發展中的歧路，「吾人之從新提出儒學佛學也，不可不更加一番重新估價與嚴格料簡。」儒家和佛教的歧路都是本體論思維，佛教起信為代表的一脈

主張真如緣起論，而儒家受到漢代讖緯和太極圖說以及五行的薰染重宇宙本體論。這些都是要去除的。

在澄清儒佛的真精神以後，王恩洋提出了用法相唯識學補救儒家心性論的建議。心性論為宋明理學的核心，也是學界尤其是現代新儒家對宋明理學最為推崇之所在。儒佛在人性、心性的界定上存在根本差異，這是儒佛之辨的「辨異」。但無論是現代新儒家還是唯識學家都試圖在儒佛心性論上予以「辨通」。現代新儒家熊十力嚴格辨析了「本心」和「習心」的區別及轉換，提出「心者即性，是本來故，心所即習，是後起故」，這是以唯識學心法和心所有法的區分辨別儒家本心和習心。太虛法師認為「儒家言氣言道心言本心，多指一切種子如瀑流之習氣種子識言。言性言理則指各物各人之報體——真異熟識——言，亦即我愛執藏識內自我體。」

本心為阿賴耶識種子識，性為異熟識，而阿賴耶識和異熟識本來是同體異名，太虛以此解釋儒家即心即性。歐陽竟無則從心分體用而說心，認為心體為寂，心用為見寂明體，由此解釋儒家反觀本心本性：「心必有其體而後可心，狀體之相貌，強而名之曰寂……心必有其用而後能心，狀用之相貌，強而名之曰智。……智非尋常分別之慧也，必有以見寂，而常與寂相應也。」太虛和歐陽都屬一代宗師，僅示其端緒而已，真能詳細闡述、辨入幽微的當數王恩洋。他認為宋明理學的人性論、心性論存在嚴重的缺陷。所以，「取深湛嚴密之法相唯識學以修正補充儒者心性天命內聖之學，以民治科學以修正補充儒者為政利民外王之學。」、「佛不礙儒，而有益於儒者知天命致廣大盡精微極高明之功夫。」

一、儒家心性論的內在糾葛

心性論是儒家學說中比較精微和核心的部分。一般來說心性論包括人性論和功夫論，人性論指對於人之普遍本質的判斷，功夫論則從心的角度來講實現或者回覆此人之真實本性的修養過程。儒家認為人性授之於天，故儒家心性論通常有一個形而上的依據即天命論。因此，儒家的心性論實際上可以分為人性論、功夫論和心性形而上學三個部分。這三個部分，由心、性、天

第二節 儒佛心性論與種性論之會通

三個核心範疇及其內在關係構成。心性形而上學又可以獨立出來構成本體論，作為天人關係的本體論基礎與心性之源的說明。

於是，心性命三者就構成一種體用關係和心性關係的雙重結構。宋明儒學以迄當代新儒家無不從本體論和心性論兩個方面入手來對儒學進行重新詮釋。本體論方面主要是太極無極、天人、理事、體用三個方面，程頤所謂「天人本不二，更不必言合」顯然是把天人關係作為體用關係加以溝通，朱熹重在理事之辨，熊十力則重視體用論。心性論方面包括已發未發、致良知、氣質之性與天命之性、先驗與經驗、功夫與本體等。

心性命的雙重結構並不是很穩定。性為天之所命而具於一心，從天命之謂性上說乃純善之體，然心從經驗角度講則心之現象紛紜善惡混雜則性為多。心順承天命則為冥冥昭昭之靈覺與良知，然現實之心則又不免陷溺沉淪和靈明之寐。天命為超越現實世界的形上之體，然又必須表現流行於現實世界，純善之體的流行又非純善，形上之體的發現又要在心體上見之。

功夫論本來該是心的功夫、心的修行，然而從經典中來看，則又有修身、養性、立命和格致、誠正等多重進路。於是心性命三個範疇都有形上形下兩類，心有本心與習心，性有本性與習性，命有天命與運命。將此三個範疇再加上宋明理學家的氣、理、事、太極、無極、知行等範疇，則構成了複雜的精微的心性哲學體系。本心、本性、本體從邏輯的一致來看，確實可以收歸一體，而用「即」的思維將之聯結，成為心即性即理的結構。然而一旦陷入習心、習性、氣（質），又不免給人心與理二、良知無從發現的困擾，邏輯難免脫節。

人性論是整個心性論的基礎，是功夫論的根據。人性論指對人之普遍本質的判斷。王恩洋總結儒家人性論的性定義為「人性者，人之所以為人之本質，而為心志行為善惡之本者也」。性是人的本質屬性，具體來說就是心的本性。所以，人性不是一個實體而是心的性質。在談到心和性的關係時，王恩洋進行了嚴格的區分，他說：「性者即心之性也，非離心別有性。特心言其用，性言其體；心言其別，性言其總；心言其動，性言其靜，如斯而已矣。如於心外別立一性則非也。」

性指的是人之為人的本質,而人區別於物的特殊之處在於心,所以說人性之本質必然聯繫到心來說。性是「差別品類之辭」,說到性就有善惡剛柔的差別,是對人的品性、道德性的判斷;心是「情志思覺之稱」,說到心總是說有好惡願欲之意,是感受、操守、思維判斷和覺悟的能力。人心發動而有行為,對於行為的價值判斷才出現善惡,但是由行為推論心之動機則心也有潛在、未發的善惡。

如果嚴格執行以上性的定義,則此本性是對經驗後天習得之性而言的。而具體到現實世界的人心來講就有本性和習得之性兩個層面,可以稱為本心和習心。但是,儒家有些經典則同時把後天習得之性也作為性,於是性也可以分為本性與習性。

性就本如而言,多對習由經驗而得。心包性習,故又有以性為人所本有,心為後起者也。特習亦可成性,是謂習性,故曰少成若天性,習慣成自然。則性亦可包括習以為名,此易所以有繼之者善業成之者性也之說也。

性的定義既定,就可以來審視儒家人性論,不難看出其內在糾葛:性是善還是惡?王恩洋在與繆鳳林的一篇書評中,回顧儒家人性論時說,「性與天道夫子罕言,涵義界說莫之有定,故孟荀以降迄於宋明,言善言惡,疑莫決焉。」從先秦儒家人性論來看,孔子罕言性與天道,只說「性相近也,習相遠也」;而孟子道性善,荀子主性惡論。後世儒學,又有所謂性三品說、性五品說,宋明理學把性區分為氣質之性與天命之性,陽明學派則有天泉證道的四句教倡無善無惡心之體。

王恩洋注意到雖然儒家對於人性是善是惡的判斷有爭論,但是都有一個共同的前提,即人性是一,有一本萬殊的思維。他說,儒家「誤謂性為一本,法為萬殊,從末求本,於是或從惻隱羞惡以說性善,或從好利好鬥以說性惡,乃至謂無善無惡心之體,有善有惡意之動。」把性作為一個獨立而單一的主詞,所以他們對人性的判斷一定是非此即彼的。由此推論,如果儒家學者使用的性的術語內涵一致,則孟子對,則荀子、陽明等必錯。所以,後世儒學在調和種種不同的人性論內部的緊張時採取的策略多是透過文本的具體語境來重新闡釋性的內涵。但這又不可避免地造成一個問題,即性作為一個哲學

概念其內涵與外延總是在不停地變動之中而缺乏相對的穩定性。這也不符合儒家人性論作為道德根據的初衷。

如果把性與道德現象作為本末關係來看，則儒家的人性論內在的要求本末性質的同一。如果本性為善，則人的行為應該都是善；如果本性為惡，則人的行為應該都是惡。然則，無論如何，從人類世界的現實行為來看總是有善、惡、無記等性質，所以性善論的必然要求是解釋惡的來源問題，性惡論的要求是解釋善的來源問題。這不可避免地造成形上之體、先驗之性與現實人性之呈現的割裂，王恩洋認為從儒家人性論之內部邏輯和儒家思想史來看這個問題沒法解決。他著重考察了孟子性善論。

二、孟子性善論存在的問題

孟子性善論具有三個比較鮮明的特點，「本來是善，一也；性不會為不善，二也；一切人性皆同是善，三也。」前兩者表明善乃人之本性與固有，後者表明此善為人性之同一、皆具，這兩者可以總結為性善說和性同論。他們的意義在於，性善說具有比較好的道德勸善效果，而性同論的人人皆可為善則造成眾生在道德面前一律平等的效果，「性善之說，所以消除人戕賊人性以為仁義之怖畏；性同之論，所以消除人自暴自棄之心情，此消極之作用也。」王恩洋也敏銳地注意到，「一者，孟子之言性善，但就人性以說，唯人性乃善，而人亦同時具有獸性焉，不全是善也。二者，即此人性雖為人所同具，而力量甚微，須待長養擴充，乃可以成仙作聖，人非生而聖賢也。」

這就是說所謂人性善不僅是一個事實判斷而且是一個價值判斷，不是「人性是善」的陳述而是「人性可以是且應當是善」的邀請；不是一個經驗世界人性現象的普遍歸納統計，而是人類具有而他物必不具有的特殊性。從事實上說，人具有善性和獸性，而從人之區別於禽獸者幾希的角度講人性本善。雖然這些善只是「幾希」與善端（端倪、徵兆、苗頭），但這些日常生活表現出來的點點滴滴說明人和動物的重大區別，至於其他則同於動物，而人恰恰需要極度地發揚擴充這種異於禽獸的人的亮點。

由於是幾希和四端,這就並不是說人本來和事實上已經是純善,而是說發揚擴充養其四端可以使之成為大端。所以,王恩洋對孟子高揚的人性給予了高度評價,認為從總體上看孟子境界極高,是「大智大覺之人也。識性命之源,察聖學之要。……徹於性命之源,通達一念通乎世界、人我不隔、自他一體者」,甚至可以說到達了佛教所謂「唯心自在之境」。

但是,王恩洋同時認為孟子人性論具有重大的缺陷,「竊謂孟子於人之為善,而推其本於固有之善性,功誠大也。然若謂為惡之全不根於人性,則終無以解人之疑。於是而宋人有氣稟之拘、物慾之蔽之說以通其滯。然皆未為大通之論。吾謂非佛法不能解之也。」

這是說,王恩洋認為如果現實的經驗上的善之行為有性作為依據的話,所有的行為都應該從性的層面得到根源的解釋,否則就不能夠合理地解釋現實行為的複雜性,更不能夠從善惡混雜的人性行為中任意地挑出善的部分作形而上的推論而放棄其他的部分。如果這樣,道德就成為偶然而非應當與必然,成為外在的教條而非內在的律令。孟子解釋不善的來源有二,「一者,由於境遇之陷溺。二者,由於自身之梏亡。」這純粹把惡的來源歸之於外緣,王恩洋則從邏輯上認為沒有因、純粹的外緣不能導致惡。反之,從性惡論和其他儒家人性論也必須解釋善的來源問題。

三、宋明理學心性論的內在矛盾

這個問題在宋明理學並沒有得到很好的解決。理學的解釋分為三個層面:

第一,天理與人欲的劃分。性為天理,天理純善,而惡起於人欲。但是,王恩洋以為人欲也不能不說是人性,「然人欲乃有生即有,非自外來也,則亦不可謂之非性」。

第二,進而理學把性分為天命之性與氣質之性,把惡歸於氣質。這又導致天命之性純善,氣質之性方才有惡,然而天命之性又不得不透過氣質之性得以表現,離氣質之性則天命之性無所寄託的難題。「義理之性無不善,氣質之性始有不善。然而氣質又為義理所依,設離氣質,則義理無所寄。」

第三，理學家的性指「一事一物所以然之原理法則」，此性理的原理法則是空洞的虛架子，有形式而無內容。徒具形式的性理作為功夫論的依據，缺乏必然性，「今言性而只及於空洞之法理，又多謂氣質為非善，然則人之為人而欲以成賢作聖也，將何恃而可乎？」所以，王恩洋認為宋明理學心性論上有致命的缺陷，「理學家不言性理猶可，一談及於性理，其言多為不通，此其理論之最不合理者也。」理學家始終不能夠很合理地解釋不善之來源問題，且其性善論乃是形式而缺乏內容。

相較而言，心學家言天理比理學家為高，「心學家以理為天理、性為天性，天性即天理，天理即良心，良心即仁義禮智信之德。如是以言性，其性為有內容，無理學家空洞之弊。」但是，仍然不能解決惡的來源問題，「然人既賦如是純然至善至性，何以會有不善之惡之行乎？心學家則歸於意念之動，以為性本淨善，待感於外物而動也始有不善。雖有不善，而良知未嘗不知其為不善。既知之而格之，則還歸於善也。」陽明最大的問題在四句教，「吾人於此深覺陽明之學有本體功夫打成二橛之弊。蓋就理論言則四無為當；就事實言則四有為真。既理論與事實不相應，即其於證理有未盡也。」

這裡不難看出，王恩洋的要求是所有人的現實行為的現象都應該在人性論中得到合理的解釋。他認為，儒家人性論做不到這一點。王恩洋以為儒家人性論的內在緊張，法相唯識學是最好的輔助原理。

四、種性論：論性的「善惡」與「一多」

具體到人性論來說，儒家人性論的最大問題就在於以性為一本，於是陷入性善性惡的怪圈。然而需要優先追問的問題是性是一還是多的問題。「孟荀而後，乃有性善性惡之爭，自是而後聚說紛紜，要皆由於性體一多之義未明，是以各執一是。」、「今欲辨性之善惡，不當於性之是善是惡辨之，而首當於性之是一是多辨之。」

在法相唯識宗中，性主要具有法性、種性、善惡無記性三義。法性相當於宋明理學所說的本體和理，在佛教為真如、無為法、諸法實相，其特點是「不生不滅，不垢不淨，不增不減，體雖淨常而對諸法不主不宰」。這裡要

注意的是，儒家的本體和性理是實體是本體論，具有能生的勢用，而法性在王恩洋看來不是本體論不具有創生性即真如不能緣起。

種性是指諸法的種子，種子是對於現行來說的。種子是法相唯識學形象的說法，如世間萬物有麥種乃有麥子，人類的一切心理與行為必有其因，心理與行為的「親因」稱為種子。按照緣起論，萬法都是依因待緣而生，「親因」就是直接原因。種性相當於宋明理學家所謂的生之謂性，為一切心理作用生理作用的依據。不同的是，理學家具有一本萬殊的思維，即世間一切現象起於一種源頭、一個原因，而佛法所謂種性是多元論，種子無數，各各自生。

善惡無記三性是對行為的判斷，「說諸法施用於事為之效果者也」。法相唯識學所謂種子都是無記性即沒有善惡之分的。善惡無記是對於具體行為（業）的價值判斷，「佛法謂種子皆無記。以其未起業用，不可辨別其善惡故。善惡之分也，分於諸法生起所起之業」。「唯識言善惡之起，起自心所，不起自心王，即起自行不起自識。」

三性之中，相應於儒家人性論的是種性和善惡無記性，而不能是法性。法性指的是空性，而非實體實物，沒有功能，所以不能夠與人性的行為發生關聯，也就非人性論的範疇。「種子者，差別之名；法性者，共有之性」。「真如法性絕不作諸法因緣而生諸法，無作用無功能無本質無自體，而即一切法之空性實相。」王恩洋認為儒家所謂性善性惡說是「可以為善為惡」而不是「即善即惡」，都是就「喜怒哀樂未發之中」的意義上說的。

因此，儒家的性是「潛能」或說可能性，未發而本有，所以與佛教的種子並無不同。種子主要有界和性兩種意義。界就是因。性是體性，是能生起有為法的體性；又是種類，現法的種類。種性分為兩類，即本有種與習所成種。天命之謂性相當於本有種；繼善成性相當於習所成種。儒家所說的性多是就本性而言，所以對習性或習所成種並不重視，本性與習性是截然分開的。但在佛教中，本性與習性是互相轉換的，本性是前前世習性的積累，習性在後後世會轉換為本性，其理論根據在因果通於三世之說。

佛教的種性說之所以能夠解決儒家人性論關於善惡判斷的內在矛盾以及善惡來源的悖謬，原因在於三個原理：種子功能差別、因緣生法各有自種、因果本末皆非獨一。

種子功能差別，是說種子是本識（阿賴耶識）中的功能差別。之所以稱為功能在於它是一種潛能和可能性，還未顯現為實際的效能，和現法有別，但它具有潛在的能夠生起色心等具有差別的萬法之功能，所以稱為功能差別。種子具有功能，則現法有所依據，為現法的親因。種子具有差別，則功能有別，只能生自己的果，不是一個功能生起一切果，而是同類因生同類果。這就好像麥種只能生麥子而不能生稻穀，麥種雖然不具有麥子的根莖葉等具體相狀卻是麥子的潛在，具有生麥子的作用與功能。

因緣生法各有自種，是指色法、心法、心所有法等都具有自己的種子，而不相雜亂。這是針對著儒家的一本萬殊而言的，萬殊的諸法不能夠由一種種子產生出來。

因果本末皆非獨一，是指種子為因為本、萬法為果為末，不能夠由一本生起多種末，也不能夠由一因生起多果。

如謹遵以上的三個原理，則儒家心性論的矛盾可以得到調和。「設明佛法種子功能差別，現法習氣體類無邊，善惡無記心心所色各有自種之義，則一切異義皆迎刃而解矣。」我們看到，王恩洋認為儒家的一本萬殊是矛盾的，根據佛教種性說，每一種現象都應該有因有緣，因就是自種，要求在人性上要有所體現，故人類品性現象之多體現為種子之多。

然而種子只是潛能、潛在，是有覆無記，故在未呈現為現象的時候仍可以說是中性的，這還滿足儒家對於性的定義。這解釋了現象世界，人既有善又有惡又有無記之根源。同時根據佛教的業力論，人們因業報而沉淪流轉，也因清淨業力而解脫生死，所以具有棄惡從善的內在要求，能夠成就一套心性解脫的功夫論。

小結

然而，對於王恩洋所珍視為真理的法相唯識學，唐君毅也以為有所不足。在唐君毅後來的著述中更加擴大了前面提到的佛教緣起論的必然性問題。前文提到的必然性主要是宇宙之生生不息的必然性問題，後來唐君毅又深入分析了法相唯識學因緣論、種性論、功夫論之必然性的問題。

緣起論在佛教中一般來說分為四緣，即因緣、所緣緣、等無間緣、增上緣。法相唯識學緣起論為阿賴耶識緣起，即阿賴耶識之種子和外緣的和合而生起現行。種子相當於功能、潛能、直接原因、親因，現行即現象、潛能的現實化。四緣可以約略的說為親因與外緣，親因即種子，外緣即所緣緣、等無間緣、增上緣。阿賴耶識緣起要求親因與外緣缺一不可，兩者和合才能生起現行。

唐君毅認為法相唯識學提出阿賴耶識緣起是為了對萬法作「理性的說明」。在佛教中除法相唯識學外，最大的一派為般若中觀，中觀講究緣生現觀，現觀是擱置理性的說明。最典型的就是四門論生，「諸法不自生，亦不從他生，不共不無因，是故知無生」。中觀的結論是「生不可得」。唐君毅認為，法相唯識學是同意中觀學說的，然而為了順應理性的理解而提出了「種子」說，「同內容者作為同內容者之原因或理由」。於是任何現象的產生都是由於和自身內容性質相同的種子為親因，與外緣和合而產生。

但是，種子是理性的原則，而外緣是經驗原則，由於必須借助經驗原則種子才能生起現行，所以唯識宗帶來一個根本性的問題就是他們對於宇宙萬法的說明是經驗性的。我們知道經驗的就非必然，所以法相唯識學最大的問題就是無必然性。「然此唯識宗之因緣論中，實有一更根本問題。即此因緣和合，畢竟是如何和合的？此中之因與其他之緣，性質內容並不相同，如何可相和合？便是一根本問題。」

唐君毅分析了因緣和合自身的問題：

第一，種子如果不能自己獨立生起，而要依賴種子以外的其他外緣，則就不能夠順理成章地說種子為親因。如果種子是親因，就應該不依待於其他條件，自己能夠生起現行。

第二,即使同意法相唯識學的說法,種子和外緣和合而生起現行,則種子與外緣應該各有其自相、是不同內容性質的,種子為什麼必須不同性質的外緣而生起自己同種性質的現行呢?

第三,假如種子能夠自己獨立生起現行,則種子為潛在功能即相對於現行來說它是非現,種子這個非現行與現行為二。種子與現行為二,如果種子能生現行,那麼種子對於現行來說是他,這就違反了中觀的「亦不從他生」的非他生論。如果種子與現行為一,則種子就是現行,現行的生起就是「現行生起現行」,這違反了中觀的「諸法不自生」論。由此推論,親因和外緣無論和合不和合,無論種子獨立自生現行還是依賴外緣和合生現行,都有困難。

唐君毅進一步認為,阿賴耶識緣起的問題推論到解脫功夫論也是一樣,「人之能證真如之無漏種之在賴耶,亦復如是。」真如為無為法,無為法不具有自生的功能;無漏種子只是親因、種子,不能夠自己現行而必待外緣;要證得真如正智必須轉識成智。這就是說,能不能證得真如,讓無漏種子現行,這些都需要真如、無漏種以外的外緣。因此,證真如、成就無漏功德等都具有偶然性,而無必然性。他說「真如乃一切法之真實之如是,或一切之真理,此真理本是無為,證真如之正智,乃如其無為,以證知其無為。然此正智乃由無漏種之現行而有,其由未現至現,以成正智,即是有為;故此亦必待緣生。」、「人之修行,即其緣也。無此修行之緣,此無漏種必不能顯,正智亦必不能有。無此正智之有為法,則只有真如之無為法,只有此未表現而無作用之無漏種。若將此無漏種說為一如來藏或心真如,此如來藏、心真如既未表現,即亦無作用者。」

概括地說,王恩洋認為儒家人性論存在以下困局:

其一,人性論是人的普遍本質的判斷,於此儒家的判斷不統一。孟子主張性善,荀子主張性惡。後世儒學又有所謂性三品說、性五品說。宋明理學家則把性區分為氣質之性與天命之性,王陽明更有「無善無惡心之體」的論斷。如果儒家人性論在「人性」的根本觀念上是統一的,則孟子是而荀子必非,否則就犯了概念混亂的錯誤。

其二，儒家關於善惡之根源的解釋不統一，認為善有人性論上超越的根據，惡則只有經驗的根據。王恩洋認為人的現實行為表現有善有惡，性善論主張善有本性為依據和本源，但不能解釋惡的本源。孟子和宋明理學家都將惡的來源歸於外在的薰染。這是純粹將惡歸於外緣，王恩洋則從佛教緣起論的角度認為沒有親因、純粹的外緣不能導致惡。惡如果不是人性，根本就不會發生，所有人所表現出的善惡必然都要有其人性論根據。他說「竊謂孟子於人之為善，而推其本於固有之善性，功誠大也。然若謂為惡之全不根於人性，則終無以解人之疑。於是而宋人有氣稟之拘、物慾之蔽之說以通其滯。然皆未為大通之論。」反之，從性惡論和其他儒家人性論也必須解釋善的來源問題。

其三，宋明理學家的性理為空洞的原則，失去了性善的基本內涵。

理學家的性指「一事一物所以然之原理法則」，此性理的原理法則是空洞的虛架子，有形式而無內容。徒具形式的性理作為功夫論的依據，缺乏必然性。「今言性而只及於空洞之法理，又多謂氣質為非善，然則人之為人而欲以成賢作聖也，將何恃而可乎？」所以，王恩洋認為宋明理學心性論上有致命的缺陷，「理學家不言性理猶可，一談及於性理，其言多為不通，此其理論之最不合理者也。」

其四，儒家人性為至善，而其表現則為善惡混雜，邏輯不一致。先秦儒家人性論倡導「天命之謂性」，然而天命的、完善的人性在現實中呈現為善惡混雜——至善的性為何落實不下來，這有邏輯不一致的問題。王恩洋用公式剖析了宋明理學家的範疇系統，指出它們存在界定不清、邏輯混亂的問題。他具體分析了張載、朱熹等人的命題。張載說：「性原為太虛與氣之合，心為性與知覺之合，心之作用唯在知覺。」對此，王恩洋用公式表達為：性＝太虛＋氣、心＝太虛＋氣＋知覺。他認為這兩個公式不通。因為太虛＝零，所以性＝氣。於是根本就沒有性了。再看朱熹的命題「性是實理，而心則虛靈不昧之明覺。而此明覺中則具備萬理以為性」。王恩洋也用公示表達為：性＝實理、心＝明覺、性＝萬理；又，「心虛而理實；心與理為一」：心＝虛、理＝實、心＝理，故虛＝實。心學家將性理歸為到本心、良知，有實際的內容，

但王陽明四句教將無善無惡或至善當作心體，而將有善有惡歸諸「意念的發動」，在邏輯上仍然不能一貫。

儒家人性論纏雜不清的根源在於一本萬殊的思維。所謂一本萬殊是指，執定有一同一、單一的本體，發為現象的萬殊的作用，本源唯一現象萬殊。前者為性體，後者為性用；前者為天命之謂性，後者為天理之流行。一本萬殊這種思維方式存在的問題是：

第一，為何為一本而不為多本，為何性體為單一而非複雜多元？

王恩洋注意到雖然儒家對於人性是善是惡的判斷有爭論，但是都有一個共同的前提，即人性是單一的，有一本萬殊的思維。他認為這是錯誤的。他說：

儒家誤謂性為一本，發為萬殊，從末求本，於是或從惻隱羞惡以說性善，或從好利好鬥以說性惡，乃至謂無善無惡心之體，有善有惡意之動。

這就是說，儒家把性作為一個獨立而單一的主詞，所以他們對人性的判斷一定是非此即彼的。由此推論，如果儒家學者使用的性的術語內涵一致，則孟子是，荀子、陽明等必非。所以，後世儒學在調和種種不同的人性論內部的緊張時，採取的策略多是透過文本的具體語境來重新闡釋性的內涵。但這又不可避免地造成一個問題，即性作為一個哲學概念，其內涵與外延總是在不停地變動之中而缺乏相對的穩定性。這也不符合儒家人性論作為道德根據的初衷。王恩洋認為要論人性論，首先要明了人性是單一的而非多元的問題，「今欲辨性之善惡，不當於性之是善是惡辨之，而首當於性之是一是多辨之。」儒家執定性為單一的，並無根據。

第二，一本和萬殊的關係如何，一本如何必然發為萬殊？一本和萬殊是否為性質統一？

王恩洋認為一本萬殊的思維，必須解決一本和萬殊的關係問題，問題是：一本如何必然會發散為萬殊，如何發散為萬殊？一本和萬殊的性質必須統一，然而現實世界中可以看出萬殊並不能和一本相統一。所以，儒家人性論需要疏通。王恩洋在多處提到疏解儒家人性論的方法，他說：

吾自讀佛經，識五蘊聚積假說為人，十八界性各自成種之義，然後知因緣生法非一非常，性善性惡之疑，一朝解矣。今欲辨性之善惡，不當於性之是善是惡辨之，而首當於性之是一是多辨之。孟荀諸子於不識五蘊聚積假說為人、因緣生法各有自種、因果本末皆非獨一之義，誤謂性為一本，法為萬殊，從末求本，於是或從惻隱羞惡以說性善，或從好利好鬥以說性惡，乃至謂無善無惡心之體，有善有惡意之動。

設明佛法種子功能差別，現法習氣體類無邊，善惡無記心心所色各有自種之義，則一切異義皆迎刃而解矣。

總結起來，疏解儒家人性論的途徑無非有三：其一，用佛學五蘊論解構人或自我。其二，用十八界的界論、因緣法各有自種、因果本末皆非獨一、善惡無記心心所色各有自種，否定儒家性單一論。其三，用種子功能差別、現法習氣體類無邊、因緣生法非一非常，解決性體與性用的轉換。前兩點是對「人性」的定義進行分析和轉換，後一種是疏通「本體和萬殊」之間的體用一如、邏輯一貫。

所謂人，無非就是五蘊之色蘊、受蘊、想蘊、行蘊、識蘊的結合。說人性，不過就是討論「五蘊假合為人」的性。那麼，何謂「性」呢？性在佛教中，有法性、種姓和善惡無記三性三種。法性相當於宋明理學所說的本體和理，在佛教稱為真如、無為法、諸法實相，其特點是「不生不滅，不垢不淨，不增不減，體雖淨常而對諸法不主不宰」。法性是屬於無為法，無為的意思是「無作用、不變轉」，故法性是空性、實相，沒有創生性。沒有創生性，即真如不能緣起諸法。他說：「真如法性絕不作諸法因緣而生諸法，無作用無功能無本質無自體，而即一切法之空性實相。」故，人性非法性。善惡無記三性是對思想行為的價值判斷。這在某種程度上有助於疏解儒家非善即惡的困局，無記就是不加善惡的價值判斷。

種姓是指諸法的種子，種子是對於現行來說的。種子是形象的說法，如世間萬物有麥種乃有麥子，人類的一切心理、思想、行為必有其因，心理、思想、行為的「親因」稱為種子。種姓相當於宋明理學家所謂的「生之謂性」，為一切心理、生理作用的根據。與宋明理學一本萬殊思維不同，理學家以為

世間一切現象起於一種源頭、一個原因,而佛法所謂種性是多元論,種子無數,各各自生。種姓作為種子積聚於阿賴耶識,遇到外緣則實現為現行。現行薰染阿賴耶識復成為種子。

種姓相當於十八界的界。十八界建立在五蘊的基礎上,所謂界就是原因和種子的意思。色蘊包括十界,即眼界、色界、耳界、聲界、鼻界、香界、舌界、味界、身界、觸界和法界的一部分。受蘊、想蘊、行蘊,都屬於法界的一部分。識蘊即七識界,包括眼界、耳界、鼻界、舌界、身界、觸界和意界。十八界和五蘊不重疊的是,識法界中的無為法,也就是虛空無為、擇滅無為、非擇滅無為、不動無為、想受滅無為、真如無為。

「界」既然是萬法生起的原因和種子,由於界有十八界的差別,則說明諸法的種子也有差別。由此可見,人性不是單一的、同一的,不是一個本體生心所起萬用。同時,因果之間也不相雜亂,不是一個原因生起所有結果,不能由一個原因生起色心的染淨等不同的法,並且自因生自果,因果之間必然性質平等、不相雜亂。

三性之中,相應於儒家人性論的是種姓和界。那麼種姓如何疏解儒家人性論呢?

其一,種姓為多,而非單一。因此,儒家一本論必須改為多元論。

其二,種姓雖然為多,但並不雜亂,也不互相取消,而是共存於阿賴耶識。種子的特點是功能潛在,是潛存,其作用還未顯現。既然善染作用都未顯現,就可以說種子都是無記性,即種子無所謂善惡之分;善惡無記是對於具體行為(業)的價值判斷。種姓雖然為無記,卻具「功能差別」,其功能沒有顯現是潛存,然而潛存並非不存也非沒有功能,其生善生惡的能力還存在。因種子潛存、無記,所以可以並存阿賴耶識一處;因種子功能差別,所以可以保持生發善惡的能力差別。因此,種姓論不是古代的「善惡混」論,因為種子都是無記;種姓論也不是「無善無惡」,因為種子作為生善生惡的直接原因始終不變。

其三，種子和現行可不斷轉換，這消解了一元論性體和性用上的矛盾。種子從功能潛在變成功能現起就是現行。種子和現行都是因緣體，種子遇到適合的緣生成現行，現行同樣可以薰習成為性質統一的種子。這就是說儒家本性和習性之間是可以互相轉換的，本性可以體現到現實人生，現實人生中的善惡的心理和行為即習性同樣會使人的本質發生變化，即薰習而成為本性。其四，種姓的不斷淨化，多聞薰習如理作意，就是解脫，也就是心性功夫論。

心和性是儒佛共有的概念，在儒家心有本心和習心的區別，在佛教心主要的就是心和心所。本心是指心的本原、底層，習心則指表層，表現。佛教的心是積集的意思，積集主要是積集種子。這也就是說心並非是單一的實體，而是一個種子的集合。種子是現行的直接原因，種子遇到合適的外緣就必然會生成現行，種子的性質決定著現行的性質，現行會薰染心而成為一種新的種子留存下來。這是種子說的核心要義。

心還是識，識主要的功能並非是認識，而是識變。唯識宗認為，一切的有都離不開識，而是識所變現出來的。原來他們認為，所有的識都是自動分裂的，分裂以後就產生出見分和相分。那麼識為什麼會必然分裂？這似乎缺乏必要的說明。識變的說法，是一種存在的說明。佛教缺乏主體和自我，以致不能夠承認有所謂的本心。他們的心不是和物相對而言的，儒家可以說心即理、心外無物，佛教則不能夠這樣說。

佛教只承認識變宇宙，整個外在的世界不過是心的變現，心的改變自然帶來外在世界的重新改變，此之謂境隨心轉。儒家所謂心外無物，本心以外沒有實物，這個物實在的說就是事物的理，而並非是指經驗存在的事物和世界。儒家的本心是從直覺的反思而來的。佛教的心是從存在的分析推求的，較類似於一種認識能力的染淨分析。

第三節 儒佛天道論與緣起論之會通

一、解構儒家天道本體論

宋明理學認為性善的形上根源是「天命之謂性」的天命、天道，而人的修養功夫指向的最終境界也在上達天命、天道，此即「功夫所至即其本體」。天道本體，一則為心性的本源，二則為心性上達天道的終極境界。宋明理學一向以天道本體論為己派最大的標誌，並以此破斥佛道。現代新儒家順此出現兩種思路：一為熊十力的體用論，用《易經》生生之體詮解佛教寂滅之體，此為「本體下貫」的思路；二為唐君毅「心境」論，也稱道德的形而上學，主張天、天命為道德修養達到終極所體認的境界，此為「上達本體」的思路。

唯識學家在體用論上的辨析主要是解構本體。歐陽竟無對體用做了詳細的限定：「無為是體，有為是用」，「無為法不待造作，無有作用，故為諸法之體。反之由造作生，有作用法，即是有為，故有為是用。」基於此，他分出二重體用，「體中之體」為一真法界，「體中之用」為二空所顯真如，「用中之體」為種子，「用中之用」為現行。歐陽的體用論遭到了熊十力的反對，熊十力指斥為二重本體。歐陽的體用論主要是疏解佛教，直到晚年才用於儒釋之辨。相較而言，王恩洋更為深入，他站在緣起論的立場上反對一切超越型的本體，《大乘起信論》的「真如本體」和儒家「天道本體」都在其破斥之列。

對於宋明儒學和熊十力的「本體下貫」思路，王恩洋從本體和體用關係兩方面進行了批駁。王恩洋認為天道本體論具有二重謬誤：其一，本體內涵空洞；其二，本體與發用存在邏輯矛盾和性質差異。

其一，王恩洋認為宋儒說的天、太極、理、性等為空洞的名詞。

他認為所謂本體如果有其實就成為物，如果本體無其實則成為空洞無內容的玄想。

如就宇宙萬法之生起言，宋明儒者之所言實屬於玄想，而未有充實的內容，遠不如佛法之言為客觀為具體。宋明儒者以生生之機歸於太極、太和或理、良知，只有空洞的名詞而已。

如果是空洞的名詞，則必須要上帝這樣的主宰，然而宋儒又不允許有人格神式的主宰。

其二，王恩洋認為天道本體論還存在體用不符的邏輯謬誤。儒家天道本體論以為在現象的背後還有超越的神祕的本體，此本體為現象的依據，現象世界是本體的發用流行，但對於本體與現象的關係沒辦法說明，「此太極、太和等之何以會生生不息，亦無有說明」。按照宋明理學，體即作為生生之機的太極，用即是宇宙萬物。王恩洋認為這樣的體用難以彌合。

體和用是同一的還是別異的？假如太極本體和宇宙萬物為同一，則宇宙萬物即是太極本體，不需要另外設立多餘的太極本體作為宇宙萬物的說明。假如太極本體和宇宙萬物為別異，則宇宙萬物為本來就有，不需要太極本體來生成之。進而，太極本體生成宇宙萬物是自身流變而成，還是假借其他材料而生成之？假如太極本體自身流變而生成宇宙萬物，則太極本體自身為一。一體不能生二法，一體的太極本體不能生成宇宙萬物的複雜現象之用。且，一體的太極本體自身不應該有內在的矛盾衝突，其所生成的宇宙萬物也不應該有內在的矛盾衝突，然事實上宇宙萬物有善惡、水火等矛盾衝突。如說太極本體不是一體而是本來就是具許多矛盾衝突之體，則宇宙萬物各有其太極本體，即無共同的太極本體；假如太極本體生成宇宙萬物是假借其他材料而生成之，則太極本體為有主宰意志之上帝的人格，儒學即成為神學。

進而言之，順宋明理學形而上學推論會推出虛無主義的人生觀。宋明理學家所謂「本天」是把宇宙視為存在的全體，而其他生命心靈為對此宇宙大全的分有，生從宇宙生，死還歸於宇宙。如果這樣，宇宙為生生不已的總體，人就不能夠超出宇宙之流的束縛而得以解脫生死。所以儒家成為「知其無可奈何而安之若命」的順命論者。

對於唐君毅等由心性、道德「上達本體」的思路，王恩洋也持批判的態度。現代新儒家認為由心性可上達天道，並構建道德的形而上學。於此，王

恩洋認為心性乃是道德境界，是善的境界；而形而上學是真的境界，是事實、實相，兩者不可通達。如果要從道德推論到形而上學，至少要滿足三個要件，一是人性為至善，二是宇宙是無苦的宇宙，三是生命為常而非無常。但事實上這三個要件無一具足。所以，他認為由道德境界而進至形上境界，不免導致善與真的矛盾。

二、重構儒家天命論

那麼如何改造儒家的天道本體論？王恩洋從兩方面入手，一則取消天道本體而代之以佛教的緣起論的宇宙觀，二則用愛非愛緣起詮解天命論，將天命解釋為運命，以佛教因果論予以消解。緣起論反對一切主宰、法我、本體，故天道非本體。運命本為偶然性的範疇，而王恩洋給予了必然和自由的雙重詮釋。

緣起論的最大特點是不承認有任何形式的本體。這和天道本體論截然相對。可以說，天道即非緣起，緣起即非天道。緣起是說萬物依因待緣而生起，因和緣皆是必要條件，即無因不生、孤因不生。沒有任何事物的生起，沒有其自己的原因或說親因、種子；也沒有任何事物的生起，不依賴外緣，獨立的原因不能起作用。沒有任何法超越於緣起之上，如果天道本身能夠生成萬物，即成為獨因，是不對的。

據《攝大乘論》，佛教緣起論總的可分為自性緣起和愛非愛緣起兩種。自性緣起指賴耶緣起，是對於萬法生起的說明。王恩洋用自性緣起消解了儒家天道的宇宙生成論意蘊和天命下貫的意蘊。愛非愛緣起是指原始佛教的十二緣起或稱業惑緣起。王恩洋用愛非愛緣起重新建構儒家天命觀。

阿賴耶識緣起論，認為一切的色法、心法等都是由識變而有。具體到人而言，就是說每一個人都有自己的阿賴耶識構建的宇宙，而人和人之間的宇宙並非截然獨立的孤立系統而是有所交遍互融的。阿賴耶識並非是本體，阿賴耶識實際上是種子的聚集，也稱為心。阿賴耶識的種子不斷地有有漏和無漏的轉變，心也就不是單一的實體。具體而言，現實的心的狀態不過是種子遇到合適的外緣所生起的，不是有什麼本體突然變現。人對於天道的體認，

實際上不外乎是認識到心性的本來狀態是不斷轉化的。因此,天道本體須消解。

業惑緣起強調人生由於「惑」或「無明」而造業,造業後必然受苦的流轉,稱為「惑業苦三」;同時指明覺悟－造善業－受善果的捨染取淨的功夫。在王恩洋看來天命正是說明人生當下遭際的必然,同時當下的人生過道德的生活決定了後世的善報。

因此,他認為所謂天命論,天是指因果必然之理,命為因果必然之報。天並非外在於人心能夠對人具有主宰性的客觀存在,更無「命性於人」的價值之源的作用。天僅指因果必然性規律的不可移易,「天者,特此一切有情本然心性之相、因果必然之理。」命則是從必然性所產生的結果而言,即是人在現實中的遭際都是由必然性的原因所致,其原因是人過去造業的結果:「命為因果感應之定理。故人之苦樂榮枯,莫非自所作業而取之者,故曰莫非命也。」因此,天命具體到人生來說就是人都是自作自受,自力自業,所謂現世所受之命不過是前世所造的業的必然性結果。

這個關於命的解釋消解了儒家天命作為性命之源的本體屬性,同時疏通了孔子運命的意蘊。運命本來指一種人不可左右的偶然性。而按照佛教緣起論,當下人生所承受的任何果報都非偶然,都屬必然,此為決定論。此決定並非外在超越者的裁決主宰,而不過是人以往所造之因的必然結果。人又可以透過自力造清淨業而獲得將來的善果,此為自由論。王恩洋的詮釋,很好地解決了自由與必然難以會通的難題。

順此,他對孟子所謂知命知天、修身俟命、盡心立命的解釋與宋明理學的解釋也不同。所謂知命是指對命的自業自作自受的必然性有所體會;修身俟命是指要勇於對前世所造之業產生的今世的結果與命運進行承當,勇於對未來之酬報和責任進行承當,而不怨天尤人。修身俟命和知天的區別在於,俟之是還沒有到,而知天則是能夠主宰之,前者為學者境界,後者為聖人境界。盡心立命是指以修身為基礎,推擴至極,不僅能俟之,而且能積極主動地造善業受善果。

第三節　儒佛天道論與緣起論之會通

　　王恩洋關於儒佛心性論的辨通，是用種姓論溝通儒家心性論，用緣起論消解儒家天道本體論。種姓論和緣起論，是阿賴耶識緣起論的兩個方面，所以王恩洋在心性論和本體論上達到了邏輯一貫。從思想史上看，他的辨通，是歐陽竟無體用論運用於儒釋之辯的深化，和現代新儒家熊十力、唐君毅、牟宗三的思路恰好相反。他重構的心性論，會通了儒家的兩大思想家孟子和荀子的截然相對的性善論和性惡論；他重構的本體論，會通了儒家的天道本體和天命觀；兩者結合形成了能夠承轉自由與必然的「安命畏因」的倫理學，符合儒家以道德入世的基本精神。這條儒釋之辨的走向，是區別於現代新儒家的走向，對於當前現代新儒家的思想漸為中國哲學主流的哲學界有啟迪意義。

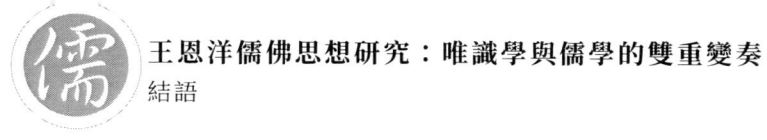

結語

儒家和佛教是傳統思想的精華，它們在未來的思想構造和文化格局中能夠發揮怎樣的作用、占據何種地位，怎樣在多元化的文化格局中占有一席之地，怎樣和現代性更好地融合，這是20世紀思想家們思考的核心問題，也是未來始終要面對的問題。20世紀上半葉的思想家給我們留下了豐富的思想資源，並且在一定程度上決定了現在中國哲學和思想文化發展的方向，他們對儒家和佛教的詮釋值得我們重視。

審視20世紀上半葉儒家和佛教的思想趨勢，比較顯著的特點是：儒家失去了正統性、獨斷性的地位，使人們更加能夠從思想文化和生命體驗的層面切入儒家的原始關懷和核心義理；佛教則以其精深的法相唯識學對思想界產生了廣泛的影響，居士佛教團體的興起和大學課程中佛教哲學尤其是唯識學的講授，奠定了佛教思想甚至佛教哲學在中國哲學中的地位；儒家和佛教的比較和會通，從宋明理學建構的儒家和中國僧人建構的宗派之比較，走入了深層的孔孟儒學和法相唯識學的比較和會通。這不是傳統的唐宋時代敢為和能為的，這是近代超越傳統之處。

思想層面的深刻轉變，使思想家們具備了批判和懷疑的精神，其中最大的問題是：什麼是真正的儒家？什麼是真正的佛教？

儒家和佛教都經歷了漫長的思想發展歷程，思想的發展有時是思想的提升，有時則是變異。儒家，按照馮友蘭子學和經學時代的區分，在後來的建構中更多的是注經式的經學儒學，在非嚴格的意義上宋明理學也是經學。從詮釋學的角度看，經學不可能做到完全客觀的詮釋，其中必然面臨著經典選擇的偏重和注經方法的抉擇。是以《春秋》或《尚書》或《周易》為樞紐統攝諸經，是以三禮為代表統攝六經，是以《大學》為入門次第統攝六經，還是以《孟子》為代表統攝諸經，這絕不是可有可無的問題，這決定了古文經學、今文經學的區別以及漢宋之爭。是經由字、詞、句、道的順序詮解六經，還是注重內在心性的直覺體驗，這決定了對經典內在意義的追尋。很明顯，

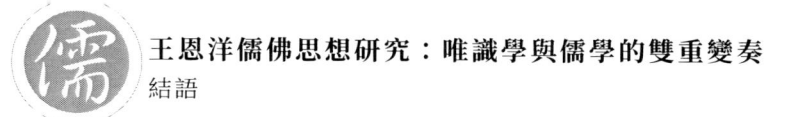

沒有哪一種詮釋不認為自己把握了孔孟之道的真諦，當然這一點再也不能被現代人輕易地接受。

佛教的情況並沒有更好一些。似乎沒有哪一種宗教有佛教如此多的經論。佛教思想發展中有原始佛教、二十種部派佛教以及般若中觀、瑜伽唯識、如來藏三系大乘佛教，還有密宗。在傳播過程中，更有南傳佛教、漢傳佛教和藏傳佛教幾種各有偏重的不同傳承脈絡。近代佛教學人幾乎在各個層面對佛教真義做著孜孜不倦的追尋，傳承華嚴和禪宗淨土的學者有之，到斯里蘭卡、藏區重新取經學習南傳佛教或藏傳佛教甚至藏密的學者也不乏其人。

不僅如此，在西學的參照和挑戰下，中學更清醒地認識到自己的特色。所以，「什麼是真正的儒家」的答案，在康德批判西學傳統形而上學，要求重新為形而上學奠基的參照下，「道德形而上學」的特色被更多學者所認同。儒學的主體，被視為孔孟儒學和宋明理學，由此帶來現代新儒家的復興。「什麼是真正的佛教」的答案，則被多數學者引向法相唯識學的道路上，用法相唯識學融攝般若中觀和其他派系，更引發了「什麼不是佛教」、「中國佛教是不是真正的佛教」的深層簡別，圍繞《大乘起信論》的辯論對中國佛教尤其是隋唐以來的佛教諸宗派是生死存亡的問題。儒家和佛教面臨的共同問題是本體論問題和心性論問題，這在儒家就是「性與天道」的主題，在佛教就是「真如和緣起」的詮解。在某種程度上說，研討儒家和佛教卻沒有涉及這兩個問題，其思想的深度是值得懷疑的。

一、唯識學化的新儒學

近代儒學的復興與唯識學的復興交織在一起，遂引發儒學發展的兩條走向，一是以支那內學院歐陽竟無、王恩洋為代表的唯識化儒學的走向，一是由佛入儒的現代新儒家的走向。王恩洋是唯識化儒學的典型代表，同時又是現代新儒家興起之際敏銳和尖刻的批評者，可謂兩條走向交織的樞紐人物。對此，學界關注不多。喬清舉先生曾就王恩洋關於馮友蘭新理學的批評進行過深入的探討。筆者也曾以王恩洋與唐君毅的論辯為線索，梳理宋明理學與佛學的比較與會通，並梳理了王恩洋與近代儒佛之辨的基本內容。然而，這些還只能算是王恩洋沾了新儒家的光才得以出場，尚未聚焦到其本人。我想

可以從王恩洋儒學思想的形成及其和現代新儒家的學緣關係、唯識化儒學的邏輯體系、對現代新儒家的批判諸方面，作一較為全面的總結，並簡要交代其對於儒學發展的意義。

一

王恩洋為學的目的，自己總結為「窮究儒佛之真以盡其精微」。在他看來，宋明儒學是禪宗化了的儒學，非真儒學；中國佛教則是儒學化了的佛教，非真佛教。儒學應回復到儒學的孔孟本源以正本清源，同時儒學應該接受精深細密的法相唯識學的洗禮，方能盡其精微。因此，王恩洋除了精深的唯識學研究和批判中國化佛教以外，還致力於儒學的中興和重構。他的為學，始於宋明理學，成於支那內學院一脈的法相唯識學，最後則歸於儒佛合釋、以佛釋儒的儒佛並宏之學。

王恩洋的唯識化儒學主要受到梁漱溟和歐陽竟無的影響，梁漱溟為「最後一個儒家」，歐陽竟無則是法相唯識學的大師。他著《大乘起信論料簡》對《大乘起信論》為代表的中國化佛教展開批判。王恩洋對《大乘起信論》的批判，引起佛教內部的巨大論爭。然而，我認為《大乘起信論》批判絕不僅是佛教內部的論爭，而是唯識學對中國古代哲學本體論思維、「性覺」式（熊十力語）的心性論、寂靜直覺的功夫論的全面反思。這個戰火不久就燒到了儒家，發展成為儒佛之辨。典型的表現是王恩洋對熊十力和唐君毅的批評，以及呂澂和熊十力辨析性寂與性覺的問題。他的批判中國化佛教和現代新儒家，有其共同的邏輯根據和「一貫之道」。

二

王恩洋的儒學思想，自成一派。他不同於老師歐陽竟無，歐陽晚年才提出孔佛一如的思想，提倡孔子和佛教在本體論上是一致的、「性寂」的。他不同於梁漱溟，梁漱溟主要是從文化哲學的角度分判儒學，發揮出儒家仁學的生活化和任直覺的直覺主義思維。他也不同於他的同門現代新儒家熊十力，熊十力的新唯識論仍然是在體用論的框架內重構儒學。他也不同於後來的唐君毅，唐是從心境論、道德形而上學的角度重構儒學。對於馮友蘭依程朱理學而「接著說」的做法，他更是堅決反對。王恩洋儒學的特點是：

其一，繞開宋明理學，直探孔孟荀原始儒學的本源。

其二，拒斥儒學的天道本體論。

其三，注重性與天道的一貫之道，而所謂一貫之道是用一種邏輯方法即緣起論來予以貫通。

其四，儒學是世間學，是修身淑世之學，是佛學的前提和應世的必要手段。

總體上看，王恩洋用唯識學的阿賴耶識緣起論重構了儒學的性與天道，包括心性論和本體論兩個方面。

王恩洋很早就關注儒家人性論，後來他發現儒家人性論存在內在的矛盾，性善說和性惡論兩者難以溝通。孟子主張性善說，荀子主張性惡論，中庸則主張天命之謂性。直到宋明理學仍然提出天命之性和氣質之性的劃分，甚至引入「天理」等範疇對性善論予以強化。然而這些都不能解決人性論的不一致問題。其中，存在的問題主要是：

其一，性善說有形上的根源，性惡論則只有經驗的依據。如此，則邏輯不一致。善和惡兩種人性的表現，都應該有本源、本體論上的說明。

其二，性的本體和性的表現存在一和多的矛盾。儒家強調性的本體為一，而其表現為多，這種思維稱為一本萬殊。

然而一本何以能夠發散為萬殊，萬殊為何最終歸於一本？一本發散出的萬殊應該和一本同一性質，為何一本能夠發散出善惡性質不同的萬殊呢？這的確很難解釋。

王恩洋的這兩個疑問，應該說是有力的。儒家作為一個哲學流派，其基本範疇的使用應該是統一的。如果性這個主詞其意義是統一的、同一的，則不允許得出兩種截然對立的判斷。如果性這個主詞有後來現代新儒家所構化的先驗、經驗等不同意蘊，則儒家犯了範疇不統一的弊病。同理，如果堅持本體和現象的體用一如觀，體和用應該性質統一，同時即體即用的話，所有的用都應當有本體的解釋，而不能夠抽出善的「用」作本體論的解釋，而忽

略「惡」的用不作解釋。從傳統哲學內部和邏輯的角度看，人性論無非人性善、人性惡、人性可善可惡、人性無善無惡四種情況。怎樣跳出這四重格局和儒學的內在矛盾呢？王恩洋引入了唯識學的阿賴耶識種姓論。

唯識學認為，每一個人大致相當於一個阿賴耶識，每一個人都有自己的本識以及本識「變現」出的宇宙。阿賴耶識是一個精神性的倉庫稱為藏識，藏識蘊含著精神性的種子，這些種子是潛在、潛能，遇到合適的緣則會表現為現實即「現行」。種子和現行，兩者可以互相轉換，種子遇緣生成為現行，現行又不斷地熏習阿賴耶識轉變為種子。這稱為「種現熏生」。

阿賴耶識種姓論如何能夠既疏通儒家的人性論又不落入無善無惡、可善可惡等四重格局呢？

其一，種子為多，現行為多。

其二，種子和現行性質必然一致。善種生善現行，惡種生惡的現行。

這兩點保證了性體和性用的邏輯一致。其三，種子和現行可以互相轉換。這保證了本性和習性之間的承轉。其四，種子功能潛在，種子具有生善生惡的能力，所以並非無善無惡；種子是潛在潛存，所以可以並存於阿賴耶識而不互相衝突。

無論如何，王恩洋唯識化的人性論，引入了緣起論從而做到了邏輯一致。那麼人性論和天道本體論的關係如何呢？王恩洋的辦法是，用緣起論作為方法繼續往上推論。

天道、天命是儒家的本體，《中庸》「天命之謂性」確立了這樣的本體屬性。天道是人性的根據，同時是人下學上達的最終境界，即知命、知天。王恩洋以為天道本體論根本不能成立。其一，天道為本體，是世界的本源，天道的本源何在？其二，本體為一，現象萬殊，同樣存在著邏輯上的困難。其三，若功夫論即是返本還源，則永無解脫的可能。

應該說王恩洋的三個追問，也並非沒有根據。對於儒家的天道說和天命論，新儒家有兩種解釋的方法，一是形上之體，一是心境論的道德之源。熊十力談本體的翕闢屬前者；熊十力所謂「良知是呈現」、唐君毅所謂「天命、

天道是一種心境」、牟宗三道德形而上學屬後者。王恩洋堅決反對將天解釋成本體論的形上之天。就宇宙生成論和本體論的角度而談，緣起論與此截然不同。其最大的區別在於，緣起論認為萬物皆依因待緣而生，因是直接原因，緣則是外緣。因固然重要，然而沒有外緣，一因根本不能起用。對於由心境上升為天命的知天走向，王恩洋也不同意。他認為所謂道德的心境是一種善的心靈境界，然善的心靈境界並不能等同於「真」，即真理、真如。如果善和真相違背，同樣有弊病。

那麼該怎樣疏通儒家的天道、天命、知天命、俟命呢？他主張天道、天命應該回復到孟子「莫之為而為者天也，莫之致而至者命也」的脈絡上來。所謂天命論，天是指因果必然之理，命為因果必然之報。知命是指對命的自業自作自受的必然性有所體會；修身俟命是指要勇於對前世所造之業產生的今世的結果與命運進行承當，勇於對未來之酬報和責任進行承當，而不怨天尤人。而所謂因果必然，正是佛教緣起論的一種解析，正如《維摩詰經》中所說「無我無作無受者，善惡業報亦不失」。萬法皆沒有主宰性的實體和自我，而互相推動向前，每一個行為都會產生某種必然性的結果。如此，種性論貫穿性與天道，具有邏輯一致的一貫之道，同時又具道德勸善的功能，成為真善的合一。

如果說王恩洋是繞開宋明理學回歸孔孟原儒，那麼現代新儒家則是接著宋明理學往下講。兩者就如何評價宋明理學，如何用唯識學重構儒學，形成了鮮明的對立。這集中體現在王恩洋與唐君毅論辯宋明理學家的儒佛之辨、王恩洋批判熊十力體用論和馮友蘭《新理學》上。關於王恩洋對馮友蘭的批判，喬清舉先生已有高論，在此不贅述。

三

以上，專就王恩洋儒學的哲理思辨和對新儒家的批判加以總結，主要集中在本體論和心性論兩個方面。其思想特色的形成，要歸因於他的文化哲學與人生哲學。他認為文化有三種走向，即愛生競存之走向、淑身善世之走向、捨棄人生之走向。分別對應西洋文化、儒家文化和佛教文化。所謂儒學，無

非就是「教人立身為人之正道」，也就是人生之道。故他對儒學思想體系的把握和純然由哲學建構儒學的新儒家不同。

王恩洋將儒學分為「勤勞刻苦、節儉足用、知足安分、知命樂天、仁義、禮樂、五倫、三德、中庸之道、大人之學」十個部分。幾乎包括了人倫日用的方方面面。然而，儒學畢竟只限於人生，是人生的正道，還不是終極究竟的學問。人生最終還要追求解脫超越一直到菩提涅槃的菩薩境界。此即，儒學是佛學的準備階段，也是佛學的應世階段。儒學為世間學，小乘佛教為出世間學，大乘佛教為即出世即入世、即世間即涅槃的中道。

從哲學上看，王恩洋的思想鮮明地體現出以緣起論為基本原理，疏通儒家人性論、解構儒家天道論的特點。這是法相唯識學阿賴耶識種性論和儒家「性與天道」觀為基礎的本體論在思維方式上有差別的緣故，可以說王恩洋是用唯識學詮解了儒家的性與天道。法相唯識學的特色在於，將法分析為相，將相收歸於心識，最後透過轉識成智破除心識的妄執而覺悟真如實相。這與現代新儒家透過道德的踐履挺立道德主體的實存並最終上升到實證世界的本源本體的思路是截然相反的。從思想進程上說，王恩洋對早年情本論思想的反省，和以後對《大乘起信論》真如緣起說、現代新儒家熊十力體用論的批判，如出一轍。

然而，值得關注的是：

首先，王恩洋對儒家的建構有內在的一貫之道，即用緣起論這一基本原理貫徹始終。這對於崇尚內省、直覺、反觀本心的籠統思維和體驗的儒家，有救正的作用。

其次，王恩洋以人生正道為基準的寬廣的儒學觀對於將儒學侷限於狹隘的哲學視野的新儒家，也不無挑激。畢竟，儒學是以「六經」為經典依據以「六藝」為途徑的雄渾之學。捨棄詩書，毀棄禮樂，而只談心性，不足以把握儒學的總體特色。儒學需要類似於佛教戒律的有條理步驟的功夫論，而非原則性指示的功夫入路。

第三，王恩洋創立了一種新的儒佛互攝的典範。傳統儒佛互攝其主體是儒學和禪宗為主的中國化佛教。王恩洋的儒佛互攝是孔孟原儒和法相唯識學為主體的純粹佛教的互攝。較之熊十力的「創造性誤讀」，王恩洋更顯示出對法相唯識學研究的精準。

最後，王恩洋對現代新儒家的批判，是新儒家方興之際的猛鐘，對當前現代新儒家為主體的中國哲學研究仍不無警醒作用。畢竟，成為主流的事實，並不能等同於是非。

二、儒佛之辨的新開展

王恩洋從法相唯識學的進路，以緣起論為終極根據，批判了儒家天道本體論，而用種性論來詮解儒家心性論。按照王恩洋及其老師歐陽竟無大師的看法，法相唯識學可以分為法相學與唯識學。法相學重視對於世間萬法的分析，因此法相學可以說是現象學式的存在論，因而法相學必然反對天道本體論。法相學將世間萬法分析為色法、心法、心所法、不相應行法、無為法等五位百法。按照王恩洋的說法，這是一個事實問題而不是一個價值問題。

是故，有則說為有，無則說為無，空則說為空。這樣的進路是求真理、實相的進路。唯識學則旨在言境不離識、以識攝境、以能攝所。唯識不僅沿用緣起論之根據成立一套種性論，而且最重要的是解行唯識提出了轉識成智的具體方法，即修行功夫論。可見，唯識學的特點是將緣起論這一套原理作為現象學的洞察萬法和人生之解脫的終極原理，從哲學上說，他能夠運用一套原理、一種邏輯貫徹到底，這是其具有強大魅力所在。

反觀唐君毅等新儒家，他們將儒家的天人合一的一體論視為心境而非客體之境，從而將儒家的天道本體論轉化為一種道德形而上學，道德形而上學包括道德的形而上學和形而上學的道德論。這和宋明理學尤其是周張程朱所謂的理學是有一定差距的。在對宋明理學的修正中，唐君毅放棄了天道本體論和宋明理學的宇宙論。

然而，唐君毅對於法相唯識學缺點的分析卻是法相唯識學缺乏宇宙持續的必然性和成佛的必然性。法相唯識學的緣起論確實只是對宇宙的現象學的

說明，所以根本不關心本體論、宇宙論。所謂宇宙持續的必然性保證仍然是一個價值問題，假如事實上不一定為真，則價值也無所寄託。關於唐君毅對於法相唯識學種性論的追問，王恩洋佛學著作均有現成答案，在此似不須贅述。在晚年，唐君毅更進一步提出了宏大氣魄的心通九境之說，心境進一步提煉為心靈境界。其中，法相唯識學為我法二空境，儒家宋明理學為天德流行境，此兩者共同點在都是超主客觀境界。這可以視為進一步溝通的嘗試。

對於儒佛關係的論述可以歸結為王恩洋的一個結論，即儒家為善的境界，佛教為真的境界。這就是說，儒家求善，佛教求真。善為價值追求，在於求人的「應當是」；真為實相的探求，在於求人的「所是」。儒家從本體論上全盤托出聖人的境界，拉平了「應當是」和「所是」的鴻溝，無疑給人無限向上的期待。佛教從其「所是」求其「真是」，步步踏實而不凌空，直視慘淡的人生和流轉的現實，進而提出從偽到真的途徑，亦無疑給人無限解脫的可能。

佛教的方法是首先對事實現象進行分析而得出世界之本相為緣起性空，此乃從真的現象到真的實相；進而歸於人生，用同樣的方法探求人心之現象即心與心所二法推求其實相而得出我法二空的實相及其解脫之道。可以說佛教的真是從現象到實相。儒家的善，按照宋明理學家的看法首先是天命之謂性的下貫，然後是凡人去凡入聖的修證體貼之上達天道；按照唐君毅的看法，性與天道都是對於聖人心境的疏解，也可以說心境包含了性與天道。

王恩洋打掉了本體性的天道，將心境只視為性而非天，認為儒家所謂天不是事實而是懸設。我們以為唐君毅如果否定掉儒家的宇宙論和本體論而又試圖從道德上達形而上學從心境分析出天理，這無疑否定了天命之謂性的下貫。這可能是熊十力始終將體用視為其新唯識論核心元素的所在，是牟宗三於《心體與性體》中極力建構一套道德形而上學而特別強調道德的形而上學與道德底形而上學之辨的所在。

國家圖書館出版品預行編目（CIP）資料

王恩洋儒佛思想研究：唯識學與儒學的雙重變奏 / 王俊傑 著 . -- 第一版 . -- 臺北市：崧博出版：崧燁文化發行, 2019.09
　　面； 公分
POD 版

ISBN 978-957-735-914-8(平裝)

1.王恩洋 2.學術思想 3.儒家 4.佛教

128.6　　　　　　　　　　　　　　　　108014125

書　　名：王恩洋儒佛思想研究：唯識學與儒學的雙重變奏
作　　者：王俊傑 著
發 行 人：黃振庭
出 版 者：崧博出版事業有限公司
發 行 者：崧燁文化事業有限公司
E - m a i l：sonbookservice@gmail.com
粉 絲 頁：　　　　　網　址：
地　　址：台北市中正區重慶南路一段六十一號八樓 815 室
8F.-815, No.61, Sec. 1, Chongqing S. Rd., Zhongzheng Dist., Taipei City 100, Taiwan (R.O.C.)
電　　話：(02)2370-3310　傳　真：(02) 2370-3210
總 經 銷：紅螞蟻圖書有限公司
地　　址：台北市內湖區舊宗路二段 121 巷 19 號
電　　話：02-2795-3656　傳真:02-2795-4100　網址：
印　　刷：京峯彩色印刷有限公司（京峰數位）

　本書版權為西南師範大學出版社所有授權崧博出版事業股份有限公司獨家發行電子書及繁體書繁體字版。若有其他相關權利及授權需求請與本公司聯繫。

定　　價：350 元
發行日期：2019 年 09 月第一版
◎ 本書以 POD 印製發行